Psychomarkt - Sekten - Destruktive Kulte

herausgegeben von

Werner Gross

2. aktualisierte und erweiterte Auflage

Deutscher Psychologen Verlag GmbH Bonn

1996

Diplom-Psychologe
Werner Gross
Dahlmannstr. 8
60385 Frankfurt/Main

Die Deutsche Bibliothek - CIP-Einheitsaufnahme

Psychomarkt - Sekten - destruktive Kulte / hrsg. von Werner Gross. - 2., überarb. und erw. Aufl. - Bonn : Dt. Psychologen-Verl., 1996

ISBN 3-925559-70-1
NE: Gross, Werner [Hrsg.]

Verlag: Deutscher Psychologen Verlag GmbH, Bonn

Satz: EDV-Schreib-Service Peter Preußler

Druck: f & m, Satz & Druckerei, St. Augustin

Printed in Germany
ISBN 3-925559-70-1

Inhalt

Vorwort zur aktualisierten und erweiterten 2. Auflage

Das Thema Sekten und Psychomarkt ist aktueller denn je

Nicht nur der Anschlag von AUM-SHINRI-KYO des Sektenführers Shoko Asahara auf die Tokioter U-Bahn am 20. März 1995 (12 Tote, mehr als 500 Verletzte) und der Gruppen(selbst-)mord der Sonnentempler in der Schweiz und in Kanada, sondern auch der Konflikt um die schwerbewaffneten „Freemen" in Montana/USA zeigen, daß es sich hier um ein drängendes weltweites Problem handelt.

Wir haben hier in Deutschland glücklicherweise noch nicht mit Gruppen-selbstmorden und Massenanschlägen zu tun - immerhin auch bei uns tickt eine Zeitbombe, von der man nicht weiß, ob und wann sie losgeht. Dabei sind diese Exzesse ja nur die Spitze des Eisberges eines breitgefächerten Psycho-marktes, der mit seinen unüberschaubaren Angeboten nicht ohne Gefahren ist.

Vom Feuerlauf bis zum Rebirthing, von der Kristalltherapie bis zum Aura-lesen, vom Pendeln bis zum Wahrsagen reicht die Palette - und in jeder Saison gibt es etwas ganz neues und ganz besonders wirkungsvolles.

Dabei sind die Übergänge von der unterhaltsamen Spielerei zur gefährlichen Psychotechnik fließend. Und was als esoterischer Wochenendkurs beginnt, kann leicht in den Fängen von irgendwelchen dubiosen Gruppierungen enden.

Nicht zuletzt weil der Petitionsausschuß des Deutschen Bundestages der vielen Anfragen, die sich mit Sekten und Psychogruppen beschäftigten, nicht mehr Herr werden konnte, wurde am 9. Mai 1996 vom Bundestag eine Enquete-Kommission mit dem Titel „Sogenannte Sekten und Psychogruppen" eingerichtet. Drei Autoren dieses Buches (Eiben, Gross, Keltsch) sind Mitglieder dieser Kommission, die im Frühjahr 1998 einen Bericht vorlegen wird, in dem eine Bestandsaufnahme des Psycho- und Sektenmarktes erstellt werden soll, zusammen mit Handlungsempfehlungen für Ausstiegshilfen und psychologische Nachbetreuung.

Die hier zusammengefaßten Aufsätze der 1. Auflage wurden aktualisiert und um einen Aufsatz von Kraus zum Thema „Seriosität und Unseriosität von Angeboten auf dem Markt der Lebenshilfe", sowie Finke „...raus aus der FDJ, rein in die nächstbeste Sekte?" erweitert.

Werner Gross

Einleitung

Flucht ins Irrationale

Neue Trends auf dem Psycho- und Sektenmarkt

Wir scheinen in einer Zeit zu leben, die geradezu auf Wunder wartet. Der Psychomarkt boomt, die Esoterikwelle ist ungebrochen: Astrologie, Pendeln, Tarot ist für viele Menschen nicht einfach nur Unterhaltung, sondern wird zum abergläubischen Welterklärungssystem, nach dem sie mitunter ihren Tagesablauf planen und von dem sie wichtige Entscheidungen abhängig machen. 7 bis 10 % aller Neuerscheinungen auf dem Buchmarkt können dem Bereich New Age und Esoterik zugeordnet werden. Esoterische Sendungen in SAT 1, RTL, ARD und ZDF feiern fröhliche Urständ und fahren kräftig Einschaltquoten ein: Eine massenhafte Flucht ins Irrationale hat eingesetzt.
Und auch in der Sektenszene tut sich was: Während in den 70er Jahren über die sogenannten „Jugendreligionen" (Hare Krishna, Kinder Gottes, Transzendentale Meditation, Vereinigungskirche etc.) heftig diskutiert wurde und in den 80ern „New Age" das Schlagwort war, mit dem Selbstverwirklichung, Bewußtseinserweiterung, Spiritualität und „planetares Bewußtsein" erreicht werden sollte, sind in den 90ern die Jugendreligionen erwachsen geworden. Besonders seit der Wiedervereinigung Deutschlands und dem Zusammenbruch des Ostblocks wittern viele dieser Gruppen Morgenluft:
Da baut Scientology innerhalb von ein paar Monaten Zentren in Ostdeutschland auf, da sichern sich andere Gurus und Propheten und deren Nachfolger Marktanteile in den neuen Ländern, heftig wie nie zuvor den Teufel durch „Zungenreden" austreibend, touren charismatische Pfingstlergruppen durch die Lande - auch in den alten Bundesländern.

Zielgruppen und Marktnischen

Während früher vor allem junge Leute angesprochen wurden (daher der Begriff Jugendreligionen), ist heute das Angebot dieser Gruppierungen sehr viel differenzierter: Im spirituellen Supermarkt gibt es heute Angebote für jede Zielgruppe, für jüngere und für ältere Menschen, für gut gebildete und weniger gebildete, für erzkonservative und progressive. Und jede dieser Gruppierungen hat sich ihre Marktnische gesucht und sich mehr oder weniger erfolgreich darin eingerichtet. Die einzigen, die bei diesem ganzen

Spiel die Verlierer zu sein scheinen, sind die beiden großen Volkskirchen: Noch nie war die Zahl der Kirchenaustritte so hoch wie in den letzten beiden Jahren. Immer mehr Menschen holen sich ihre „Sinnsysteme" auf dem Psychomarkt und aus der Esoterikszene.

Psychosekten

Neben den klassischen Sekten und ihren Nachfolgern (Zeugen Jehovas, Mormonen, Universelles Leben, Fiat Lux etc.) und den erwachsen gewordenen Jugendreligionen gibt es eine ganz neue Gruppe: Die Psychosekten. Es sind vor allem die „Aktionsanalytische Organisation" (AAO) des Kunstmalers Otto Mühl zu nennen, der z.Z. wegen sexuellen Mißbrauchs minderjähriger Kinder im Gefängnis sitzt und der „EST-Konzern" (EST = Abkürzung für Erhard Seminar Training), der sich mit vielen Namen tarnt: Hunger Projekt, Center's Network, Landmark Education etc.
Die Klassifizierung als Psychosekte wird von den so bezeichneten nicht immer widerspruchslos hingenommen. So wehrt sich z.B. der „Verein zur Förderung der Psychologischen Menschenkenntnis" (VPM) mit zahllosen Prozessen vehement gegen dieses Etikett und gegen damit verbundene Vorwürfe eines Absolutheits- und Heilsanspruches, autoritärer Strukturen, „Freund-Feind-Denkens" und unerbittlichen Vorgehens gegen Kritiker (Tagesspiegel Berlin vom 31.8.1993, TAZ vom 28.8.1993, Süddeutsche Zeitung vom 15.10.1993, „Die Zeit" vom 22.10.1993). Auch zwischen VPM und dem Berufsverband Deutscher Psychologinnen und Psychologen (BDP) kam es zu einem Rechtsstreit, nachdem der BDP in einer Erklärung vom 16.6.1992 Anspruch, Selbstverständnis und insbesondere Praktiken des VPM kritisiert hatte.

Tarnung und Mimikry

Viele der aufgeführten Gruppen haben sich inzwischen eine Vielzahl von Unter- und Nebenorganisationen geschaffen. Ziel dieser Aktion ist einerseits, für bestimmte Zielgruppen spezielle Angebote zu erstellen, andererseits aber auch dem schlechten Image, das viele Sekten in der Öffentlichkeit haben, eine geschönte Maske überzuziehen und verdeckt Menschen ihre Ideologie zu verkaufen. Besonders beliebt ist hierbei der ganze Bereich Unternehmensberatung, Management-Schulung und Seminare. Immer häufiger wird versucht, über diese Tarnorganisationen Einfluß auf für die jeweilige

Ideologie anfällige Manager zu bekommen, um irgendwann den gesamten Betrieb in den Händen zu haben. Besonders effektiv sind dabei Scientology und Mun-Sekte.

Was ist eigentlich in unserer Gesellschaft los, daß immer mehr Menschen abstrusen Ideologien und Praktiken verfallen? Wie orientierungslos müssen die Menschen sein, die sich in Sekten flüchten, in denen ihnen gesagt wird, wo es lang geht in ihrem Leben? Wie geraten sie dort hinein und wie können sie wieder rauskommen? Was kann man langfristig tun, um diesen Trend zur Versektung zu stoppen?

Um Fragen wie diese ging es auf dem BDP-Kolloquium „Psychomarkt - Sekten - Destruktive Kulte“ am 20.1.1994 in Bonn.

Der Griff nach Geld und Macht: Sekten in der Wirtschaft

Vom Himmel und der Erlösung im Jenseits kommen anscheinend immer mehr Sekten auf das Allzuirdische, das Allzumenschliche. Wenn man den sich mehrenden Zeitschriftenveröffentlichungen glauben darf, machen sich Sekten jetzt in der Wirtschaft breit: Sie wollen anscheinend nicht nur unsere Seele - sie wollen unser Bestes, unser Geld.

Zum Teil sind es einzelne Sektenanhänger, die sich auf eigene Faust als „Unternehmensberater“ mit mehr oder weniger abstrusen Psycho-Techniken in der Wirtschaft versuchen. Zum Teil sind es aber auch langfristig angelegte Strategien einzelner Kulte, um wirtschaftliche Macht zu bekommen, um so ihr Weltrettungsprogramm besser an den Mann zu bringen.

Clear the Planet

Nehmen wir z.B. Scientology. Scientology gilt als größte und aggressivste Psychosekte der Welt. Sektenkenner berichten, daß mit Drohbriefen, Telefonterror und jeder Menge juristischer Knüppel versucht wird, jeden Kritiker mundtot zu machen, der sich ihrem Ziel, die Weltherrschaft zu übernehmen, entgegensetzt. „Clear the Planet“ heißt das im Scientology-Chinesisch.
Im Sommer 1993 meldete die Scientology-Zentrale in Clearwater (USA) stolz, Scientology sei inzwischen in 79 Ländern der Erde vertreten, mit mehreren Millionen Mitgliedern. Allein in Deutschland, wo die Sekte 30 Niederlassungen betreibt, schätzt man die Zahl auf mindestens 30.000 Anhänger, manche Experten sprechen sogar von 300.000.
Mit einer kruden Mischung aus Science Fiction, Psychoanalyse und Gehirnwäschepraktiken totalitärer Systeme werden Menschen, die irgendwann einmal in den Fängen von Scientology landen, abhängig gemacht und systematisch finanziell und in ihrer Arbeitskraft ausgeschlachtet. Der Beginn ist meist ein ganz arglos ausgefüllter Persönlichkeitstest, zu dem man in einer Fußgängerpassage von einer netten jungen Dame oder einem adretten jungen Herrn eingeladen wurde. Natürlich zeigen sich im Testergebnis jede Menge seelischer Probleme, für die von Scientology die entsprechenden Hilfen angeboten werden. Und wenn man sich darauf einläßt, kann das sehr teuer

werden: Alle Kurse zum scientologischen Supermann (respektive Superfrau) kosten zusammen mehrere hunderttausend Mark.

Geld, Geld, Geld

„Wenn man wirklich Millionen machen will, dann ist der schnellste Weg der, eine eigene Religion zu starten", sagte der Scientology-Gründer L. Ron Hubbard schon 1947. Und diese Geld-Religion gründete er dann in den frühen 50er Jahren. Ein paar Jahre nach der Gründung forderte er: „Mach Geld, mach mehr Geld, sorge dafür, daß andere Geld machen".

So ist Geldmachen zum wichtigsten Credo der Scientologen geworden. Nicht zuletzt deshalb hat Scientology mit ihrem Netz von Tarnorganisationen eine neue Zielgruppe entdeckt: Manager, Politiker und Künstler - das, was man in der Werbesprache „opinion-leader" nennt. So heißt es, daß die Schauspieler Tom Cruise und John Travolta ebenso der Sekte angehören, wie die Elvis-Witwe Priscilla Presley, der Jazz-Pianist Chick Corea und der österreichische Maler Gottfried Helnwein.

Auf Spenderlisten ehrt Scientology regelmäßig tausend „patrons", darunter knapp 200 Deutsche, wenn sie mindestens 40.000 Dollar freiwillig für die „Kriegskasse" gespendet haben, mit der Kritiker und Scientology-Gegner bekämpft werden sollen. Der „Stern" berichtete im Mai 1993 in seinem Scientology-Sonderteil, daß ihm interne Sektenlisten vorliegen, wonach 85 Millionen Mark an Spendengeldern zu Scientology fließen - zum großen Teil aus der Wirtschaft.

Beobachter müssen feststellen, daß Scientology mehr und mehr in die Wirtschaft drängt, zumeist mit Tarnorganisationen. Alle Bereiche, in denen man „die schnelle Mark" machen könne, seien für Scientology angesagt. Besonders beliebt seien derzeit Personal- sowie Unternehmensberatung und Managementseminare, das Immobiliengeschäft, die Computerbranche sowie Farb- und Stilberatung. Der Scientology-Gründer L. Ron Hubbard schreibt in seiner Führungsanweisung ED 104 wie Scientologen vorgehen sollen:

„1. Suche Dir ein Geschäft aus, welches bereits sehr gut arbeitet.
2. Wende Dich an den höchsten Direktor. Biete ihm an dafür zu sorgen, daß sein Geschäft ihm mehr Geld einbringt.
3. Lokalisiere Sps (suppressive persons, Kritiker) in der Organisation und wirf sie hinaus."

Total befreite Kunden

Die Gründerin und Leiterin der Selbsthilfegruppe „Robin Direkt“, Renate Hartwig, schätzt, daß schon etwa 2.000 bundesdeutsche Unternehmen mit scientologischen Unternehmensberatern Kontakt hatten, die nach diesen Anweisungen arbeiten.
Und Jeanette Schweitzer, selbst ehemalige Scientologin, listete auf dem 1. Scientology-Tribunal Ende 1993 in Worms eine ganze Reihe von Unternehmen auf, die von scientologischen Unternehmensberatern (oder scientologischen Geschäftsführern) finanziell ausgeschlachtet wurden: Von der Stahlbau-Firma über das Werbeunternehmen bis zum Immobiliengeschäft.
In einem Artikel der Computer-Zeitschrift „Chip“ (3/93) mit dem Titel „Total befreite Kunden“, haben die Journalisten Uwe Kauß und Oliver Wanke die einträgliche EDV-Branche nach Scientology-Aktivitäten durchforstet und sind an erschreckend vielen Stellen fündig geworden: Gerade im Software-Sektor sind eine Vielzahl von Scientology-Tarnorganisationen tätig.
Gefährlich ist Scientology vor allem deshalb, weil diese Gruppe keinerlei Kritik vertragen kann und mit Kritikern rigoros umgeht. Norbert Potthoff war mehrere Jahre bei Scientology, erreichte das Stadium „clear“, was soviel heißt wie frei von allen persönlichen Problemen, und er war leitender Direktor für Öffentlichkeitsarbeit, bis er ausstieg. Er sagte: „Der Kritiker wird erst einmal eingeschüchtert. Es gibt aber auch umfangreiche Anweisungen von Hubbard, wie man mit Kritikern zu verfahren hat: Man kann sie verfolgen, ihnen Ärger verursachen, ihnen Schaden zufügen. ‘Benutze ihr Blut, ihren Sex, ihre Verbrechen, mach sie fertig, wo Du sie triffst’“.
Scientology hat für viele Kritiker heute nichts mehr mit einer einfachen Psycho-Gruppe zu tun, sondern ist für sie schlicht eine kriminelle Vereinigung. So hat die Hamburger Innenbehörde inzwischen eine eigene „Arbeitsgruppe Scientology“ aufgebaut, die sich ausschließlich mit dieser Sekte beschäftigt, und es ist geplant, Scientology vom Verfassungsschutz beobachten zu lassen.

Tarnorganisationen

Was die Anzahl der Unter-, Neben- und Tarnorganisationen angeht, ist eine andere Sekte besonders kreativ: Die „Vereinigungskirche“ des Koreaners San Myung Mun hat mehr als 25 dieser Tarnorganisationen, in denen weltweit mehr als eine Million Mitglieder sind (Deutschland: ca. 2.000) und ständig kommen neue Namen dazu - häufig mit schlagkräftigen Abkürzungen

versehen. Da gibt es missionarische wie: CAUSA oder AULA, aber auch interreligiöse, soziale und kulturelle.
Auch die wirtschaftliche Macht der Mun-Sekte ist nicht zu unterschätzen: Nach Erkenntnissen von Sekten-Experten werden sekteneigene Waffenfabriken, Pharmafirmen (vor allem Ginseng), mehrere Reedereien und eine Fischereiflotte betrieben. In Deutschland sollen den „Munies" mehrere Werkzeugfabriken gehören. Besonders wichtig ist das internationale Presseimperium der Sekte, von dem bekannte Zeitungen wie „Washington Times" und „Noticias del Mundo" kontrolliert werden. Insgesamt ist die Mun-Sekte ein mehrere hundert Millionen schweres Unternehmen.

Zeugen Jehovas

Neben Scientology und der Mun-Vereinigungskirche sind in Deutschland vor allem die „Zeugen Jehovas" eine wirtschaftlich besonders erfolgreiche Sekte. Diese Religionsgemeinschaft wirkt unscheinbar und ungefährlicher als sie ist. Sie ist eine Endzeit-Sekte, die immer noch „Harmagedon", die endgültige Schlacht der Guten gegen die Bösen erwartet, die demnächst beginnen soll und bei der nur die Gläubigen übrig bleiben werden - so die Sektenansicht.
Weltweit gibt es ca. 10 Millionen Sympathisanten (schon 1991: über 400.000 Prediger); in der Bundesrepublik rechnet man derzeit mit 160.000 aktiven Mitgliedern. Pro Jahr verkaufen diese ca. 12 Millionen Traktate und Bücher, und das Vermögen der Sekte gilt als beträchtlich.

Aktuelle Trends auf dem Sekten- und Psychomarkt

Hansjörg Hemminger

Die Vielfalt der Sekten, weltanschaulichen Sondergemeinschaften und alternativen Therapiebewegungen läßt sich grob einteilen in

- vor mehreren Generationen entstandene klassische Sekten und Sondergemeinschaften mit christlichem Hintergrund (Zeugen Jehovas, Neuapostolische Kirche u.a.)
- neu entstandene Gruppen mit christlichem und/oder esoterischem Hintergrund, meist durch sogenannte Neuoffenbarer (z.B. universelles Leben, Fiat Lux, Michaelsvereinigung)
- neue religiöse Gemeinschaften (Hare Krishna, Vereinigungskirche des lebenden Messias Mun, Osho/Bhagwan-Bewegung u.a.)
- Psycho- und Politgruppen, ideologische Gemeinschaften ohne eigentlich religiöse Weltanschauung (z.B. Scientology-Organisation, LaRouche-Bewegung, Bund gegen Anpassung, Verein zur Förderung der psychologischen Menschenkenntnis)
- ältere esoterische, okkulte und neuheidnische Gemeinschaften und Bewegungen (z.B. Rosenkreuzer, Deutschgläubige, Anthroposophie)
- alternative Psychoszene und die Szene der „spirituellen" oder New-Age-Therapien, die sogenannte Esoterik.

Die klassischen Sekten

Als klassische Sekten werden Gemeinschaften mit christlichem Hintergrund bezeichnet, die eine kirchenähnliche Organisation besitzen und meist schon im 19. Jahrhundert entstanden. Von Kirchen und Freikirchen unterscheiden sie sich durch ihren Absolutheitsanspruch. Sie vermitteln das Heil an ihre Gläubigen exklusiv und nehmen daher nicht an ökumenischen Beziehungen teil. Sie verstehen sich als ideale, gottgewollte Gemeinschaft, neben der keine andere Gemeinschaftsbildung ein Daseinsrecht hat. Meist sind sie endzeitlich ausgerichtet. Die Gruppe versteht sich als die vor dem Weltuntergang versammelte Gemeinde der Geretteten. Als sogenannte „Endkirchen“ lehnen die klassischen Sekten in aller Regel jede Weltverantwortung ab. Sie distanzieren sich von politischen Auseinandersetzungen und nehmen keine Ämter wahr, wenn sie nicht sogar, wie die Zeugen Jehovas, grundsätzlich nicht an Wahlen teilnehmen. Die diakonische Arbeit gilt lediglich den Mitgliedern der eigenen Gemeinschaft, auf die Nöte und Probleme der Umwelt wird sie nicht ausgedehnt. Die Außenbeziehungen werden vor allem unter missionarischen Gesichtspunkten betrachtet.

Einige klassische Sekten haben sich an ihr Umfeld angepaßt und verursachen nach außen hin wenig Konflikte (Neuapostolische Kirche, Mormonen, Christian Science u.a.). Wieder andere treten auch nach Jahrzehnten noch radikal auf und gelten als ständige Problem- und Konfliktquelle, z.B. die Zeugen Jehovas. Immer wieder werden Zeugen zu Geldstrafen (früher auch zu Gefängnisstrafen) verurteilt, weil sie nicht nur den Wehrdienst, sondern auch den Zivildienst verweigern. Die dabei vor Gericht gegebene Begründung geht meist in die Richtung, daß auch der Zivildienst nach ihrer Religion nicht zulässig sei, da er andere Männer für den Dienst mit der Waffe freistelle. Eine solche Begründung ist, wenn es zum Beispiel um die Behindertenpflege geht, den Gerichten verständlicherweise nicht plausibel zu machen. Im Kern geht es den Zeugen darum auch nicht, es geht um die grundsätzliche Frontstellung dem „System“ gegenüber, der äußeren staatlichen und kulturellen Welt, an der man keinen Teil haben will. Ebenso konfliktträchtig ist die Ablehnung der Bluttransfusion durch die Zeugen. Wenn die Eltern bei einem schwer verunglückten Kind die lebensrettende Transfusion ablehnen, machen sie sich selbst strafbar und bringen auch den beteiligten Arzt in die Gefahr strafrechtlicher Verfolgung. Nicht so gravierend, aber sehr häufig sind Konflikte in der Schule, weil die Kinder von Zeugen es ablehnen, an Schullandheim-Aufenthalten teilzunehmen, sich an Weihnachtsfeiern zu beteiligen usw. Die Abgrenzung reicht bis in den privaten Bereich hinein: Die Zeugen feiern selbst keine Geburtstage, und ihre Kinder müssen die Einladungen anderer Kinder ablehnen. Wie häufig, tragen auch bei den

Zeugen Jehovas die Kinder die Hauptlast der fanatischen Abgrenzung von der Umwelt.

> ***WÄHLE EWIGES LEBEN IM PARADIES AUF ERDEN***
>
> [13] *In Wirklichkeit stehen nur zwei Möglichkeiten zur Auswahl. Christus verglich dies mit der Wahl zwischen zwei Wegen. Der eine Weg ist, wie er sagte, „breit und geräumig". Diejenigen, die ihn gehen, haben die Freiheit, zu tun, was ihnen beliebt. Der andere Weg dagegen ist „eingeengt". Ja, diejenigen, die auf diesem Weg sind, müssen den Richtlinien und Gesetzen Gottes gehorchen. Wie Jesus sagte, geht die Mehrheit den breiten Weg. und nur wenige gehen den schmalen Weg. Welchen Weg wirst du wählen? Bedenke dabei folgendes: Der breite Weg wird plötzlich zu Ende sein - er führt in die Vernichtung! Der schmale Weg dagegen wird dich bis in Gottes neues System führen. Dort kannst du dich daran beteiligen, die Erde zu einem herrlichen Paradies zu gestalten, in dem du für immer glücklich leben kannst (Matthäus 7:13, 14).*
>
> [14] *Denke nicht, es gebe verschiedene Wege, die du gehen könntest, um in Gottes neuem System Leben zu erlangen. Es gibt nur einen. Es gab nur eine Arche, die die Sintflut überstand, nicht mehrere. Und es wird nur eine Organisation - die sichtbare Organisation Gottes - geben, die die schnell herannahende „große Drangsal" überleben wird. Es ist einfach nicht wahr, daß alle Religionen an das gleiche Ziel führen (Matthäus 7:21-23; 24; 21). Wenn du mit ewigem Leben gesegnet werden möchtest, mußt du zu Jehovas Organisation gehören und seinen Willen tun (Psalm 133:1-3).*
>
> [15] *Behalte daher das Bild von Gottes verheißenem neuen System der Dinge fest in deinem*

Sinn und in deinem Herzen. Denke jeden Tag an den großartigen Preis, den die Jehova Gott in Aussicht stellt - ewiges Leben im Paradies auf Erden. Dies ist kein Traum. Es ist Wirklichkeit!

Aus: Du kannst für immer im Paradies auf Erden leben. Watchtower Soc. 1982, S. 255

Neue Entwicklungen treten bei den klassischen Sekten nur langsam ein, aber man sollte ihre zahlenmäßige Bedeutung nicht vergessen: Es gibt zum Beispiel mehr als 600.000 Mitglieder der NAK und 160.000 der Zeugen Jehovas in Deutschland. Da die Mitglieder zum kleinbürgerlichen Milieu gehören, werden diese großen Gemeinschaften in den Medien und in der Forschung fast völlig übersehen. Die Medienmacher, die sich im Milieu des Bildungsbürgertums bewegen und dessen Extreme (zum Beispiel die Esoterik, s.u.) sehr genau verfolgen, übersehen völlig, daß es im Kleinbürgertum eine ganz andere Art der Radikalität und der Abwendung von der Gesellschaft gibt: eben die großen, klassischen Sekten. Daß sich in ihnen hunderttausende von Bürgern aus der staatlichen und kulturellen Gemeinschaft absetzen, fällt kaum auf. Viel mehr beachtet werden die im Bildungsbügertum verwurzelten klassischen esoterischen Gruppen, vor allem die Anthroposophie. Sie breitet sich allmählich aus und ist gut in ihr Milieu integriert.

Neue „klassische" Gruppen

Gemeinschaften vom klassischen Typus (christlicher und/oder esoterischer Hintergrund, Absolutheitsanspruch auf das Heil, Endzeiterwartung) entstehen auch heute noch, vor allem durch angebliche neue Offenbarungen. Die größte Gemeinschaft dieser Art, und gleichzeitig eine der zur Zeit größten und radikalsten Gruppen überhaupt, ist die Sekte „Universelles Leben" mit Zentrum in Würzburg. Sie entstand um das angebliche Trance-Medium Gabriele Wittek herum, die den Willen Jesu Christi für ihre Anhänger zu offenbaren vorgibt. Von diesem Anspruch her übt die Gruppe eine totalitäre Herrschaft nach innen aus, äußere Kritik wird aggressiv bekämpft. Ähnlich strukturiert ist die Gruppe Fiat Lux um das Medium Erika Bertschinger. Unter ihrem Sektennamen „Uriella" geriet diese in das Fadenkreuz der Strafverfolgung, da sie mit merkwürdigen Heilmitteln handelte und ihren

Anhängern davon abriet, ärztliche Hilfe aufzusuchen. An solchen Gemeinschaften zeigt sich, daß der Fanatismus eine Sekte nicht nur mit Lehre und Innenstruktur, sondern auch mit ihrem Alter und andern sozialen Merkmalen zu tun hat. Die „neuen" Gemeinschaften, deren Anhänger fast nur aus jüngeren, erwachsenen Konvertiten bestehen, neigen bereits aus sozialpsychologischen Gründen zur Radikalität, zur inneren Geschlossenheit und zu Kommunikationsproblemen mit der Außenwelt. Sie haben sich bewußt von ihrer bisherigen Lebenswelt abgewandt und sind eher bereit, sich in starke Abhängigkeiten zu fügen und materielle Ausbeutung zu tolerieren als die nächste Generation der Anhänger, die im Innern der Gemeinschaft sozialisiert wird und sich mit der Außenwelt von daher arrangieren muß. Besonders fanatische Gruppen versuchen denn auch, die Radikalität des Anfangs auf Dauer zu stellen, und zum Beispiel die Erziehung der „Sektenkinder" in eigenen Schulen selbst zu übernehmen. Dem „Universellen Leben" ist es gelungen, mit Hilfe der Gerichte die Genehmigung einer eigenen Schule durchzusetzen. Es ist bedauerlich, daß solche Radikalisierungs- und Entradikalisierungsvorgänge von der Sozialpsychologie kaum beachtet werden. Das gilt auch für die beiden nächsten Kategorien, für die „Neuen religiösen Bewegungen" und die Polit- und Psychogruppen.

Die Neuen religiösen Bewegungen

Die sogenannten NRB's (Englisch: new religious movements) unterscheiden sich von den klassischen Sekten und den älteren esoterischen Bewegungen durch ihren fremdreligiösen (Hinduismus, Buddhismus) oder neureligiösen (d.h. aus mehreren Traditionen gemischten) Hintergrund und durch ihre Radikalität. Sie waren und sind gekennzeichnet durch eine totalitäre Struktur im Innern (Führungsfigur, Guru), durch ein in Gruppenbesitz befindliches „rettendes Rezept" für die Menschheit und durch den Anspruch, eine reine, vorbildliche Gemeinschaft zu bilden. Sie verursachten in den siebziger Jahren teils durch unvermittelten Kulturimport (junge Menschen wurden plötzlich Krischna-Mönche) und teils durch ihren Fanatismus und ihre stark vereinnahmenden Tendenzen heftige persönliche und gesellschaftliche Konflikte. Die kahlköpfigen „Gottgeweihten" von ISKCON (International Society for Krishna Consciousness) in ihren orangegelben Gewändern, die singend und tanzend durch die Fußgängerzonen der Städte zogen, prägten das äußere Bild der „Jugendreligionen" in der Öffentlichkeit. Die negative Einschätzung als „destruktive Kulte“ wurde stark durch die Erfahrungen mit den „Kindern Gottes“ (jetzt „die Familie“) bestimmt, vor allem durch deren platte Sex-Besessenheit und ihre unglaublich primitiven „heiligen Comics“.

Comic der Kinder Gottes - Familie der Liebe - Die Familie

Die Bezeichnungen Jugendreligion oder „destruktiver Kult“ wurde allerdings auch auf Psycho- und Politgruppen angewandt. Später etablierte sich der Ausdruck „Jugendsekte“, den die ersten Beschreiber der Gruppe (Friedrich Wilhelm Haack, Hans-Diether Reimer) gerade nicht wollten. Sie wollten den Sektenbegriff auf die Gruppen vom „klassischen Typus“ beschränken, setzten sich in der Umgangssprache damit aber nicht durch.

Einige der Gruppen sind inzwischen bedeutungslos geworden (Divine Light Mission). Andere sind weniger radikal geworden (Hare Krishna) oder haben sich als Wirtschaftsmacht etabliert, ohne viel an Anhängerschaft dazugewinnen zu können (Vereinigungskirche). Insgesamt haben die NRB's ihre Dynamik aus den siebziger Jahren weithin eingebüßt, mit Ausnahme der häufig dazu gezählten, hier aber in der nächsten Kategorie besprochenen Scientology - Organisation.

Psychogruppen und Politgruppen

Es gibt organisierte Weltanschauungsgemeinschaften auf ideologischer oder angeblich wissenschaftlicher Grundlage, die sich selbst ähnlich absolut setzen wie die „Neuen religiösen Bewegungen“ und ähnliche Konflikte verursachen. Die Psychogruppen unter ihnen machen therapeutische Angebote, bieten Lebenshilfe an und sind insofern als sektiererische „Laienpsychotherapie“ anzusehen. Die Entwicklung dieser Gruppen ist uneinheitlich. Die Aktionsanalytische Organisation (AAO) des Kunstmalers Otto Mühl setzt auf eine Rückkehr zur (angeblich) archaischen Freiheit von sozialen Bindungen und Zwängen, auf ein psychologisches „zurück zur Natur“. Sie ist inzwischen zerfallen, nachdem ihr Gründer wegen sexuellen Kindesmißbrauchs ins Gefängnis mußte. Ihre Linie wird vom „Zentrum für experimentelle Gesellschaftsgestaltung“ (ZEGG) in Belzig (Brandenburg) fortgeführt, wobei ZEGG für sich in Anspruch nimmt, den sexuellen Kindesmißbrauch nicht nur selbst vermeiden zu können, sondern durch eine Rückkehr zur „natürlichen“ Sexualität auch die sexuellen Perversionen der Gesellschaft abbauen zu helfen. Der Unterschied zwischen AAO und ZEGG liegt darin, daß die AAO im Geist der progressiven siebziger Jahre strikt religionskritisch war, während ZEGG im Geist des New Age der Esoterik und östlicher Spiritualität zuneigt.

Sehr an Einfluß verlor seit den achtziger Jahren auch die Deutsche Akademie für Psychoanalyse (DAP) des 1995 verstorbenen Günter Ammon, die auf einer ideologisierten Form der psychoanalytischen Gruppentherapie beruht. Von ca. 2.000 Anhängern um 1980 ist sie auf wenige hundert geschrumpft. Ebenso hat die Politgruppe Lyndon LaRouches (Europäische Arbeiterpartei, Patrioten für Deutschland) eher an Einfluß verloren, nicht aber (soweit bekannt) der aus früheren Marx-Freud-Reich-Gruppe entstandene „Bund gegen Anpassung“ mit dem Ahriman-Verlag (Neue Linke, Rotes Form). Er gehört ebenso wie ZEGG und DAP zu den ideologisch „progressiven“, gesellschaftskritischen Psychogruppen, für die der Zeitgeist im Moment eher ungünstig scheint. Befördert werden vom Zeitgeist dagegen unkritisch macht- und erfolgsorientierte Gruppen wie die Scientology-Organisation. Sie verspricht mit ihren okkult-magischen Kursangeboten den Menschen finanziellen Gewinn und enormen Machtzuwachs bis hin zum Übermenschentum. Intern wie nach außen hin agiert die Organisation mit großer Skrupellosigkeit. Ihre internationale Ausbreitung und ihre Unterwanderungsversuche in Wirtschaft und Politik stellen zur Zeit das größte „Sektenproblem“ überhaupt dar. Ebenso im Aufwind liegen Gruppen mit rechtskonservativem Profil wie der Verein zur Förderung der psychologischen Menschenkenntnis (VPM), der durch interne Machtkämpfe und eine ideologische Wende von links nach rechts aus der (individualpsychologisch ausgerichteten) Zürcher Schule von Friedrich Liebling hervorging. Er versucht zur Zeit, im rechtskonservativen Lager Unterstützung zu finden und agiert gegen Kritiker ähnlich skrupellos wie Scientology. Auffällig beim VPM ist das Verschwörungsdenken, nach dem die Gesellschaft durch linksextreme Umstürzler unterwandert wird, die Drogensucht, AIDS, Mediengewalt usw. anheizen, um den Staat für die Revolution sturmreif zu schießen. Da man sich selbst als Bollwerk gegen die Verschwörung sieht, fühlt man sich zu maßlosen Gegenangriffen berechtigt.

> *Die Haltung Hemmingers und sein Vorgehen sind an Zynismus und Menschenverachtung kaum zu überbieten. Hemminger läßt keinen Zweifel daran, daß er gegen den VPM einen Vernichtungskrieg eingeleitet hat und ihn bis zur letzten Konsequenz durchzusetzen gedenkt. In faschistischer Manier und mit grauenhaften Bildern heizt er die Progromstimmung gegen den VPM und seine Teilnehmer an ... Die verbrecherische Gesinnung Hemmingers entlarvt sich selbst ...*
>
> *Als Hintergrund dieser Hetze, die unzähligen Menschen schon jetzt viel Leid gekostet hat, für das Hemminger die Verantwortung übernehmen muß, müssen Pläne gesehen werden, nach der Aushöhlung der demokratischen Wertvorstellungen nun in einem nächsten Schritt über den Aufbau eines mobilisierenden Mythos zur Errichtung des Gottesstaates überzugehen. Allein das Ziel, einen Gottesstaat (einen kommunistischen?) zu errichten, heiligt Hemminger jedes Mittel.*
>
> Aus: Eine Studie zu modernen Formen der Inquisition. VPM (Hrsg.) 1992, S. 14

Okkulte Bewegungen, Neuheiden, Alternative Psychoszene und Esoterik

Sekten und geschlossene Gemeinschaften können sich ideologisch von der Umgebung abschotten, eine innere Sonderwelt für ihre Mitglieder aufbauen und so „kulturell ungleichzeitig“ existieren. Das beweisen ältere Gemeinschaften wie die Rosenkreuzer, die rechtslastigen Deutschgläubigen, die Neuheiden u.v.a., die seit Jahrzehnten bei uns eine Winkelexistenz führen. Breite, offene weltanschauliche Strömungen spiegeln dagegen immer die Kulturlage wider, und zwar entweder im Protest (Alternativszene), in extremer Partizipation am Zeitgeist oder in Verbindung beider Tendenzen. Für die marktförmigen, kommerziell organisierten Angebote der sogenannten New-Age-Therapien, die oft unter den Begriff Esoterik gefaßt werden, gilt eher ersteres. Sie sind als „romantische Reaktion“ auf die plurale, materiell und erfolgsorientierte Hauptkultur anzusehen. Sie entwickelten sich aus dem „Psychoboom“ der siebziger und achtziger Jahre, indem sie Elemente westlicher Psychotherapie mit östlicher Religiosität und Esoterik verbanden. Eine Hauptrolle spielte zu Anfang die Zen-Meditation, dann Praktiken des tibetischen Buddhismus. Heute überwiegt der Einfluß des hinduistischen Yoga, vor allem in der „linkshändigen“ tantrischen Form. In dieser Richtung des Yoga wird die ekstatische Vereinigung mit dem Göttlichen nicht nur meditativ erlebt, sondern als sexueller Akt mit einer Partnerin vollzogen. Später wurden alte esoterische Techniken wie das Stellen von Horoskopen, das Legen von Tarot-Karten usw. in die Angebote der New-Age-Therapien einbezogen. Zur Zeit nehmen Einflüsse aus Spiritismus und dem UFO-ismus zu, vor allem das sogenannte Channeling. Dabei dient ein angebliches oder wirkliches Trance-Medium als Verbindung zu außerirdischen Intelligenzen oder zu höheren Wesen der geistigen Welt, die Informationen vermitteln und Ratschläge erteilen.

Archaische Religionspraktiken werden immer häufiger imitiert, z.B. die Schwitzhütten der Pueblo-Indianer, das indianische Medizinrad, die ekstatischen Praktiken sibirischer Schamanen usw. Es gibt eine feministische Strömung, die sich auf eine matriarchalische Urreligion aller Menschen beruft, deren Naturnähe und magische Macht es für die Frauen wiederzuentdecken gilt.

Ein entscheidender Anstoß für die New-Age-Therapien ging von der Bhagwan/Osho-Bewegung aus, eigentlich einer Guru-Bewegung aus den „Neuen religiösen Bewegungen“. Die dort entwickelte „Dynamische Meditation“ wurde (in sanfter Form) zum Vorbild für viele New-Age-Therapien.

Deren Klienten sind meist gebildete Angehörige der bürgerlichen Mittelschicht, überwiegend aus helfenden und geisteswissenschaftlichen Berufen, jenseits des Studentenalters bis in die mittleren Jahrgänge hinein, und zu etwa zwei Drittel Frauen. Eine Ausnahme bilden hier die zur Zeit boomenden sogenannten New-Age-Kurse für Manager. Sie entlehnen ihre Methoden aus den New-Age-Therapien, unterwerfen sie aber den eigentlich szenenfremden Zielen der Leistungssteigerung, Ertragsmaximierung u.ä. Das werbewirksame Stichwort heißt „Persönlichkeitsentwicklung".

Die nicht „spiritualisierten" Formen der alternativen Psychoszene, die psychologischen Selbsterfahrungsgruppen, die Encounter-Bewegung und die Gruppendynamik-Welle der siebziger Jahre spielen heute keine Rolle mehr. Es gibt trotzdem noch alternative Angebote außerhalb der New-Age-Strömung, die insofern dem Zeitgeist verhaftet sind, als sie vor allem auf individuellen Erfolg, Leistungssteigerung u.ä. abheben. Zwei typische Beispiele sind die Kinesiologie (mit Edu-Kinesthetik, „touch for health" usw.) und das Neurolinguistische Programmieren (NLP). Die Kinesiologie beruht auf einer simplen Diagnosemethode, dem „Muskeltest", mit dem alles diagnostiziert wird von der Ursache psychischer Probleme bis zum richtigen Medikament gegen Verdauungsstörungen. Fachpsychologisch kann die Methode weder als theoriefähig gelten noch therapeutisch ernstgenommen werden, doch sie breitet sich als nichtfachliche Alternativmethode zur Zeit unter Lehrern und Heilpraktikern rasant aus. Der Grund liegt wohl darin, daß die Kinesiologie die komplexen pädagogischen und psychologischen Probleme des heutigen Schulunterrichts überschaubar macht und einfache Handlungsweisungen vermittelt. Dadurch werden Zweifel an der eigenen Kompetenz behoben und zumindest subjektiv Handlungsfähigkeit erzeugt. Daß immer mehr Lehrer zu solchen Mitteln greifen, sollte von Fachleuten nicht belächelt werden. Der Vorgang weist uns darauf hin, welche Belastungen wir den Lehrern zumuten, die soziale Probleme unserer Gesellschaft und deren psychische Folgen ständig im Klassenzimmer reparieren müssen.

EDU-KINESTHETIK

Einleitung

Die Edu-Kinesthetik, kurz E-K genannt, dient der Verbesserung der Lernfähigkeit. Sie ist nicht nur ein einfaches Hilfsmittel für Lehrer und Erzieher,

um ***„Lernbehinderungen"*** *zu begegnen, sie dient auch jedem Laien, der Interesse hat, seine geistigen Möglichkeiten voll auszuschöpfen.*
Der 1. Kursblock zeigt neben dem in der Angewandten Kinesiologie praktizierten Muskeltest eine Reihe von Übungsmöglichkeiten, die eine Aufhebung von Lernstörungen bewirken.
Diese Arbeitsform richtet sich gleichermaßen an Kinder, Jugendliche und Erwachsene, die ein höheres Lernpotential erlangen wollen.
Die Edu-Kinesthetik ist eine Verschmelzung von Angewandter Kinesiologie, Lerntheorien, Erkenntnissen aus der modernen Gehirnforschung und Erfahrungen der Medizin über psychosomatische Muster. Die Angewandte Kinesiologie - die Edu-Kinesthetik und alle anderen Teilbereiche - basiert auf einem ganzheitlichen Verständnis vom Menschen, was diese Arbeit durchgehend positiv prägt.
Die Edu-Kinesthetik ist keine Therapieform. Gezielt vom Fachmann angewendet, kann sie aber in jede Therapie- und Behandlungsform integriert werden.
Der Ansatz der Angewandten Kinesiologie ist die Arbeit mit dem Muskel und der Bewegung. Sie bildet den Mittelpunkt der hier vorgestellten Arbeitsform. Im Gegensatz zu vielen anderen bewegungsorientierten Behandlungs- oder Therapieformen setzt die Angewandte Kinesiologie mit ihren Möglichkeiten direkt an den Blockierungen an. Das Befragen der Muskeln (Überprüfung der Muskelbalance) vermittelt einen Idealweg, der nicht auf Zufällen oder allgemeinen Erfahrungen, sondern auf konkreten Antworten des Körpers basiert. Die Korrekturen sind, und auch das ist ein echter Unterschied zu anderen Methoden, unmittelbar nach Ausübung der entsprechenden Bewegungsvorgaben kontrollierbar. Der Erfolg

> *der Edu-Kinesthetik ist also nie dem Zufall überlassen!*
>
> Aus: Münchner Institut für Angewandte Kinesiologie - Edu Kinesthetik I S. 3 o.D.

Das Neurolinguistische Programmieren steht der Fachpsychologie viel näher und wurde ursprünglich als psychotherapeutische Metatheorie entworfen. Aber es breiten sich vor allem die einfachen, quasi-technischen Anwendungen (Kommunikationstraining für Manager, Steigerung des Selbstbewußtseins usw.) aus. Das Vertrauen in simple Psychotechniken dieser Art (ähnlich wie im Feld der somatischen Medizin das Vertrauen in alternative Heilverfahren) wächst zur Zeit an und führt zur Ausdehnung des Marktes der Anbieter und Kunden. Der kulturelle Geltungsschwund wissenschaftlicher Begründungen und fachlicher Qualifikationen schlägt hier direkt auf die Praxis der Therapie- und Lebenshilfe durch.

Literatur:

BARKER, E.: New religious movements, London 1992

EGGENBERGER, O.: Die Kirchen, Sondergruppen und religiöse Vereinigungen, Zürich 1990

FRIEDRICH-EBERT-Stiftung (HG): Sekten und Sondergemeinschaften in den neuen Bundesländern, Chemnitz 1991

GASPER, H., MÜLLER, J., VALENTIN, F.: Lexikon der Sekten, Sondergemeinschaften und Weltanschaungen, Freiburg i.Br. 1990

HAACK, F.W.: Die neuen Jugendreligionen, München 24. Auflage 1988

HAACK, F.W.: Sekten, München 6. Auflage 1994

HAACK, F.W.: Jugendreligionen, Zwischen Scheinwelt, Ideologie und Kommerz, München 1994

HAUTH, R.: Die nach der Seele greifen, Gütersloh 1985

HAUTH, R.: Kleiner Sektenkatechismus, 1993

HEMMINGER, H.: Was sind Sekten? Stuttgart 1995

HUTTEN, K.: Seher, Grübler, Enthusiasten, Stuttgart 6. Auflage 1989

OBST, H.: Apostel und Propheten der Neuzeit, Berlin 1990

REIMER, H.-D.: Sekten, Evang. Staatslexikon Stuttgart 1987, 3093-3098

SALIBA, J.A.: Social Science and the Cults - an Annotated Bibliograpy, New York-London 1990

TROELTSCH, E.: Die Soziallehren der christlichen Kirchen und Gruppen, Aalen 1977 (Neudruck)

WEBER, M.: Gesammelte Aufsätze zur Religionssoziologie, Tübingen 5. Auflage 1963, 207-236

WIESBERGER, F.: Bausteine zu einer soziologischen Theorie der Konversion, Berlin 1990

Was eine alternativ-spirituelle Gruppe zur Sekte macht

Kriterien zur Beurteilung von Destruktiven Kulten

Werner Gross

Der russische Gelehrte Konstantin Ziolkowski konstruierte Anfang des Jahrhundert - als die Luftfahrt also gerade erst die Geburtswehen hinter sich hatte - ein riesiges Raumschiff. In ihm sollten Menschen auf andere Planeten flüchten können, falls auf der Erde die Tiere die Macht übernehmen würden. Das war seine Hauptangst.

Was will ich mit dieser kleinen Geschichte sagen?

Erstens: Es gab auch zu diesen Zeiten (und sicherlich schon früher) jede Menge Ängste vor Ereignissen oder Entwicklungen, die man nicht mehr beeinflussen kann.

Zweitens: Es gab auch damals Menschen, die sich zum Ziel gesetzt hatten, die Menschheit zu retten - mit mehr oder weniger absurden Ideen.

Und drittens: Es ist doch ganz anders gekommen als Herr Ziolkowski sich das gedacht hat.

Besonders in Krisenzeiten gedeihen die seltsamsten Welterklärungssysteme und Weltrettungspläne. Das war Anfang des Jahrhunderts so wie heute: Nur die Spitze des Eisberges wird sichtbar, wenn sich im Frühjahr 1993 die „Davidianer-Sekte“ des selbsternannten Propheten David Koresh 51 Tage lang in Waco/USA mit einem riesigen Waffenarsenal verschanzt und später der größte Teil der Gruppe in einem Flammen-Inferno umkommt[1)], wenn die „Aum“-Sekte des Shoko Asahara 1995 einen Giftgasanschlag auf die Tokioter U-Bahn unternimmt und die „Sonnentempler“ in der Schweiz und in Kanada einen Gruppenselbstmord (teilweise sogar wohl einen Mord) unternehmen.

Eine andere Katastrophe konnte im November gerade noch durch die Polizei verhindert werden: Am 14.11.93 hatten die „große weiße Bruderschaft“ und die Sektenchefin „Maria Dewi Christos“ (bürgerlich: Marina Zwigun, 33) eine Massenselbstverbrennung im ukrainischen Kiew geplant, um wie sie sagte, die Menschheit von ihren Sünden reinzuwaschen und den Weltuntergang zu verhindern [2)].

Krisenhafte Zuspitzung

Auch wenn in Deutschland die Lage noch nicht ganz so dramatisch ist - die Welt ist im Umbruch und unsere Gesellschaft in einer desolaten Verfassung. Die Ängste vor Arbeitslosigkeit und Ökokrise, vor Destabilisierung (wie im ehemaligen Ostblock) oder gar Krieg (wie in Jugoslawien) grassieren.

Aber auch im direkten Umfeld macht sich Verunsicherung breit. Die Familie, der traditionell letzte Hort der Sicherheit zerfällt. Und ein immer größer werdender Teil der Gesellschaft lebt als Singles in ihren mehr oder weniger luxuriösen Einzimmerappartements vor sich hin.
Bundesweit leben 33,7 % in Single-Haushalten, in Düsseldorf, München und Frankfurt sind bereits über 50 % der Haushalte Ein-Personen-Haushalte [3)].

Hinzu kommt, daß die Glaubwürdigkeit der Autoritäten in allen Bereichen abnimmt. Das trifft für die Politik mit ihren zunehmenden Korruptionsskandalen genauso zu wie für die tradierten Institutionen, also Kirchen und Gewerkschaften: Ihre Macht zerbröselt. Und die alten Rezepte, um das zu verändern, scheinen nicht mehr zu greifen.
Dabei ist selbst das nur die krisenhafte Zuspitzung einer grundlegenden Verunsicherung vieler Menschen: Denn die Normen in vielen Bereichen unseres Lebens sind in's Wanken geraten. Der Soziologe HABERMAS hat das **„Die neue Unübersichtlichkeit“** genannt.

So ist es nur zu verständlich, daß diese tiefgreifende Verunsicherung zu einer massiven Identitätskrise bei immer mehr Menschen führt, denn es besteht bei vielen ein genereller Verlust an Orientierung, an Geborgenheit, Sinn und Zukunft.

Kein Wunder, daß immer mehr Menschen auf Wunder warten, die diesem ganzen Spuk ein Ende setzen: Wenn man keine Hoffnung und keine Orientierung mehr hat, greift man nach jedem Strohhalm.

Auf der Suche nach Sinn und Orientierung

Ein ganzes Bündel solcher Strohhalme bieten Psychomarkt und Esoterikszene an.
Kein Wunder also auch, daß dieser „Seelenjahrmarkt" boomt, die New Age-Welle ungebrochen ist: Astrologie, Pendeln, Tischerücken und Tarot feiern fröhliche Urstände, und die Wunderheiler haben Hochkonjunktur. Auf der Trümmerlandschaft zunehmender Richtungslosigkeit ist alles erlaubt, was Geld bringt, „anything goes": Der materielle Wohlstand ist gewachsen, aber unsere Seelen sind anscheinend nicht mitgewachsen und haben Nachholbedarf.

In diesem Sinnvakuum ist der Wunsch nach Orientierung, nach Einfachheit, Reinheit und Glaubwürdigkeit nur zu verständlich. 7 - 10 % aller Neuerscheinungen auf dem Buchmarkt können dem Bereich Esoterik, New Age und Psychohilfe zugeordnet werden. Esoteriksendungen im Fernsehen fahren kräftig Einschaltquoten ein. Immer auf der Suche nach der (mehr oder weniger) irrationalen, allumfassenden Erklärung und dem rettenden Ausweg aus der Misere. Denn die Lösung der Probleme wird immer weniger in der Politik gesucht (siehe zurückgehende Wahlbeteiligung), sondern in Esoterik und Religion.
Nur so ist es zu erklären, daß ein dubioser Prof. Lasch mit seinen hypnotischen Massensuggestionen und Heilsversprechungen der SAT 1-Sendung „Schreinemaker's live" zu allerhöchsten Einschaltquoten auf der Mattscheibe verholfen hat: Der Glaube versetzt eben Berge.

„Wenn's um die Hütte stürmt und schneit, das ist die große Zeit der Religion", könnte man in Abwandlung eines Heidegger-Wortes formulieren.

Verführung statt Erleuchtung

Und in diesen Zeiten des Sinnvakuums wird auch noch das Absurdeste zum Hit:

Vom Tantra-Workshop über's Feuerlaufen, vom Handauflegen durch Reiki bis zum „Skydancing", vom „channeling" (wo sich die Betreffenden für das Sprachrohr Gottes halten) bis zur schwarzen Messe reicht die Palette dessen, was auf dem Psychomarkt so alles im Namen des „New Age", des neuen Zeitalters, angeboten wird.

Sicher hat der größte Teil des Angebotes nichts mit Sekten oder destruktiven Kulten zu tun, sondern ist mehr oder weniger gelungene, mehr oder minder gefährliche Freizeitgestaltung, in der sich die Suche nach Sinn in einer Atmosphäre unverbindlicher Verbindlichkeiten vermischt mit der Hoffnung auf Spaß und Lust. So weit, so gut.

Mitunter hinterlassen diese Workshops allerdings nicht unbeträchtliche Schäden bei Einzelpersonen, die dann in einer langwierigen Psychotherapie bearbeitet werden müssen. Wenn es ganz schlimm kommt, muß auch schon mal jemand in die Psychiatrie eingeliefert werden, weil er mit der Realität nicht mehr zurechtkommt oder einen Selbstmordversuch unternommen hat.
Dieser Psychosumpf ist unübersichtlich und sehr vom Zeitgeist abhängig. Gemeinsam ist all diesen Angeboten, daß damit ganz gut Geld verdient wird. Und wenn der einzige Schaden, den man nimmt, der ist, daß die Geldbörse dünner wird, kann man froh sein.

Besonders problematisch wird die ganze Sache, wenn man auf der Suche nach sich selbst erst mal jemand ganz anderem begegnet - nämlich einem Guru oder einem Meister - oder gar in einer der 300 esoterisch oder religiös orientierten Sondergemeinschaften, die man gemeinhin **Sekten** oder **Destruktive Kulte** nennt, landet.

Aber was ist das eigentlich genau, eine Sekte, ein Destruktiver Kult?

Über diese Gruppierungen gibt es eine Vielzahl von Vorurteilen und jede Menge Feindbilder („Sekten, das sind immer die anderen"), die teilweise irrational und absurd sind, wie die Sektenideologien selbst.

Es geht deshalb hier nicht darum, diese Vorurteile nochmals aufzuwärmen, sondern Kriterien zu finden, um solche Gruppen zu beurteilen - und zwar nicht aus weltanschaulicher, sondern aus psychologischer Sicht.

Kontinuum

Psychomarkt
Esoterikszene → Sekten —— Destruktive Kulte
„New Age"

Es gibt keine 100 %-trennscharfen Abgrenzungen zwischen den einzelnen Begriffen, sondern Übergänge und Grauzonen. Mitunter ist die ganze Beurteilung auch subjektiv getönt. Was für den einen eine Sekte ist, ist für den anderen vielleicht nur einfach ein Psychomarktangebot. Deshalb ist eine Definition der einzelnen Bereiche notwendig.

Psychomarkt/Esoterikszene/„New Age"

- Sammelsurium von verschiedensten Gruppierungen, Zentren, Instituten und Einzelanbietern („Mini-Gurus")
- Vielzahl von **psychotherapieähnlichen Methoden,** die (meist in Seminarform) zur Selbsterfahrung und Bewußtseinserweiterung angeboten werden
- viele **esoterische Praktiken:** Astrologie, Pendeln, Tarot, Geisterbefragung, etc.
- stark **Modetrends** unterworfen
- an den Rändern unscharf
- Übergänge zu sektenähnlichen Gruppierungen

Kommen wir zu dem zweiten Begriff. Keine Frage: Das Wort „Sekte" ist ein Schimpfwort, und eine Gruppe, die man als Sekte bezeichnet, ist diskreditiert, man hat ihr ein negatives Etikett aufgeklebt. Was man dabei vergißt: Auch das Christentum hat vor zweitausend Jahren als Sekte begonnen, genau wie jede andere weltverändernde Idee. Heute faßt man mitunter sehr subjektiv darunter alle möglichen Gruppierungen: Da gibt es religiöse Sekten, Polit-Sekten und Psycho-Sekten. Und der Psychoanalytiker Michael Lukas Moeller hat schon 1979 im Kursbuch sogar mal einen teils ironisch, teils ernsthaft gemeinten Artikel mit dem Titel „Zwei Personen - eine Sekte“ geschrieben [3a].

Hier die Definition:

Sekte

- Diskreditierender Begriff mit negativer Bedeutung (abgeleitet von „secta“ = Schule, Lehre; häufig: „secare“ = trennen, abschneiden)
- **Definition** nach Gasper, Müller & Valentin[4]: „Sich abschließende, in Lehre und/oder Praxis von der Mehrheit abweichend orientierte, somit dissidierende Minderheit“
- Alternativbegriff: **Religiöse Sondergemeinschaft**

In Abgrenzung davon sind die **Destruktiven Kulte** zu nennen:

Destruktive Kulte

- **Totalitär** strukturierte Gruppen, die mit verschiedenen Techniken der **Persönlichkeitsveränderung** Menschen abhängig machen und ausbeuten
- Monopolanspruch auf die Wahrheit
- Weltrettungsplan, der verwirklicht werden soll
- Gefahr für die Demokratie

Komplexität

Soviel ist klar: Nicht jedes Alternativprojekt, nicht jede neu entstehende Religionsgemeinschaft oder New Age-Gruppe ist gleich eine Sekte oder gar ein Destruktiver Kult. Und auch soviel ist klar: Diese Gruppierungen unterscheiden sich auf den verschiedensten Ebenen. Es gibt einfach nicht **„die**

Sekte", sondern man ist mit einer ungeheueren Komplexität verschiedener Gruppen konfrontiert: Da gibt es in sich geschlossene, klar abgegrenzte Gruppen, wie die Zeugen Jehovas, religiöse Orden wie Hare Krishna oder Ananda Marga, Kampfgemeinschaften mit kräftigem ideologisch-politischen Einschlag wie Scientology und Gemeinschaften auf emotionaler Basis, wie die Gruppen, die auf die „Aktionsanalytische Organisation" (AAO) des Österreichers Otto Mühl zurückgehen.

Es gibt offene Bewegungen, wie die New Age-Szene, die sich locker um eine Idee oder einen „Mini-Guru" scharen und die an den Rändern fast ungreifbar werden.

Auch gibt es **unterschiedliche Grade der Abhängigkeit,** von gelegentlichen, distanzierten Kontakten bis zur totalen Selbstaufgabe und dem vollständigen Verschmelzen mit der Gruppe.

Bei all den Unterschieden gibt es doch bestimmte Stationen, die Personen durchlaufen, bis sie in einer Sekte landen:

Wie ganz normale Menschen zu Sektenmitgliedern werden (nach Wnuk-Lipinsky)[5)]

1) **Kontaktphase:**
   - Anwerbung
   - Faszinationssog

2) **Integrationsphase:**
   - Häufiger Kontakt mit der Gruppe
   - Intensive Beschäftigung mit der Lehre
   - Übernahme von Gruppenaufgaben
   - Allmähliche Übernahme der Sichtweise der Gruppe
   - Schrittweise Reduzierung der Außenkontakte

3) **Festigungsphase:**
   - Offizieller Eintritt in die Gruppe
   - Einzug in Gruppen-WG
   - Einbringung des Privateigentums
   - Tätigkeitsfeld wird mehr in die Gruppe verlagert

- verstärkte Missionstätigkeit
- Partnerbeziehung in der Gruppe

Ziele des Vortrages

1) Hilfestellung zu geben für die Beurteilung einer einzelnen, auch unbekannten oder neuen Gruppe von **Außen.**

2) Hilfestellung für **einzelne Gruppenmitglieder,** die noch nicht oder nicht mehr allzu sehr der Bewußtseinskontrolle unterliegen, bei der Beurteilung ihrer eigenen Gruppe.

3) Für **neu entstehende Alternativ-Gruppen** ein Raster anzubieten, auf was sie aufpassen sollten, um nicht in die Destruktivität abzurutschen.

Wenn man diese Gruppierungen bewertet, muß man sich sechs große Bereiche ansehen, in denen sie sich unterscheiden und die das Gefahrenpotential der Versektung in sich bergen bzw. sie zu Destruktiven Kulten machen können.

1) **Ideologie:** Theorie, Glauben, Ziele
2) **Zentrale Figur:** Führer, Guru, Meister
3) **Gruppenstruktur:** Fluchtburg oder Zwangsgemeinschaft
4) **Einfluß auf das einzelne Mitglied:** Entindividualisierung
5) **Techniken der Persönlichkeitsveränderung:** Bewußtseinskontrolle
6) **Kontakte nach Außen:** Umgang mit Ehemaligen/Gegnern

Schauen wir uns das im einzelnen an:

1) Ideologie: Theorie, Glauben, Ziele oder Die Produktion der heiligen Erwartung

„Den Menschen einen Glauben schenken, heißt ihre Kraft verzehnfachen"

(Le Bon)

Intellektuelle Grundlage jeder Sondergemeinschaft ist eine mehr oder weniger ausgefeilte und ausdifferenzierte Ideologie. Der Grad der Differenziertheit hängt mit der Dauer des Bestehens und der Zusammensetzung der Gruppierung zusammen. Manche neu entstehenden Gruppen neigen dazu, sich - außer dem Glauben an die Eingebungen des Gruppengründers - auf die Suche nach „Ahnen" zu begeben, die schon vor hunderten von Jahren ähnliches gedacht, gesagt oder geschrieben haben.

Problematisch kann eine Ideologie werden, wenn folgende Tendenzen vorherrschen:

Monopolanspruch:

- Wird die Ideologie als einzig gültiges **Welterklärungssystem, als einzig wahre Lehre** angesehen?
- Ist es ein in sich **geschlossenes Weltbild/Menschenbild,** das unbegrenzt Gültigkeit und auf alles eine Antwort hat?
- Handelt es sich um ein **„magisches Weltbild",** in dem alles vorbestimmt ist? („Befreiung aus der Tyrannei des Zufalls")
- Wird jede andere Lehre diskreditiert?

Allmachtsphantasien:

- Gibt es Vorstellungen, daß das **Paradies auf Erden** mit Hilfe der Lehre zu verwirklichen ist, daß der **„neue Mensch"** mit Hilfe der Lehre produziert werden kann?

- Herrscht eine Art **„Größenwahn"** vor, alles sei in den Griff zu bekommen?

Rettungsplan:

- Wird **Rettung** und **Heil** für Gläubige und Angehörige der Gruppe versprochen?

- Gibt es konkrete Handlungsanweisungen oder **Patentrezepte**, was man für die Rettung zu tun hat?

Schwarz-weiß-Denken:

- Herrscht eine einfache, absolutistische

  Schwarz-weiß-
  gut-böse-
  richtig-falsch-Struktur

  vor, in der es keine Zwischenstufen, keine Kompromisse und keine Neutralität gibt?

- Gibt es **Untergangs- und Errettungsvisionen,** die zu einer inhumanen Wirklichkeitsgestaltung führen, z.B. Drohungen mit der totalen Katastrophe, dem nahen Weltuntergang, dem Teufel, dem Kommunismus, „Harmagedon", und eine Rettung ist nur für die Rechtgläubigen möglich?

2) Zentrale Figur: Führer, Guru, Meister
oder
das geheiligte Wesen

„Der Fisch stinkt am
Kopf am meisten."
(Italienisches Sprichwort)

Neben der Ideologie und den Implikationen, die sich daraus ergeben, ist ein weiterer wichtiger Punkt die Rolle der zentralen Figur, des Gründers oder der

Gründerin, des Guru, des Meisters oder Führers. Hierbei muß man vor allem auf folgende Punkte achten:

Führerkult:

* Wird er/sie als **Gott** oder **gottähnlich,** als sein Sprachrohr, Prophet, („channel"), als Heiliger, „alleiniger Verkünder der Wahrheit" etc. verehrt?

* Werden ihm/ihr **Allmacht** bzw. **Wunderfähigkeiten** zugeschrieben (z.B. Gedanken lesen, in die Zukunft sehen oder sie manipulieren können)?

* Erhebt er/sie Anspruch, ein **Monopol auf die Wahrheit** zu haben?

Führungsstil:

* Ist er/sie **oberste Autorität,** absoluter Herr über Recht und Unrecht und was immer er/sie sagt, ist nicht kritisierbar, da er/sie immer „in der Wahrheit" ist?

* Führt er/sie die Vereinigung absolutistisch und verlangt **kritiklose Loyalität** oder werden Widersprüche zugelassen?

* Umgibt er/sie sich in seiner **Führungsriege** nur mit absolut Getreuen?

* Wie verantwortlich geht er/sie mit den Mitgliedern um, oder hat er/sie eine **„Zauberlehrlingsmentalität"**?

* Versucht er/sie für die Mitglieder Vater und Mutter zu ersetzen („die wahren Eltern")? (siehe Vereinigungskirche)

* „Der Profit des Propheten": Wie **geld- bzw. machtgierig** ist er/sie?

* Gibt es Berichte über **sexuellen Mißbrauch** und **Gewalt** durch den Führer in der Gruppe?

* Wenn er/sie gestorben ist: Wie ist der Übergang vom **„Propheten zu den Priestern“** gelaufen (Machtkämpfe? Wer hat sich durchgesetzt?) Welche Ideologie, welche Praktiken, etc.?

Charismatisierung:

* **Heiligenverehrung**/Ikonisierung schon zu Lebzeiten (eigener Raum in den Zentren, Kanonisierung der Werke, etc.)?

* Gibt es eine nachträgliche, idealisierende **Legendenbildung** seiner/ihrer persönlichen Lebensgeschichte (z.B. schon als Kind Wunder vollbracht bzw. Grandioses geleistet)?

* Wie sieht die **reale Lebensgeschichte** der Führerfigur aus? (persönliche Entwicklung, Berufe, Ehen, „Erleuchtung“. Gibt es in seinem Leben illegale und kriminelle Tätigkeiten?)

3) Gruppenstruktur

Zwischen Fluchtburg, „wärmender Horde“
und Zwangsgemeinschaft

Totalitäre Ideologie und autoritäre Führerfigur sind zwar häufig (allerdings nicht immer) zu findende, aber noch nicht hinreichende Voraussetzungen dafür, daß eine Sekte entsteht. Damit aus normalen Menschen Sektenmitglieder werden, dazu braucht es eine feste Gruppe mit ganz bestimmten Strukturen.

Wichtig ist dabei vor allem folgendes:

Geschlossenes System:

* Handelt es sich um eine **nach außen starr abgegrenzte Gruppe** mit einer steilen Hierarchie?

Gruppenkohäsion:

* Besteht in der Gruppe eine hohe Opferbereitschaft und befinden sich die einzelnen in einem Zustand **erhöhter Beeinflußbarkeit**/(Trance)?

* Lebt und arbeitet die Gruppe zusammen?

* **Materielle Abhängigkeit** von der Gruppe?

* Existiert eine gruppeninterne **Sondersprache,** Orwell hat das „Neu-Sprech“ genannt?

Ausbeutung:

* Lassen sich die Mitglieder mehr oder weniger freiwillig **materiell** bzw. als billige Arbeitskräfte ausnutzen? (Glückseligkeit durch Leistung für die Gemeinschaft)?

* Wird das einzelne langjährige Gruppenmitglied mit kaum erreichbaren Zielvorgaben **chronisch überfordert** und werden „Krisen produziert“, damit es nicht zur Ruhe kommt und keinen Platz für private Gedanken oder Reflexionen über die Gruppe hat? („Arbeite, während Du stirbst“ - Ananda Marga)

Das hört sich jetzt so an, als würde viel mit **äußerem Zwang** oder **offenem Druck** gearbeitet, dabei ist das nur in Ausnahmen der Fall. Meistens ist es eher eine Art „vorauseilender Gehorsam“, der einsetzt, eher wie wenn jemand verliebt ist und denkt, „das würde dem anderen gefallen“.

Elitebewußtsein:

* Wird die Gruppe (die Ideologie, der Führer) hochgradig idealisiert?

* Haben die Mitglieder das Gefühl, die einzig **wahre Weltsicht** zu besitzen, die für alles eine Lösung anbietet?

* Fühlen sie sich **auserwählt,** als **Avantgarde** die Entwicklung der Menschheit voranzutreiben und die Welt zu retten (oder sie gar retten zu müssen)?

* Wie weit geht die **Überschätzung** der eigenen Bedeutung (Größenwahn)? Wie hoch ist der Grad des **„praktischen Fanatismus“**? Gibt es noch so etwas wie Selbstkritik?

* Besteht ein **„Missionierungszwang“**? (Fremdüberzeugung/Selbstüberzeugung, siehe Zeugen Jehovas, die sich beim „witnessing“ vor allem selbst überzeugen)

* Versteigen sich die Mitglieder in eine **Märtyrer-Ideologie,** nageln sich selbst an's Kreuz, um Nutzen aus der (eingebildeten) Opferrolle zu ziehen? Der VPM z.B. vergleicht sich gern damit, daß er verfolgt würde, wie die Juden im Dritten Reich.

Hierarchie:

* Wie hoch ist der **Grad der Abhängigkeit bzw. der Unterwerfung** der einzelnen Gruppenmitglieder von ihren Führern? (Befehlsgewalt/Kontrollbefugnis)

* Existiert ein **gestaffeltes Informationssystem** (entsprechend der Hierarchieebene)?

* Gibt es **Spitzeleien** untereinander, Gesinnungsschnüffelei oder gar eine gruppeninterne Geheimpolizei, die „Ethikakten“ anlegt? (siehe Scientology)

* **Strafen**/Strafregister

Illegale Aktivitäten:

Besonders problematisch wird es, wenn die Gruppe über dem Gesetz zu stehen glaubt und der Zweck die Mittel heiligt. Vor allem, wenn alle Skrupel

verlorengehen, weil das Ziel als gerecht angesehen wird. Mitunter werden brachiale Mittel zur Durchsetzung der Ziele angewandt: Lügen, Betrug, Diebstahl, Erpressung, Bedrohung bis hin zu Körperverletzung.
Bei manchen Gruppen werden Mitglieder (offen oder verdeckt) gedrängt, **illegale** Aktionen zu unternehmen.

4) Einfluß auf das Mitglied: Entindividualisierung

Der Mensch ohne Eigenschaften oder:
Ein Nichts mit göttlichen Fähigkeiten?

„Niemand kann so verarscht werden, wie ein junger Idealist."

(ein ehemaliges Sektenmitglied)

Bevor wir uns der Frage nach dem Einfluß auf das einzelne Mitglied zuwenden, erlauben Sie mir einen kleinen **Exkurs,** nämlich zu dem Thema:

Kann im Grunde jeder „in den Fängen" einer solchen Gruppierung landen, oder sind es bestimmte Menschen in bestimmten Situationen, die prädestiniert sind für eine solche Gruppe? Vor allem folgende Personen scheinen besonders anfällig zu sein:

- **„Sucher":**
  Menschen auf der Suche nach einem anderen Leben, nach Selbsterfahrung, Bewußtseinserweiterung, Abenteuer, Grenzerfahrungen, Sinn.
  Häufiger Wunsch: Indikation, Transformation, „Geburt des wahren Menschen".

- **„Enttäuschte":**
  Menschen mit hohem Protestpotential, die mit ihrem Leben, der Gesellschaft, der Welt unzufrieden sind.
  Häufiges Gefühl: Das falsche Leben.

- **„Orientierungslose“:**
  Menschen, die mit der Komplexität des Lebens in unserer Zeit nicht zurechtkommen, die einfach klare Regeln suchen, an denen sie ihr Leben ausrichten können.

- **Menschen in akuten persönlichen Krisen:**
  Extreme Pubertätskrisen, „midlife-crisis“, Arbeitslosigkeit, Tod des Partners, etc.

- **Menschen mit schweren seelischen Problemen:**
  Zumeist schlechte Erfahrung mit dem traditionellen Hilfesystem (Drei-Minuten-Medizin, Psychiatrie), die sich an jeden Strohhalm klammern.

Generell kann man sagen: Es sind häufig die Sensiblen, die Nachdenklichen, die sich wagen, „große Gedanken“ zu denken, die Antwort auf Fragen suchen, die sich andere gar nicht erst stellen.

Wie im Blindflug finden manche dieser Personen exakt die Gruppe, die vordergründig zu ihnen paßt und eine Lösung all ihrer Probleme anzubieten scheint. Und sie merken häufig erst zu spät - wenn überhaupt - daß sie Opfer ihrer eigenen Neugier geworden sind. Sie sind „abgestürzte Helden“.

Zurück zum Thema Einfluß auf das Mitglied. Hier die **Kriterien** zur Beurteilung der Gefährlichkeit einer Gruppierung:

Entindividualisierung:

* Wird **„totale Hingabe“** gefordert oder begibt sich das Mitglied mehr oder weniger freiwillig in die totale Identifizierung mit der Gruppe?
* Gibt sich das Mitglied selbst auf oder wird **gleichgeschaltet** und instrumentalisiert?
* „Wenn man mit einem spricht, hat man mit allen gesprochen“
* Opferbereitschaft: Ist das **Gruppenziel** immer wichtiger als der einzelne?
* Bekommt der einzelne einen **neuen Namen**?
* Gibt es **äußerlich sichtbare Kennzeichen** der Mitgliedschaft: z.B. vorgeschriebene Kleidung, Schmuck, Haartracht, etc.?

Einfluß auf die alltägliche Lebensgestaltung:

Problematisch wird es vor allem, wenn:

* sich das Gruppenmitglied den **Tagesablauf** durch die Gruppe bestimmen läßt,

* es Ausgangssperre/Kontaktsperre, **Telefon- und Briefkontrolle** gibt,

* es eine Vielzahl von **Vorschriften/Regeln** für den alltäglichen Umgang gibt: Essensvorschriften, Vorschriften zu Intimpflege, etc.,

* in das **Gefühlsleben des einzelnen** eingegriffen wird (Vorschriften für Sexualität und Beziehungen).

Materielle Abhängigkeit:

Vorsicht:
- wenn alles **Gemeinschaftseigentum** ist und die Gruppenmitglieder kein persönliches Eigentum, kein privates Geld, keine Wertsachen mehr haben,
- wenn sie (obwohl sie in der Gruppe arbeiten) nicht **kranken-, unfall- und rentenversichert** sind,
- wenn die **persönlichen Papiere** (Paß, Personalausweis, Führerschein) abgegeben werden.

Bruch mit der persönlichen Lebensgeschichte:

* Kommt es zu einem plötzlichen Persönlichkeitswandel?

* Wird die bisherige **Lebensgeschichte**, der bisherige Lebensstil negativ **uminterpretiert**?
* Kommt es zu einem **Abbruch der Beziehung** zu Familie, Partnern, Freunden?

* Werden **Schule, Studium, Beruf** abgebrochen, um das „neue Leben" zu beginnen?

All das macht die Loslösung von der Gruppe natürlich sehr schwer.

Sektenidentität:

* Entsteht durch die systematische Veränderung der Bezugswelt ein allmählicher **Realitätsverlust**, so daß die Tauglichkeit für das Leben außerhalb der Gruppe abnimmt und die Persönlichkeit radikal verändert wird?

* Wird eine **neue Sektenidentität** der Mitglieder installiert oder von dem Mitglied angestrebt, die die alte Persönlichkeit überlagert und mit einem Verlust des Gefühls für sich selbst einhergeht („zweifache Identität")? Der US-Psychologe Steven Hassan unterscheidet

1) **„Authentisches Ich"**

2) **„Sektenklon":**

Neue, künstliche Sektenidentität mit neuen Werten, neuem Verhalten und einer neuen Sprache, die die Gruppendoktrin für die Wirklichkeit hält.[6)]

5) Techniken der Persönlichkeitsveränderung

Bewußtseinskontrolle („erzwungene Freiwilligkeit") - Verführung statt Erleuchtung

Es gibt eine unüberschaubare Zahl von Techniken, die in diesen Gruppen angewandt werden. Das sind z.T. Ableitungen von Psychotherapiemethoden, von Ekstaseriten oder mystischen Praktiken. Die meisten dieser Techniken sind sicher für sich genommen nicht gefährlich. Sie werden es erst durch den unverantwortlichen Einsatz in diesen Gruppen.

Steven Hassan (1993) schreibt:

„Der Einfluß von Techniken zur seelischen Beeinflussung ist nicht per se schlecht. Wie jede Technologie, so kann auch dies zum Nutzen oder zum Schaden eingesetzt werden. Sie kann gebraucht werden, um Menschen zu stärken oder zu versklaven."

Es ist wie der Umgang mit einem Skalpell: Ein Laie kann damit jemandem den Bauch aufschlitzen, und ein Chirurg kann damit eine segensreiche Operation durchführen.

Die Kriterien:

* Werden emotionsmobilisierende, euphorisierende und **bewußtseinsverändernde Psycho-Techniken** angewandt? (Chanten, Kirtan; Hyperventilation, exzessive Gebetssitzungen, Zungenreden, Ekstaseriten)

* Wird mit tagelangem **Fasten**, mit **Schlafentzug, sensorischer Deprovation** (bzw. sensorischer Überlastung), **Hypnose** gearbeitet und werden damit die Betreffenden in einem tranceähnlichen Zustand erhöhter Beeinflußbarkeit gehalten?

* Entsteht eine Abhängigkeit durch das Lockmittel **„Bewußtseinserweiterung"**?

* Wird von **„Wundern"** berichtet und der Glaube an Wunder gefördert?

* Wird mit **Angstparolen** (z.B. Strafandrohung durch höhere Mächte) gearbeitet?

* Gibt es **„Zwangsregressionen"** durch ständige Entmündigung (Beichten, „Ego-Tests")?

* Ist das Ziel ein künstlich herbeigeführtes **„spirituelles Erlebnis"**, das als Neugeburt/Initiation interpretiert wird?
* Werden **Aufzeichnungen** von Sitzungen oder Bekenntnissen geführt?

* Dient der Einsatz der Psychotechniken dazu, um damit **Geld zu machen**?

All die bisher genannten Bereiche und Techniken werden vor allem von amerikanischen Sektenexperten (HASSAN, SINGER u.a.) zusammengefaßt unter dem Stichwort „Bewußtseinskontrolle".

Ein kleiner Exkurs:

Bewußtseinskontrolle:

> „System von Einflüssen, mit dem die Identität (Überzeugungen, Verhalten, Denken, Fühlen) zerbrochen und durch die **neue Identität** ersetzt wird."
>
> (Hassan)[7]

Eine Klarstellung ist dabei nötig. Der Unterschied zwischen „Gehirnwäsche" und „Bewußtseinskontrolle":

„Gehirnwäsche"	**„Bewußtseinskontrolle"**
gewaltsam	raffiniert, verdeckt
gegen den Willen	hypnotische Techniken
mitunter Folter	Gruppendynamik [8]

Bereiche der Bewußtseinkontrolle:
(nach Hassan, 1993)

Verhaltenskontrolle: Bestimmen der physischen Realität
Gedankenkontrolle: Indoktrination, Psycho-Techniken und Manipulation der Sprache
Gefühlskontrolle: Schuldgefühle, Ängste und anderes
Informationskontrolle: Abschottung, Selektion, Zensur und Uminterpretation [9]

Stadien der Bewußtseinskontrolle:

Aufbrechen: Destabilisierung
Verändern: Indoktrination
Fixieren: Aufbau und Stabilisierung des „neuen Menschen" [10]

Wenn dieser Prozeß und vor allem die Fixierung abgeschlossen sind, führt das dazu, daß Mitglieder von Sekten irgendwann gar nicht mehr aus dieser Gruppe aussteigen **wollen.** Sie sagen zwar, daß es ihnen in der Gruppe gutgeht, aber sie wirken gehetzt, unstet, labil und gar nicht besonders glücklich.
So erfahren langjährige Sektenmitglieder einen Verlust der eigenen Entscheidungsfähigkeit. Sie bekommen Vereinfachung statt Einfachheit und Klarheit vorgesetzt, finden Abhängigkeit statt Wärme, Identifikation mit einer Ideologie statt eigener Identität.

Manche Experten sprechen von einer „erzwungenen Freiwilligkeit" (HACKER), die sie in ähnlicher Weise an die Sekte bindet, wie ein Drogenabhängiger an seine Spritze gebunden ist.

Kommen wir zum letzten Punkt der Kriterien:

6) Kontakte nach außen-
Umgang mit Ehemaligen und Gegnern

Festungsmentalität und Kriegslogik

„**Innen** das Paradies und die Engel,
Außen die Hölle und die Teufel"

Kontakte nach außen

Eine Art Knackpunkt - bezogen auf den Grad der Destruktivität - ist bei vielen Gruppierungen die Art und Weise, wie mit der Welt außerhalb der Gemeinschaft umgegangen wird.
Im einzelnen sind folgende Punkte wichtig:

Abschottung:

– Existiert in der Gruppe eine **Bunker- oder Festungsmentalität** mit hohen und starren Außengrenzen (ingroup - outgroup, „Staat im Staat")?

– Wird die Außenwelt als schlecht, dumm, feindlich („**Reich des Bösen"**) angesehen, die man belügen und betrügen darf? Herrschen Verschwörungstheorie und Paranoia vor?

- Gibt es für die einfachen Gruppenmitglieder kaum oder nur **gefilterte Informationen** über das Weltgeschehen (keine Massenmedien, Bücher auf dem Index, etc.)?

- Werden die **Kontakte** der Mitglieder nach außen (vor allem zur Familie, zu Partnern und Freunden) **reglementiert** oder gar unter Strafe gestellt?

- Gibt es einen **Trennungsbefehl,** falls die Kontaktpersonen nicht zu missionieren sind oder der Gruppe kritisch gegenüberstehen?

- Dürfen nur bestimmte, glaubensfeste Mitglieder **freie Außenkontakte** haben? Geschieht das fast ausschließlich für **Missionierungszwecke?**

- Wie massiv werden Mitglieder mit **Ängsten vor dem Ausstieg** aus der Gruppe indoktriniert?

Ehemalige:

Eindeutig zum Destruktiven Kult wird eine Gruppe, wenn

- es keinen legitimen Grund gibt, aus der Gruppe auszusteigen,

- Ehemalige, die trotzdem gehen, zu **Unpersonen** erklärt werden, mit denen man keinerlei Kontakt mehr haben darf, denen man alles antun darf („vogelfrei) bis hin zur körperlichen Gewalt,

- man Aussteiger monate- und jahrelang mit Kontaktversuchen und **Wiedereintrittsangeboten** verfolgt,

- Aussteiger mit Informationen aus Beichten, Therapiesitzungen oder Akten **erpreßt** werden.

Kritiker/Gegner:

- Stellt sich die Gruppe **äußerer Kontrolle** und **Kritik** und kann sie angemessen damit umgehen, dann ist die Gefahr der Destruktivität weniger gegeben.

- Anders, wenn eine Art **„Kriegslogik“** vorherrscht, ein strenges Freund/ Feind-Denken.

Äußerste Vorsicht ist geboten, wenn

- Kritiker und Gegner aggressiv abgewertet, dämonisiert oder als verrückt abgestempelt werden.

In der Nähe einer kriminellen Vereinigung bewegt sich eine Gruppierung, die mit allen Mitteln versucht,

- Kritiker und Gegner **mundtot** zu machen,
- in ihrer **Vergangenheit rumspioniert,**
- sie **öffentlich diffamiert,**
- sie mit **Telefonterror, Drohungen, Gerichtsprozessen** überzieht oder sie gar **körperlich attackiert.**

Die andere Seite

Eine Frage, die sich immer wieder stellt, ist wie die Destruktivität in diesen Gruppen entsteht.
Denn ursprünglich haben die meisten Gruppen einmal etwas Gutes für sich und die Welt angestrebt. Und eine Frage, die sich die Außenwelt stellen muß (z.B. bei der Katastrophe um die Davidianer-Sekte in Waco/USA im Frühjahr 1993): Treiben wir durch unsere Reaktionen die Sekten erst in die Destruktivität?

Sekten sind eine Antwort auf unsere Gesellschaft, auf das, was falsch läuft, was fehlt, was merkwürdig oder kaputt ist. Insofern kann man sagen: „Jede Gesellschaft hat die Sekten, die sie verdient“.

Sekten stehen als Glaubensgemeinschaften in Konkurrenz mit den traditionellen Kirchen. Und diese etablierten Institutionen haben natürlich auch kein Interesse daran, daß ihre Konkurrenten wirklich erfolgreich sind - zumal den Kirchen und anderen Einrichtungen wie nie zuvor die Mitglieder weglaufen.

So sind die **Motive der Kritik** an diesen Gruppierungen auch vielfältig:

1) Hilfe für Betroffene

2) „Schuldsuche"

3) Konkurrenz auf dem Markt der „Sinnsysteme"

4) „Das andere Leben" als Bedrohung des traditionellen Lebensstils

So ist es nur zu verständlich, daß diese Gruppen auf allen Ebenen bekämpft werden - und man nicht das kreative Potential sehen will, das es eben auch in diesen Gruppen gibt.

Schließlich sollten wir nicht vergessen, daß alle großen Ideen irgendwann mal als Abweichung von der Normalität und häufig in Sekten angefangen haben. Wie sagte doch Arthur Schopenhauer:

> „Alle großen Ideen werden von den Fachleuten zuerst **verlacht,** dann mit wütender Schärfe **kritisiert,** zuletzt sagen alle: Das haben wir längst **gewußt."**

Es kann in dieser Diskussion um Sekten und Destruktive Kulte nicht darum gehen, die Glaubensfreiheit und die Freiheit mit dem eigenen Leben zu machen was man will, einzuschänken. Auch wenn anderen - z.B. Kirchen, Politikern etc. diese Entscheidungen nicht passen:

> Die Welt ist schließlich groß genug, daß wir alle darauf Unrecht haben können - jeder auf seine Weise.

Aber es kann natürlich auch nicht angehen, daß Menschen mit falschen Versprechungen in Gruppen gelockt werden, aus denen sie sich nur schwer befreien können, weil sie irgendeiner Art von Bewußtseinskontrolle unterliegen und gar nicht mehr entscheiden können. Es geht darum, die Wahlfreiheit - und zwar die bewußte Wahlfreiheit - für jeden einzelnen zu erhalten und zu erhöhen.

Wie heißt es doch so schön:

Es ist gut, Respekt vor dem Glauben zu haben.
Voran bringt uns allerdings häufig der Zweifel.

Den Fisch nicht mit den Gräten verschlucken

Mir ist wichtig, diese Gruppierungen nicht einfach vorschnell zu diskreditieren, sonder genau zu prüfen, was in diesen Gruppen mit den Menschen passiert. Es kann auf keinen Fall darum gehen, jede Gruppe zu verteufeln, die versucht, als Aussteiger ein anderes Leben zu verwirklichen. Denn es gibt eine zunehmende Zahl von Menschen, denen ihr jetziges Leben nicht genügt, die es sinnvoller und sinnhafter haben möchten und die deshalb Auswege aus dem Alltagsstreß und dem Alltagstrott suchen. Wichtig ist dabei, auf die oben genannten Kriterien und Punkte zu achten und ihnen vorzubeugen, sozusagen den Fisch nicht mit den Gräten zu verschlucken. Schließlich entsteht die „Versektung" dieser Gruppen nicht von einem Tag auf den anderen, sondern entwickelt sich allmählich.

Schuster und Dürholt haben das am Beispiel der Bagwan/Osho-Bewegung beschrieben:

Entwicklung von Sekten
(nach Schuster/Dürholt)

Beispiel: Bagwan/Osho-Bewegung

1) Idealistische Phase

2) Organisationsphase

3) Missionsphase

4) Kommerzphase

5) Korruptionsphase

6) Individualisierungsphase

Man sieht: Sekten und Psychomarkt sind ein vielschichtiges und komplexes Problem, auf das es keine einfachen Antworten, und für das es keine schnellen Lösungen gibt.

Die Kriterien, die ich hier vorgetragen habe, sind Anregungen, über die Gruppierungen nachzudenken - und es sind Prüfsteine aus der hautnahen Praxis mit diesen Gruppierungen, nicht aus dem Elfenbeinturm der akademischen Wissenschaft. So gibt es nur wenige Gemeinschaften, die auf **alle** Kriterien zutreffen. Ich habe hier die Extreme beschrieben. Die meisten Gruppen haben ihre „sensiblen Bereiche", wo die Gefahr der Destruktivität besonders hoch ist, während andere Bereiche kaum ein Problem sind.
Je mehr Punkte zusammenkommen und je intensiver sie vorhanden sind, umso höher ist der Grad der Destruktivität.

Vom Versuch, die Zahnpasta in die Tube zurückzudrücken

Aber wie gesagt: Nicht alles, was auf dem Psychomarkt passiert, ist per se gefährlich oder destruktiv. Manches ist schlicht Spinnerei oder Unterhaltung, manches ist einfach Beutelschneiderei und manches ist kreatives Experimentieren aus der Unzufriedenheit mit dem Tradierten und Normalen. Alles Neue verbieten zu wollen entspräche einer Art „Normophrenie“ und wäre so, als würde man versuchen, die Zahnpasta in die Tube zurückzudrücken - und das wird schwer gelingen.

Ein besserer Weg ist sicher, diesem Psychomarkt den Nährboden zu entziehen, indem (wenn schon keine Verbesserung der gesellschaftlichen Situation in Aussicht ist) bei seelischen Problemen eine genügend große Anzahl qualifizierter Psychotherapeuten zur Verfügung stehen, die staatlich anerkannt und damit auch kontrolliert sind. Deswegen hoffe ich, daß das geplante Psychotherapeutengesetz nicht zwischen den Mühlsteinen der Politik zerrieben wird, weil ein Ausbleiben der gesetzlichen Regelung die Situation nicht nur zementieren, sondern verschärft würde.

Literatur

1) Stern 17/93 (S. 186).

2) Spiegel 46/93 (S. 175).

3) Statistisches Bundesamt.

3a) Kursbuch 55 (S. 28 ff.), Berlin 1979.

4) Gasper, H., Müller, J., Valentin, F., 1992: Lexikon der Sekten, Sondergruppen und Weltanschauungen, S. 950, Freiburg, Basel, Wien, (Herder).

5) Wnuk-Lepinski, J. von (1982), Neue religiöse Organisationen, S. 25-27; Pirmasens: Aktion Jugendschutz.

6) Hassan, S., 1993: Ausbruch aus dem Bann der Sekten - Psychologische Beratung für Betroffene und Angehörige, S. 121-125; Reinbek (Rororo).

7) Hassan, S.: S. 25.

8) Hassan, S.: S. 95-97.

9) Hassan, S.: S. 100-112.

10) Hassan, S.: S. 112-121.

11) Schuster-Dürholdt, Jugendreligionen, in: IN-SEKTEN - NEIN DANKE, Junge Union Deutschland.

Der Psychokult als Unternehmen

Ein Diskussionsbeitrag aus betriebswirtschaftlicher Sicht

Peter Conrad

I. Einleitung

Hersteller von Sachleistungen sind es seit längerem gewohnt, daß über Absatzeinbrüche und Produktionsrückgänge diskutiert wird. Die Geschäfte gehen schlechter. Im Sektenbereich scheint man keine Rezession zu kennen. Noch ist es ein boomender Markt mit einer Vielzahl von Angeboten. Vollmundige Eigenwerbung, Szene-Manifestationen und einschlägige Bekundungen über phänomenale Wirkungen ziehen Kunden an. Teils werden sie auch Glauben gemacht, nach einer oftmals langen und entbehrungsreichen Karriere als Sinn- und Heilssucher nun endlich Tröstung zu finden. Sofern 'Heilende Kraft aus Meisterhänden' noch für DM 20 zu ergattern ist[1], mag man diesem Bereich keinen allzugroßen wirtschaftlichen Stellenwert beimessen und über die Preise und persönlichen wie sozialen Folgen der angebotenen Leistungen einigermaßen locker hinwegsehen. Da sich Anbieterinstitutionen zunehmend betriebsförmig organisieren, ihre jeweiligen Marktsegmente mit ausgeklügelten Methoden bearbeiten, das organisatorische Gefüge ihrer Institutionen und ihre internen Steuerungs- und Beeinflußungstechniken, die sie zur Beherrschung ihrer Mitglieder und Teilnehmer einsetzen, raffiniert verfeinern, ist zunehmend kritische Aufmerksamkeit notwendig. Ihre Expansionsbemühungen lassen sich anhand einiger weniger betriebswirtschaftlicher Konzepte verstehen und fassen.

Zwischenzeitlich geht es nicht mehr um kleine Beträge oder Einzelschicksale, sondern um wesentlich höhere Summen, wesentlich größere Betroffenenzahlen und wesentlich höhere Gefährdungspotentiale (vgl. z.B. v. Billerbeck & Nordhausen, 1993). Insbesondere gehen Gefahrenpotentiale von den teilweise gut organisierten Institutionen der 'Neuen Jugendreligionen' aus, sie liegen aber auch in Angeboten und bei Anbietern des durch-professionalisierten Marktes psychologischer und psychotherapeutischer Dienstleistungen. Gerade hier treten ernste Abgrenzungsfragen auf, weil seriöse therapeutische und psychotherapeutische Dienste mit zweifelhaften pseudotherapeutischen oder pseudopsychologischen Verfahren und Konzepten konkurrieren müssen. Ein Nachfrager ist durchaus nicht ohne weiteres in der Lage, gute von weniger guten, zweifelhaften oder gar schädlichen Angeboten zu unterscheiden. Kritische Fragen und Einschätzungen in der breiten, auch nicht-wissenschaftlichen Öffentlichkeit haben daher deutlich zugenommen[2]. Keineswegs stehen nur psychosektiererische oder kultische Dienstleister und Institutionen auf dem Prüfstand. Eine kritische Grundhaltung gegenüber therapeutischen Interventionen und Institutionen hat sich insgesamt stärker verbreitet. Dies trifft auf den schulmedizinischen Bereich ebenso zu wie auf den psychotherapeutischen Sektor, gilt aber zwischenzeitlich auch für 'alternative' Verfahren. Skepsis und Verunsicherungen über Leistungseigenschaften machen sich breit und schlagen sich oftmals nur diffus nieder, sie geben den Nährboden ab für das Nachsprossen auch noch so absonderlicher Neuerungen.

2. Betriebswirtschaftliche Aspekte

Ein betriebswirtschaftlicher Beitrag zur Diskussion psychokultischer oder sektiererischer Institutionen mag auf den ersten Blick einigermaßen exotisch erscheinen, auch haben sich betriebswirtschaftliche Arbeiten bislang kaum explizit mit dieser Thematik auseinandergesetzt. Die Aufklärungsfunktion, die eine betriebswirtschaftliche Behandlung der Thematik hier besitzt, ist allerdings keineswegs rein akademischer Natur. Sie ergibt sich deswegen, weil sektiererische und pseudotherapeutische Betriebe jüngst verstärkt - und noch weitgehend unbemerkt - aus ihren angestammten Märkten ausbrechen. Erhebliche ökonomische Schäden für herkömmliche Betriebe wurden beispielsweise bekannt, die unerkannt auf kultische oder sektiererische Unternehmens- oder Personalberatungsangebote zurückgegriffen haben (vgl. jüngst: Focus 17/1994). Außerdem scheint es starke Tendenzen zu geben, herkömmliche Betriebe zu unterwandern, führende Mitarbeiter ideologisch 'umzudrehen' und so das gesamte System Betrieb in den sektiererischen Griff zu kriegen (vgl. Handelsblatt 76/1994, 5.8).

Es gibt aus meiner Sicht mindestens vier Bereiche, aus denen sich Berührungspunkte von Sektenthematik und pseudotherapeutischen Dienstleistungen mit betriebswirtschaftlichen Analysen ergeben können.
Zum ersten ist es die Untersuchung der Austauschbeziehungen auf diesem, sehr speziellen Markt der Dienstleistungen. Es werden entgeltliche Dienste (z.B. therapeutischer oder pseudotherapeutischer Art) auf einem Markt (Psycho-Markt, Markt für Gesundheitsdienstleistungen) abgesetzt. Es ist daher notwendig, die ökonomischen und sozialen Kosten für den Nachfrager mit den versprochenen und tatsächlichen Leistungen des Anbieters in einen systematischen Zusammenhang zu stellen. Art und Qualität der Nutzenstiftung für den Konsumenten können untersucht werden.
Zum zweiten sind es theoretische Gesichtspunkte. Es geht beispielsweise um die Kontrastierung der Erklärungsleistung verhaltenswissenschaftlicher und ökonomischer Erklärungsansätze. Diese meta-theoretische Analyse wendet ökonomisch-betriebswirtschaftliche Beschreibungs- und Erklärungsmuster an auf klassischerweise ausschließlich mit psychologischen und soziologischen Konzepten analysierte verhaltenswissenschaftliche Phänomene. Sie betrifft den gesamten Bereich der ökonomischen Erklärung menschlichen Verhaltens (Becker, 1993) bzw. die ökonomische Verhaltenstheorie (vgl. Ramb & Tietzel, 1993). Ökonomische Denkansätze zur Untersuchung von Entscheidungsrevisionen (bezüglich Bindungsintensitäten oder Zugehörigkeitsdauern zu sektiererischen Institutionen) anstelle psychologischer oder sozialpsychologischer Erklärungen sind ein Anwendungsbeispiel (Pott, 1991).

Aus mikro-ökonomischer Sicht besonders erfolgversprechend dürften Arbeiten sein, die die Beziehung zwischen Kunde, Abnehmer oder Klient und dem anbietenden Dienstleister gemäß ihrer (impliziten wie expliziten) Vertragsbeziehung und möglicher Leistungsstörungen analysieren. Hier geht es im wesentlichen darum, Qualitätskriterien für solche Dienstleistungen zu entwickeln, die nicht unmittelbar mit ihrem Abschluß beurteilt werden können. Qualitätstransparenz für den Abnehmer muß hergestellt werden, dabei könnten informations- und vertrauensökonomische Analysen eine wichtige Rolle spielen (vgl. grundsätzlich z.B. Stiglitz, 1989; Albach, 1991). Da der Erfolgseintritt einer Maßnahme in dem hier betrachteten Bereich therapeutischer und pseudotherapeutischer Anwendungen zeitlich häufig erst deutlich nach einer konkreten Leistungserbringung (zum Beispiel im Falle einer einzelnen Sitzung) sichtbar wird und damit beurteilbar werden kann, muß die dadurch entstehende strukturelle Glaubwürdigkeitslücke überbrückt werden.

Die öffentliche Kommunikation über empirisch nachgewiesene Leistungseigenschaften der angebotenen Dienste und die vorhandene Reputation bzw. das Erkennen von bloßen Reputationsvorspiegelungen eines Anbieters spielen demzufolge wiederum eine erhebliche Rolle. Informationsungleichgewichte oder Vertrauensseligkeit lassen sich sonst durch skrupellose Anbieter ausbeuten (einige Hinweise darauf: wie sich die Informationsdefizite besser austarieren lassen, finden sich unter Pkt. 5).

Zum dritten finden sich Anknüpfungspunkte in organisationssoziologischen Arbeiten, die auch in betriebswirtschaftliche Arbeiten und Managementansätze Eingang gefunden haben. Beispielhaft sind es hier die klassischen Studien zur Kontrolltheorie (z.B.: Etzioni, 1961; Türk, 1976, 1981), in der die Binnenstruktur einer Institution in Verbindung mit unterschiedlichen sozialen Kontrollformen diskutiert wird: Soziale Kontrollinstrumente werden eingesetzt, um innerorganisatorisch Konformität und Leistung zu sichern. Die organisatorischen Pathologien sektiererischer Betriebe könnten demzufolge ein Untersuchungsfeld sein, aber auch die speziellen Mechanismen sozialer Kontrolle, die von pseudotherapeutischen Institutionen eingesetzt werden.

Der vierte Berührungspunkt ergibt sich aus einer Umkehrung der Betrachtungsperspektive. Dann werden nicht sektiererische und kultische Organisationen als spezielle Institutionentypen oder Betriebe analysiert, sondern man untersucht 'sektenähnliche' oder 'kultische' Praktiken in herkömmlichen Unternehmungen. Die kritische Diskussion der Steuerungsleistungen von Organisations- oder Unternehmens'kultur' ist ein Beispielfall hierfür (vgl. z.B.: Neuberger/Kompa, 1987), ebenso aber auch die Untersuchungen der zweifelhaften Qualität bestimmter Typen von Managementtrainings (vgl. z.B.: Sichrovsky, 1988).
Aus betriebswirtschaftlicher Sicht ergeben sich für die Auseinandersetzung mit pseudotherapeutischen Dienstleistern anders gelagerte Handlungsempfehlungen, als dies für psychologisch oder sozialpsychologisch argumentierende Konzepte der Fall ist. Sie sind insgesamt mehr auf das Herstellen von Bedingungen gerichtet, die Markttransparenz ermöglichen.

Im folgenden wird im wesentlichen an das erste und dritte oben genannte Themenfeld angeknüpft. Es werden einige Überlegungen vorgestellt, um zu zeigen, wie Sektenbetreiber und pseudotherapeutische Anbieter ihren Markt bearbeiten, wie sich pseudotherapeutische Institutionen durch den wachsenden Konkurrenzdruck verändern und welche Techniken sie einsetzen, um ihre Märkte auszuweiten. Dabei wird weniger auf einzelne Institutionen und ihre zweifelhaften Angebote eingegangen. Es werden statt dessen einige Grundlinien und Prinzipien der Expansion und Vermarktung herausgearbeitet, die generelle Geltung für sektiererische und pseudotherapeutische Institutionen besitzen dürften. Des weiteren werden Thesen zu Abgrenzungsmöglichkeiten und Empfehlungen diskutiert, die zu einem verbesserten Verbraucher- und Nachfragerschutz auf diesem kaum noch zu überschauenden Markt führen können.

3. Die Ausgangslage

Momentan treffen noch viele Anbieter sektiererischer und pseudotherapeutischer Dienste auf viele Nachfrager. Die Zahl der Anbieter und

Angebote scheint allerdings bereits schneller zu wachsen als ihre Nachfrage. Die beginnende Marktverengung und Konkurrenzintensivierung hat mehrere Gründe. Sie rührt daher, daß in klassischen Professionalisierungsfeldern (Medizin, Psychologie, Soziologie) seriöse Anbieter zahlenmäßig weiter zunehmen. Aus diesen Qualifikationsfeldern rekrutiert sich allerdings auch ein Teil der Anbieter von sektiererischen und pseudotherapeutischen Leistungen. Hinzu kommt, daß aufgrund der momentanen wirtschaftlichen Krise die kaufkräftige Nachfrage nach diesen Leistungen zumindest stagniert, wenn nicht sinkt. Auch haben die vorangegangenen öffentlichen Auseinandersetzungen über einzelne Anbieterinstitutionen und ihre Dienste Wirkungen gezeigt. Potentielle Kunden sind gegenüber pseudo-therapeutischen Leistungsangeboten kritischer geworden und fallen als naive Nachfrager aus. Ein gewisser Ausgleich für den Nachfrageausfall findet sich z. Zt. noch in den neuen Bundesländern (vgl. z.B. v. Billerbeck/Nordhausen, 1993) und den neuformierten Staaten des ehemaligen Ostblocks. Verläßliche Angaben sind allerdings bislang nicht vorhanden, aus der 'Logik' der Institutionen her werden solche Expansionsbestrebungen mit Sicherheit eintreten. In der Summe zwingen die sich abzeichnenden Veränderungen des Psycho-Marktes auch die Anbieter pseudotherapeutischer Leistungen zum Wandel und zur Anpassung an den erhöhten Verwertungsdruck. Bezieht man sich auf öffentlich zugängliche Äußerungen über sektiererische und pseudotherapeutische Institutionen und Methoden, so werden einzelne Organisationen, ihre Struktur, ihre Führungsprinzipien, die sachliche und ethische Qualität ihrer Angebote und ihre 'Vermarktungsgepflogenheiten' hinterfragt. Die Berichterstattung betrifft hier einzelne oder Personengruppen, die z.B. als Psychologen, Diplom-Psychologen, Heilpraktiker oder Ärzte Leistungen abzusetzen versuchen. Sie kulminiert in der intensiven Kritik von Betroffenen, die häufig erhebliche psychische, soziale und ökonomische Beeinträchtigungen oder Schäden berichten, die sie aufgrund der Anwendung der Verfahren oder durch eine Mitgliedschaft erlitten haben[3].

Seriöse Angebote und Anbieter werden keine grundsätzliche Schwierigkeit haben, die Qualität ihres Instrumentariums' und ihrer Arbeit in einer breiten

Öffentlichkeit zu diskutieren, zu belegen und Anwendungsgrenzen ihrer Konzeption und Dienstleistungen zu benennen. Sie müssen dies auch aus wohlverstandenem Eigennutz tun.

Erstens kann ihr Interesse nicht darin bestehen, mit zweifelhaften Angeboten und Anbietern assoziiert zu werden, weil dies langfristig zu Image- und Reputationsschäden führt.

Zum zweiten hat der Kunde als Vertragspartner (unerheblich von der konkreten Motivlage seiner Nachfrage als Sinnsucher, Ratsuchender, Klient oder Patient) generell ein Anrecht darauf zu erfahren, was auf ihn 'zukommt', bevor er sich einläßt. Dieses prinzipielle Anrecht wird vom potentiellen Abnehmer nicht immer in der juristischen Klarheit einer vertraglichen Beziehung formuliert, die die jeweilige Leistung und Gegenleistung möglichst genau spezifiziert. Statt dessen wird es in mehr oder weniger konkrete Fragen (auch mit Ängsten, Befürchtungen und Erwartungen oder Hoffnungen vermischt) gekleidet sein. Es kann so unterschiedliche Bereiche betreffen wie die Art und Qualität der angebotenen Dienstleistung, sich auf das Behandlungskonzept beziehen, die konkrete Person des Dienstleisters, seine Persönlichkeit und Glaubwürdigkeit meinen, auf eine 'dahinterliegende' Theorie oder den Nutzen und die persönlichen und finanziellen Belastungen betreffen, die man durch die Abnahme der Dienstleistung erfährt.

Über all diese Fragenbereiche wird ein Kunde Aufklärung verlangen können - und im Falle seriöser Anbieter - sachlich zutreffend erhalten. Für therapeutische und psychotherapeutische Behandlungskonzepte und Dienstleistungen werden auch deshalb seit langem methodisch anspruchsvolle Qualitäts- und Leistungsbeurteilungen erarbeitet, z.B. widmen psychologische und psychotherapeutische Grundlagenforschung wie angewandte Forschung der Gütebeurteilung von Interventionsverfahren breiten Raum. Die Untersuchungsergebnisse ermöglichen grundsätzlich einen breiten öffentlichen Diskurs über Vor- und Nachteile der betrachteten Ansätze. Die Daten bieten Entscheidungshilfen bei der Wahl einer bestimmten therapeutischen Dienstleistung. Die empirisch untermauerten Einschätzungen (vgl. z.B. jüngst: Grawe et al., 1994) sind für traditionelle, seit langem eingeführte Verfahren ebenso deutlich positiv wie für eine Fülle von Angeboten außerordentlich niederschmetternd[4].

Trotz der prinzipiell bekannten Gütedaten existiert nach wie vor eine recht breite Grau- und Unsicherheitszone, die teilweise ziemlich geschickt von diversen Anbietern ausgebeutet wird. Unübersichtliche, in ihrer konkreten Qualität selbst für einen kundigen Nachfrager schwer einschätzbare Angebote, Informationsdefizite über Vor- und Nachteile der angepriesenen Dienste oder Verfahren und das Fehlen intersubjektiv akzeptierter Beurteilungsmerkmale komplizieren individuelle Auswahlentscheidungen erheblich.

3.1 Erlebnismarkt und Bewußtseinsindustrie

Institutionen des pseudotherapeutischen und pseudopsychotherapeutischen Bereichs tummeln sich auf einem Markt, den man als 'Erlebnismarkt' charakterisieren kann. Hier werden generell Produkte und Dienstleistungen abgesetzt, die im wesentlichen auf 'Erlebnisse' psycho-physischer Art abzielen und dabei zentral auf symbolische, intellektuelle und emotionale Vermittlungsprozesse angewiesen sind. Man kann diese Betriebe daher auch als Teil einer Bewußtseinsindustrie verstehen, deren Wachstum eng korreliert ist mit der sich etablierenden Erlebnisgesellschaft. Sie braucht eigene Produkte und Dienstleistungen[5]. Psyche, Beziehungen, Biographie und Körper gelten zunehmend als gestaltbar, machbar, reparierbar und veränderbar. Dafür werden jetzt spezielle Dienstleistungen und Produkte entwickelt, angeboten und vermarktet. Charakteristisch für den Erlebnismarkt ist, daß der Erlebniswert von Angeboten den 'traditionellen' Gebrauchswert (z.B. die sachliche Lösung eines Problems) überspielt und sowohl zum dominierenden Faktor der Kaufmotivation als auch der Kalkulation von Absatzchancen wird. Die Angebote erstrecken sich zwischenzeitlich selbst auf die entlegensten Bereiche des Alltagslebens. „Produktion, Dienstleistungsberufe und öffentliche Daseinsfürsorge lassen nichts unangeboten - so denkt man zumindest, bis man von neuesten, soeben noch undenkbaren Produktvarianten (und Dienstleistungsangeboten, P.C.) überrascht wird." (Schulze

1993, S. 56). Man hat demnach die Wahl auch im Bereich der Zerstreuung, der Bildung, der Selbsterfahrung und der Gesundheit. Klassische Sachleistungsprodukte werden zudem mit Erlebniselementen (interpretierbar als 'Zusatznutzen') aufgeladen. Gleichzeitig wird dieser neue, erlebnisangereicherte Produkt- oder Dienstleistungscharakter eines Angebots zur Markierung und Marktsegmentierung benutzt (vgl. Schulze 1993, S. 58-60)[6]. Neue Tätigkeitsfelder für professionelle Erlebnishelfer entstehen hier ebenso wie für Anbieter mehr oder weniger zweifelhafter Dienste. Entertainer, Animateure, Erwachsenenbildner oder auch Psychologen werden nachgefragt, auch pseudotherapeutische Anbieter versuchen hier ihr Geschäft zu machen.

3.2 Merkmale sektiererischer und pseudotherapeutischer Institutionen

Für die herkömmliche Unternehmung sind die Dienst- oder Sachleistungsproduktion und ihr Absatz das wesentliche Mittel der Gewinnerzielung; für sektiererische und pseudotherapeutische Institutionen hingegen werden sie ganz wesentlich zur Finanzierung einer überwertigen Idee instrumentalisiert. Nicht-monetäre Ziele dominieren, diesen ordnet sich letztlich dann auch das 'unternehmerische Verhalten' des Sektenbetreibers oder der pseudotherapeutischen Institution unter. Die sektiererischen Zwecke dominieren die wirtschaftlichen Zielsetzungen. Als letzte Ziele, die aus Berichten und Informationen ehemaliger Mitglieder hervorgehen, werden immer wieder genannt: Weltherrschaft, Einfluß im gesellschaftlichen und politischen Raum, Popularität, wissenschaftliche und soziale Anerkennung, Ruhm oder Ehre.

Man kann auf dem Psychomarkt drei große Gruppen von Anbietern unterscheiden, die auf unterschiedlichen Teilmärkten agieren. In der öffentlichen Berichterstattung haben etliche dieser Institutionen unterschiedliche, häufig sehr kritische Beschreibungen und Bewertungen erfahren. Je nach Standpunkt werden sie als 'Sekten', 'rechte Sekten', 'destruktive Kulte', 'multinationale Seelenfänger-Konzerne' beschrieben oder mit 'totalitären Kulten' in Beziehung gesetzt (für eine umfassende Auflistung von Institutionen vgl. in diesem Band die Arbeit von Hemminger)[7].

Gliedert man nach dem ideologischen Hauptinhalt der angebotenen Dienstleistungen, kommt man zu folgender grober Einteilung:

* Institutionen, die sich auf 'religiöse' Überzeugungen berufen und Organisationen, die in der fernöstlichen Mystik marodieren,
* Institutionen, die sich aus medizinisch-psychiatrischen und psychotherapeutischen Ansätzen speisen und eine starke Therapie- und Schulungsorientierung aufweisen und
* Institutionen, die man als 'life-style' inspiriert bezeichnen kann, die eine Theorie des 'guten und des richtigen Lebens' propagieren, stark an gesellschaftliche Aufstiegshoffnungen und Karriere appellieren; sie integrieren Elemente beider vorgenannten Institutionstypen.

3.2.1 Die Palette der Dienste

Die angebotenen Dienstleistungen sind grundsätzlich 'klientenzentriert' formuliert. Mit ihnen werden gezielt bestimmte Abnehmergruppen angesprochen. Subtil geht man auf altersspezifische, schicht- und geschlechtstypisierte Problemlagen bei den potentiellen Abnehmergruppen ein. Bislang ist es nicht gelungen, eine befriedigende Typik von Dienstleistungsarten zu entwickeln, die eine überzeugende Gliederung und Einteilung des breitgefächerten Arsenals an somatischen, psycho-somatischen, rein psychologischen oder sozialen Ansätzen, Methoden oder Techniken erlaubt, mit denen hier hantiert wird. Zudem muß man sehen, daß Verfahren in Kombination auftreten, was eine Klassifikation zusätzlich erschwert.
Unterscheidungen sind z.B. möglich nach dem dominanten Herkunftsbereich - und damit nach dem ideologischen Hauptinhalt (z.B. religiös, esoterisch, therapeutisch, life-style), nach dem vorzugsweise eingesetzten Beeinflussungsmedium (z.B. sprachlich-kognitiv, physikalisch-medikamentiv, sozialinteraktiv, meditativ, expressiv-künstlerisch), nach der Art des Dienstleistungsarrangements (z.B. Einzel- oder Gruppenverfahren), der durchschnittlichen Anwendungsdauer (z.B. von Instant-Ansätzen mit der Dauer eines Wochenendes bis zu mehrjährigen Verfahren) oder der Intensität der

Abnehmereinbindung (z.B. von einer bloß stundenweisen Teilnahme bis zu Intensivformen der Wohn - oder Lebensgemeinschaft). Auch die Neigung bestimmter Institutionen, maschinell erzeugte und damit scheinobjektivierte 'Erfolgsrückmeldungen' über den individuellen Fortschritt einzusetzen (z.B. vulgarisierte biofeedback-Verfahren, das sogenannte E-Meter der Scientologen), könnte als typisierendes Merkmal dienen. Auch binnenorganisatorische Merkmale, wie z.B. Vorhandensein von 'Führungskräften' oder Hierarchieebenen - etwa im Unterschied zu Selbstabstimmung und Selbstorganisation - oder vorherrschende Führungsstile dienen zur Charakterisierung.

3.2.2 Binnenorganisatorische Steuerung

Analytisch scharf trennen von den angebotenen Dienstleistungen muß man Methoden, die dazu dienen, einmal gewonnene Abnehmer möglichst lange zu binden. Häufig sind es Berichte und Informationen zu diesen Praktiken, die die Aufmerksamkeit der breiteren Öffentlichkeit auf sich ziehen. Negative soziale und individuelle Folgen oder der Zwangscharakter der Methoden stehen hier im Vordergrund öffentlicher Betrachtung. Die teils ebenso massiven wie subtilen Techniken sind zu den internen Steuerungsmethoden sektiererischer und pseudotherapeutischer Betriebe zu rechnen. Auf ihnen fußt nicht der primäre Absatz, sondern sie werden eingesetzt, um das Absetzen einer 'Leistung' zu verstetigen. So findet man z.B. 'brainwashing', 'erzwungene Übereinstimmung', 'Induktionsstrategien' oder 'love bombing', um künstlich Loyalität herzustellen oder auszubauen. Werbemethoden, angebotene Dienste und einzelne Steuerungstechniken sind dabei so in ein 'pseudotheoretisches Gewebe', ein 'Wert- oder Glaubenssystem' oder eine 'Philosophie' eingelassen, daß dem einzelnen Abnehmer oder Mitglied ihre eigentliche Bedeutung oftmals gar nicht oder erst im Zuge intensiver Ablösungskämpfe voll ins Bewußtsein geraten. Die Bedeutung der Methodenmixtur liegt hauptsächlich darin, die potentielle Einsichts- und Kritikfähigkeit des Abnehmers oder Betroffenen systematisch zu lähmen oder auszublenden. Er soll so davon abgehalten werden, seine subjektive Kosten-

Ertragskalkulation vorzunehmen. Eine Entscheidungsrevision soll verhindert werden, denn nur die Abnahme der Dienstleistung oder die Mitgliedschaft sichern Einflußnahme und Profit.

3.2.3 Marketing

Seriöse, erfolgreiche Unternehmungen sind lernfähige Gebilde, die ihre Produkte, Dienste und Vermarktungsstrategien an veränderte Bedürfnisse potentieller Abnehmer anpassen und modeln: so, wie sie auch ihr Erscheinungsbild und ihr Image (ihre corporate identity) nach bestimmten motivations- oder absatzfördernden Kriterien zu gestalten versuchen.

Ziemlich analog probieren es auch Anbieter des Psychomarktes. 'Erfolgreiche' Sektenbetreiber bleiben bestehen, weil sie sich verändern, erfolglose gehen ein, degenerieren, werden durch andere 'Bewegungen' mit höherem Attraktivitätspotential fusioniert oder aufgesogen. Will man bestehen bleiben, werden Veränderungen des Angebotes, eine modifizierte ideologische 'Verpackung' sowie die Veränderungen von 'Absatzstrategien' nur allzu notwendig. Man kann deshalb in der Summe davon sprechen, daß auch Dienstleistungen eines pseudotherapeutischen Betriebs einen 'Lebenszyklus' besitzen und sich das 'Portfolio'[8], das gesamte Dienstleistungsprogramm, dauernd verändert. Die Zusammensetzung des Leistungsspektrums ist das Portfolio des pseudotherapeutischen oder sektiererischen Betriebs. Dieses wird vermarktet, auf ihm fußt der wirtschaftliche Erfolg. Es umfaßt Sachgüter - z.B. mehr oder weniger erbauliche Schriften und Schulungsmaterialien - und Dienstleistungen. Sie maskieren sich als 'Therapieangebote', 'Intensivseminare', 'Trainings', 'Schulung', 'entgeltliche Informationsveranstaltungen', 'Gruppenveranstaltungen' aber auch längerdauernde 'Ausbildungen', die dann mit hochtrabenden 'Zertifikaten' - für die natürlich wiederum bezahlt werden muß - abgeschlossen werden.

Selbst wenn es dem sektiererischen und pseudotherapeutischen Betrieb nur stark vergröbert gelingt, die angebotenen Dienste exakt im Hinblick auf ihren

(relativen) Anteil am Markt und hinsichtlich ihres Marktwachstums zu differenzieren, zeigt sich analytisch dennoch die Minimalcharakteristik eines Lebenszyklus seiner Dienste. Er wird deutlich über die systematischen Veränderungen im Verhältnis von Marktdurchdringung und Erfolg im Zeitablauf. Die Phasenabfolge von Einführung, Wachstum, Sättigung und Degeneration läßt sich bei sektiererischen und pseudotherapeutischen Diensten ebenso nachweisen wie der abschnittstypische Einsatz 'absatzpolitischer' Instrumente, die sich den einzelnen Zyklusphasen anpassen. Da nach gewisser Zeit auch sektiererische und pseudotherapeutische Dienste veralten und mit ihnen 'keine Mark' mehr zu machen ist, muß 'Dienstleistungsnachschub' her, müssen Neuerungen vorgenommen oder entwickelt werden. Hier geht es auch darum, bereits vorhandene 'Dienste' mit solchen Erlebnisgehalten aufzuladen, die im jeweiligen Marktsegment die höchste Rendite versprechen. In Abhängigkeit vom Zeitgeist und der dominanten Szene-Ausrichtung gelten dann etwas mehr an 'psychologischem Jargon', 'esoterisch-übersinnlicher Ausrichtung' oder 'wissenschaftliches Wortgeklingel' als Absatzrenner. Dies erklärt zumindest teilweise die ständige Flut neuer Dienste und den raschen Bezeichnungswechsel, der inhaltliche Differenz lediglich suggeriert. Ein langfristig erfolgreicher Sektenbetreiber ist, wem es gelingt, bereits schwache soziale Veränderungssignale in den Befindlichkeiten und Bedürfnissen der potentiellen Kunden frühestmöglich zu erspüren, in sein eigenes Programm einzubauen und so seinen Markt zu machen[9]. Pioniergewinne werden möglich, Teilmärkte lassen sich ideologisch besetzen und die Barrieren für 'newcomer', die dann als Nachzügler oder Imitatoren auftreten müssen, höher setzen.
Neben dem bloß akzessorischen Wandel, bei dem das Ambiente, das Drumherum der Leistungserbringung, kurz: der subjektive Erlebniswert, seine Bedeutung hat, finden sich drei grundlegende Veränderungsstrategien.

Zum ersten ist es der Versuch pseudotherapeutischer Dienstleister, den angestammten Bereich ihres bisherigen Absatzgebietes noch intensiver zu bearbeiten. Sie bleiben, getreu ihrer Herkunft und ideologischen Kernkompetenz, dann mehr dem religiösen Sektor, dem therapeutischen Bereich oder der allgemeinen Lebensgestaltung verhaftet. In all diesen Fällen bleibt der Inhalt, der Charakter des 'Dienstes' im wesentlichen unverändert. Das Vorgehen mündet in der Einfachversion darin, die 'notwendigen' Anwendungsdauern für den 'Erfolg' einer Methode schlicht auszudehnen. Etwas elaborierter, weil schwerer zu ermitteln, ist die Methode der 'Kriterienverschärfung'. Dann versucht man die ideologische Meßlatte für 'gesundes', 'natürliches' oder 'richtiges Leben' höher zu hängen oder die Notwendigkeit für 'Hilfe', 'Dienste' oder 'Therapie' drastischer zu formulieren. Wer uninformiert ist kann dieses Vorgehen kaum durchschauen, wer die jeweiligen Vorstellungen internalisiert hat, wird nun die 'Dienste' entsprechend früher oder länger in Anspruch nehmen (müssen). Aggressivere, intensivierte Absatzmethoden oder veränderte Absatzwege sind weitere Methoden, wenn neue Abnehmer gewonnen werden sollen.

Die zweite, meines Erachtens besonders trickreiche Form der Marktausweitung ist direkt schwer zu erkennen und in der Konstruktion auch aufwendiger. Sie besteht in 'begriffsstrategischen Maßnahmen' und ähnelt gleichsam der Hohen Schule des Betruges. Beispiele finden sich bei pseudo - medizinischen Interventionen. Die Methode ist ausführlich von Szasz gewürdigt worden, seine Feststellungen sind verallgemeinerungsfähig auf sozialwissenschaftliche Veränderungsansätze überhaupt (vgl. Szasz, 1976, S. 200, FN). Man muß als pseudotherapeutischer Anbieter demnach semantische, begriffliche oder konzeptionelle Fallen bauen, aus denen ein Abnehmer nur schwer, wenn überhaupt, entkommen kann. Klassischer Beispielfall ist die Fabrikation künstlicher psychologischer Stigmata. Hier weicht man einen empirisch bewährten Krankheitsbegriff ideologisch auf, deklariert ihn für überkommen oder defizitär und konstruiert neue 'Erkrankungen' oder 'Syndrome', psychische 'Fehlhaltungen' oder 'Störungen' und 'Probleme'. Fehlen epidemiologische Nachweise für die behaupteten Veränderungen, ist erhöhte Vorsicht für den Abnehmer angebracht. Dann muß man leider damit rechnen, daß so Märkte lediglich artifiziell geschaffen werden sollen, auf denen der einschlägige pseudotherapeutische Betrieb hofft, später die eigenen 'Dienstleistungen' erfolgreich abzusetzen.

Die dritte Form der Marktausweitung besteht darin, in neue Marktsegmente mit bislang nicht gebräuchlichen Methoden, 'neuen' Instrumentarien, einzubrechen. Dann verläßt ein Sektenbetreiber oder pseudotherapeutischer Betrieb sein bisheriges Hauptabsatzgebiet, entwickelt 'neue Verfahren' und versucht, diese am Markt unterzubringen. Jüngstes Beispiel ist der Einstieg sektiererischer Betriebe in den seriösen Markt der Unternehmens- und Personalberatung. Es ist eine Strategie mit gefährlichem Piониercharakter, weil herkömmliche Betriebe unerkannt auf solche zweifelhaften Dienste hereinfallen können. Im noch günstigsten Fall steht dem geleisteten Honorar keine qualifizierte Dienstleistung gegenüber, im schlimmsten Fall wird das Unternehmen raffiniert ausgenommen und falliert. Die wirtschaftlichen Schäden aus solchen unerkannten Manövern dürften beträchtlich sein. Vergleichbare Anstrengungen zur Marktausweitung sind bei weiteren sektiererischen und pseudotherapeutischen Anbietern zukünftig verstärkt zu erwarten, die möglichen Tätigkeitsfelder sind äußerst vielfältig und regional keineswegs auf die Bundesrepublik Deutschland begrenzt[10].

3.2.4 Kommunikation- und Imagepolitik

Pseudotherapeutische und sektiererische Betriebe greifen gern zum Standardmittel der auratischen Vernebelung. Der Gründer oder die zentrale Figur einer solchen Institution bezieht nicht selten seine Attraktivität daraus, daß er sich in klassischer Manier als Bilderstürmer, als 'grundlegender Neuerer' oder 'revolutionärer Umwälzer' ausgibt. Dieses Moment der Attraktivität kann sehr verschieden konstelliert werden. Eine gezielte Öffentlichkeitsarbeit, um das eigene Charisma oder das Außergewöhnliche der Institution zu gestalten, gehören jedenfalls dazu. Zudem bedient man sich geschickt der Medien. Zwei Alternativen sind zu nennen.

Im Falle des 'Charismas der Rationalität' (oder Wissenschaftlichkeit) wird eine 'theoretische' oder 'wissenschaftliche' Besonderheit behauptet, herausgestellt und betont. Man schließt an eine weitverbreitet unkritische, moderne Wissenschaftsgläubigkeit an. Da Wissenschaft heutzutage gesellschaftlich als Königsweg der Erkenntnis akzeptiert ist, eignet sich das damit verknüpfte positive Bild auch trefflich zur Er- und Überhöhung der eigenen, bei genügend Licht durch Faktenkenntnis besehenen, lediglich mageren bis einfältigen Idee. Eine für den wissenschaftlichen Fortschritt im Prinzip sinnvolle, temporär zulässige Unschärfe in der (nachgewiesenen) Leistungsfähigkeit neuer, bislang unbekannter und nicht erprobter Ansätze und Behandlungsmethoden paßt bestens, um von pseudotherapeutischen Dienstleistern ausgeschlachtet zu werden. Sie leben mit ihren Angeboten ganz gezielt in der fortschrittsnotwendigen Unsicherheitszone. Das wissenschaftstheoretisch angemessene 'anything goes' (Feyerabend) überdehnen sie für ihre sektiererischen oder pseudotherapeutischen Zwecke. Die Begründungsfiguren sind vielfältig und bedienen sich häufig eingängiger Wissenschaftsprosa, Widerspruch läßt sich damit bereits frühzeitig betäuben. Wiederholt wird z.B. ein 'Paradigmawechsel' eingefordert und zumindest gemessen an den eigenen Behauptungen auch bereits eingelöst. Dann wiederum werden 'Belege', 'Beweise' und 'eindeutige Befunde' für die eigene Position vorgetragen, die allerdings bislang keiner intersubjektiven Überprüfung unterzogen wurden oder aber die Darstellung der 'konventionellen' Wissenschaft und ihrer einschlägigen Ergebnisse erfolgt in hohem Maße gefiltert und verzerrt. Eine weiteres beliebtes Gestaltungsmittel liegt darin, sich oder die Institution als 'verfolgt', 'diskriminiert', von mangelnder 'öffentlicher' (gemeint ist in aller Regel: finanzieller) Unterstützung betroffen, von den gesellschaftlichen Vermachtungsstrukturen behindert zu schildern oder in diesem Licht erscheinen zu lassen. Wem es gelingt, seine Dienstleistungen, Produkte oder Theorien mit einem 'wissenschaftlichen' Image zu verknüpfen, legitimiert sich qua Methode, er erscheint einem unkritischen Publikum als 'unangreifbar', ja sakrosankt. Begründete Skepsis und tatsächliche Kritik lassen sich so immunisieren oder individualisieren, zum bloßen Zweifel oder zur Nörgelei herunterfahren oder - im Fall psycho-

sektiererischer Betriebe - ‘psychiatrisieren’. Die Kurzformel lautet dann: der Kritiker ist (geistes-)krank, bestenfalls gestört.
Paart man diese Strategie noch mit gesellschaftspolitisch inspirierten Stereotypen wie z.B. dem beliebten Spiel der Unterstellung einer rechten oder gar linken, radikalen Gesinnung (je nach Ausgangsdoktrin für die eigene Gruppierung/Richtung oder die jeweils in Bunkermentalität zum Gegner verzerrte Außenwelt), versorgt man die eigenen Anhänger wie potentielle Kunden häufig mit gutsitzenden Scheuklappen. Dic individuelle Denk- und Reflexionsleistung kann so getrost auf ein Minimum abgesenkt werden, man genießt die Sicherheit des Vorurteils und fühlt sich dabei auch noch in guter Gesellschaft.
Ein Spezialfall in diesem Zusammenhang ist der Umgang mit Kritik und Kritikern, um aufklärende Berichterstattung kleinzuhalten. Im wissenschaftlichen Feld ist es überaus ungewöhnlich, Widersprüche juristisch zu lösen. Statt dessen wird mit „Fakten“ argumentiert, man läßt sozusagen den Gegenstand sprechen. Die Kombatanten solcher Diskurse sind ihrem Status und ihren Interessen nach bekannt. Dies unterscheidet wissenschaftsimmanente Auseinandersetzung signifikant von denen mit sektiererischen und pseudotherapeutischen Institutionen und ihren Vertretern, sie sind häufiger ausgesprochen prozeßwütig. Gerade ihr Umgang mit kritischer Öffentlichkeit ist demnach indikativ für den sektiererischen Status. Ihr Geschäft ist die Bekehrung, nicht die Aufklärung, deshalb versuchen sie, mit juristischen Mitteln und durch Androhung wirtschaftlicher Sanktionen künstlich und sachfremd Kommunikationsbarrieren zu errichten. Sie fürchten Reputationsschäden. ‘Wissenschaftlichkeit’ wird somit zum Kampfbegriff des Sektierers.
Dieser Instrumentenkasten tritt auch in Kombination mit der zweiten Gruppe von Kommunikations- und Imagepolitiken auf, den die 'Impressarios der Substanzlosigkeit' (Andreski, 1977) gerne verwenden.
Im Falle des Personalcharismas wird die ‘Außerordentlichkeit’ einer Person oder Personengruppe systematisch inszeniert. Einzelne werden dann zu den einzigen und wahren Vorkämpfern einer ‘vernünftigen Menschheit’ stilisiert. Ihre Auftritte werden - ganz im Sinne der überwertigen Idee - mediengerecht, massenwirksam und - je nach Klientel - mehr oder weniger pompös, unter-

haltsam oder feierlich-weihevoll gestaltet (vgl. Gebhardt, 1993; Küenzlen, 1993).

In beiden skizzierten Fällen sind nicht nur die Reklamewirkungen nach außen, auf potentielle neue Abnehmer, interessant. Schon vorhandene Anhänger profitieren erheblich von diesen Inszenierungen; die damit einhergehende Ich-Überdehnung tut ihnen fühlbar gut. Man hebt sich aus der 'Masse' hervor, kann sich als Teil einer vermeintlichen 'Elite' definieren oder als 'Führungskraft', 'Anführer' oder Teil einer 'Bewegung' sehen. Gleichzeitig immunisiert man sich gegenüber Kritik. Sie kann jetzt unter Verweis auf die gestrige Haltung, das altbackene Vorgehen oder den überkommenen Stil des Kritikers lässig abgebürstet werden. Oder man muß sich mit ihr aufgrund der erlangten Glaubensgewißheit überhaupt nicht mehr befassen. Ambiquitätstoleranz braucht nicht mehr erarbeitet zu werden, man kann sich sicher fühlen.

Eine weitere Einzelmaßnahme der Imagepolitik ist das Einspannen von Berühmtheiten für die eigene Sache. Solche 'celebrities' werden je nach vorherrschender Absatzausrichtung des pseudotherapeutischen oder sektiererischen Betriebs strategisch ausgewählt. Sie können demnach dem Show-Business, dem Sport, der Politik oder dem Wissenschaftsbereich entstammen. Kann man sie - oftmals in Unkenntnis über die wahren Hintergründe und Zwecke gelassen - für ein öffentliches Eintreten zugunsten der jeweiligen 'Sache' gewinnen, hilft dies, Zweifel beim breiten Publikum zu beseitigen und verwischt Reputationsdefizite der Institution. So bewerkstelligt man Vertrauensaufbau durch Imagetransfer.

4. Entscheidungsprobleme

Der 'Psychomarkt' als ein Segment des (umfassenderen) Erlebnismarktes ist gekennzeichnet durch seine spezielle und hohe Dynamik und seine Informationsintransparenz. Schnell wechselnde Modeströmungen, Angebotsflut und wechselnde Bezeichnungen für inhaltlich im wesentlichen gleiche Dienstleistungsangebote, geringe 'Markentreue' der Abnehmer und Fluktuationen des Klientels sind nur einige seiner Merkmale. Auf der Nachfragerseite herrscht häufig Unklarheit über die Gemeinsamkeiten und Unterschiede der beworbenen Dienste; subjektive Nutzenkalkulationen sind stark erschwert und damit ist auch ein Preiswettbewerb weitgehend ausgeschaltet. Zwar lassen sich Angebotspreise für einzelne Dienste ansatzweise ermitteln, da sie aber nicht mit klar umrissenen Leistungen, Anwendungsdauern und Erfolgskriterien in Beziehung gesetzt werden (können), eignet sich der Preis kaum als Entscheidungskriterium. Als Verbraucher, Kunde, Abnehmer, Hilfe- oder Ratsuchender hat man es auf diesem Markt der Dienstleistungen nicht eben einfach. Auf wen und welche Informationen soll man sich bei einer Wahl stützen? Die Abgrenzung seriöser von zweifelhaften Dienstleistungen ist diffizil. Der Verbraucher findet selten ausreichende Informationen über die konkreten Inhalte eines Dienstleistungsangebots; Leistungseigenschaften werden nicht exakt definiert. Ein verbindlicher und akzeptierter Katalog von Qualitätskriterien läßt sich zwar in wissenschaftlicher Hinsicht definieren, einschlägige Bewertungsuntersuchungen und Sammelreferate sind oftmals für einen Laien nur schwer zugänglich und bedürfen der interpretierenden Übersetzung. Methodisch bereiten Indikatorenbildung, Operationalisierung und Messung Schwierigkeiten. Auch wird die Gegenstandsangemessenheit quantitativer Prüf- und Bewertungsverfahren im therapeutischen und psychotherapeutischen Bereich immer wieder bestritten[11].

Das Auswahlproblem für den Rat- oder Hilfesuchenden verschärft sich durch zwei weitere Aspekte, die als strukturelles Restrisiko kaum ausgeschlossen werden können. Zum einen treten auch in der Anwendung bewährter Verfahren Fehler auf und Dienstleister variieren in ihrer Qualität. Zum anderen benötigen neu auf den Markt gebrachte Methoden erhöhte Aufmerksamkeit. Sie bedürfen aus Gründen des grundsätzlichen (wissenschaftlichen und) therapeutischen Fortschritts der besonderen Beachtung. Es existiert hierbei allerdings ein Dilemma. Neue Ansätze besitzen in aller Regel gerade aufgrund dieses Attributes eine eingeschränkte empirische Bewährungsbasis. Verläßt man sich in diesen Fällen allein auf die mageren Daten und verwirft die Anwendung, läuft man Gefahr, auch wirkliche Verbesserungen fälschlicherweise auszugrenzen. Andererseits kann man ein Bewährungsdefizit nicht auf Dauer stellen, indem man auch nach einer angemessenen Probeeinsatzdauer auf fundierte Belege für die Wirksamkeit verzichtet.

Im Anwendungsfeld wird die wissenschaftliche Diskussion über die Leistungsgüte einzelner Ansätze oder Ansatzgruppen zudem von wirtschaftlichen Aspekten überlagert. Diese bleiben zumeist unausgesprochen. Die Auseinandersetzung über die Leistungsqualität einzelner Instrumente und Verfahren hat aber einschneidende Konsequenzen für die ökonomische Verwertbarkeit. Der Marktwert für untauglich befundene Verfahren sinkt, die Reputation zweifelhafter Dienstleister schwindet. Als Abnehmer kann man leider nicht völlig darauf vertrauen, daß etwa die akademische Ausbildung eines Anbieters bereits hinreichend Garantie für Seriosität (hier: nicht-sektiererische oder nicht-pseudotherapeutische Dienste) beinhaltet. Die Grenzlinien verlaufen wesentlich unschärfer. Es liefe auf eine Art kollektiver Selbsttäuschung hinaus, wenn man die Existenz 'schwarzer Schafe' von vornherein leugnen würde. Sie gibt es hier genauso wie in anderen Berufszweigen auch. Es ist daher nicht verwunderlich, daß hier z.T. auch mit harten Bandagen gekämpft wird. Wissenschaftlich begründete Kritik oder der systematische Nachweis minderer Leistungen wirken da nur hinderlich. Es geht um's Geld.

5. Ausblick

Will man den wünschenswerten Zielen der Verbraucheraufklärung und des Verbraucherschutzes in diesem Bereich näherkommen, ist konsequenterweise auf den Standpunkt eines potentiellen Abnehmers abzustellen. Er sollte in jedem Fall vorab Informationen über Preise, Leistungen, Nebenwirkungen und Gefährdungen, die aus einer Dienstleistung resultieren können, einfordern und erhalten können. Bei der Wahl eines Angebotes oder eines Dienstleisters kann man den Verbraucher nur nachhaltig ermuntern, eine vergleichbare Sorgfalt an den Tag zu legen, wie er sie bei der Beschaffung eines Sachgutes vernünftigerweise auch zeigen würde. Hier werden Leistungen und Zusatzleistungen nach einer Mehrzahl von Kriterien analysiert und zum geforderten Preis in Beziehung gesetzt. Eine Entscheidung wird oftmals lange und gründlich abgewogen. Werbliche Versprechungen weiß man zu relativieren.

Um dominante Prinzipien und Gefahrenbereiche pseudotherapeutischer oder sektiererischer Betriebe und ihrer Dienste sichtbar zu machen und zu markieren, sind Abgrenzungen notwendig, und zulässig. Will man richtigerweise keine bürokratisch oktroyierte Orthodoxie wird Konsumentenschutz nur dann funktionieren, wenn Informationen und Bewertungen ungehindert von den Verwertungsinteressen einzelner Anbieterinstitutionen auf dem Psychomarkt ausgetauscht werden können.
Prinzipiell hat ein Abnehmer bei einer Auswahlentscheidung zwei miteinander verbundene Fragenkomplexe zu beantworten. Zum einen sind es die Fragen, wie sich seriöse von unseriösen Anbietern und Angeboten unterscheiden lassen und wie man sich verläßliche Informationen dazu zugänglich machen kann. Zum anderen betrifft es die Fragen, wie sich die jetzt schon öffentlich zugängliche Informationsbasis über seriöse Verfahren und Anbieter weiter anreichern läßt, damit der einzelne sachgerecht und seinen Bedürfnissen entsprechend entscheiden kann. Umfassende Information und die Abgrenzung seriöser von zweifelhaften und unbrauchbaren Angeboten ist nur auf der Grundlage einer breiten, umfassenden und kritischen Öffentlichkeitsarbeit möglich; sie kann auch zukünftig nur mit Unterstützung der Medien realisiert werden.
Ich sehe im weiteren Zusammenhang drei Maßnahmenbereiche, die die Entscheidungsfreiheit eines Kunden bei der Wahl von Dienstleistungsangeboten und bei der Durchsetzung seiner Interessen in diesem Feld stärken könnten. Allerdings kann die Darstellung hier zum einen nur skizzenhaft und an einzelnen Beispielen erfolgen, zum anderen handelt es sich ausdrücklich um Diskussionsvorschläge. Eine Realisierung ist desweiteren von unterschiedlichen Randbedingungen abhängig, marktnahe Kontrollformen sind sicher die kostengünstigste Alternative. Die Vorschläge mögen von der Grundargumentation etwas 'therapielastig' erscheinen. Wenn man sich aber vor Augen führt, daß in allen hier betrachteten Institutionentypen (vgl. 3.2)

ein erheblicher Verfahrensanteil aus dem Bereich sozialer Beeinflussungstechniken entstammt, werden auch die Vorschläge übertragbar.
Zum ersten sind es marktnahe Maßnahmen, sie orientieren sich an Erfahrungen, die man bei Sachleistungen gesammelt hat. Konsumgüter (Gebrauchsgüter und Verbrauchsgüter) werden seit langem quervergleichend analysiert und bewertet. Qualifizierte Warentests sind ein Standardmittel zur Disziplinierung eines intransparenten Marktes. Öffentlich bekanntgewordene Mängelurteile haben für die produzierende Unternehmung empfindliche ökonomische Konsequenzen. Sie sind hervorragend geeignet, umgehend Verbesserungen eines Produktes herbeizuführen oder dessen Marktaustritt zu erreichen. In diesem Sinne gilt es, Qualitätswettbewerb zu organisieren und nicht, letztlich nur eine kostensteigernde Prüfungsbürokratie zu etablieren (vgl. grundsätzlich für Dienstleistungen: Albach, 1993). Für den hier betrachteten Ausschnitt des Dienstleistungsmarktes sehe ich - vergleichbar den etablierten und erfolgreichen Warentests - die Möglichkeit, systematisch 'Dienstleistungstests' für therapeutische Angebote einzurichten. Die Leistungsfähigkeit vorhandener Instrumente wie auch neuhinzukommender Dienstleistungen kann laufend quervergleichend geprüft werden. Auch liegt bereits eine Fülle einschlägiger Untersuchungen vor, auf die man zurückgreifen kann. Empirische Studien und Experten-Ratings sind sicher sinnvolle Entscheidungsgrundlagen für eine Auswahlentscheidung. Bewährten Angeboten und Anbietern sollte des weiteren auch standesrechtlich die Möglichkeit gegeben werden, die Prüfergebnisse werblich zu nutzen. Defizitäre Angebote werden mangels der qualifizierenden Kennzeichnung schneller aus dem Markt ausgeschieden.
In Zusammenhang damit lassen sich aber auch - zweitens - mehr 'bürokratische' Kontrollen denken. Diese mögen auf den ersten Blick sachfremd oder überzogen erscheinen. Möglichen Vorbehalten stehen zumindest einige Argumente entgegen. Dazu muß man allerdings bereit sein, eine dem organmedizinischen Bereich vergleichbare Prüfstrategie einschließlich einer Nebenwirkungsanalyse auch für therapeutische Angebote auf dem Psychomarkt hinzunehmen. Pseudotherapeutische Angebote dürften eine solche gewissenhafte Prüfung kaum erfolgreich überstehen.

Erstens weiß man um die Heil- wie auch die möglichen Schädigungsmöglichkeiten selbst durch seriöse Dienstleistungen und Anbieter. Dann muß man - als Referenzmaßstab - sehen, daß für jedes auf den Markt gebrachte herkömmliche Arzneimittel eine Prüfpflicht besteht: Wirkungen, Nebenwirkungen und Kontraindikationen müssen aufgelistet und laufend dem Erkenntnisstand angepaßt werden. Aufgrund der unterschiedlichen Intervention (z.B. organmedizinisch-somatisch vs. seelisch, psycho-somatisch) und den Verschiedenheiten der Leistungserbringung (z.B. klassisch-medizinische Verordnung und psychotherapeutische Dienstleistungen) von vornherein auf eine Wirksamkeitsprüfung oder den Nachweis der Unschädlichkeit bei psychotherapeutischen Dienstleistungsangeboten zu verzichten, scheint zumindest begründungspflichtig. Es ist argumentativ schwierig, auf der einen Seite - sachlich korrekt - die höhere Effektivität psychotherapeutischer Ansätze im Vergleich zu somatischen Behandlungstechniken zu vertreten und dann - auf der anderen Seite - vor der Einführung neuer psychotherapeutischer Dienste auf einen umfassenden Wirksamkeitsnachweis verzichten zu wollen. Als Minimalbedingung muß deshalb entweder eine Schädigungsfreiheit plausibel belegt werden oder aber es muß vor einer Anwendung auf die Risiken klar und unmißverständlich hingewiesen werden. Geschieht das nicht, degradiert man den Verbraucher zum Versuchskaninchen.

Im dritten Bereich geht es darum, vorhandene, wie auch neuhinzukommende Dienstleistungsangebote und Anbieter generell einer Einführungs- oder Eignungsprüfung zu unterziehen, eine Vermarktung von diesen offiziellen Prüfungen strikt abhängig zu machen und gegebenenfalls zu sanktionieren. Methoden und Verfahren (= Angebote) und Dienstleister (= Anbieter) müssen hierbei getrennt betrachtet werden. Auch in diesem Feld liegen Ergebnisse bereits vor. Seriöse Angebote können ihre Leistungskraft empirisch eindeutig belegen. Gesetzliche Grundlagen und Verbandsvorschriften für Anbieter und ihr Tätigwerden sind vorhanden bzw. werden erarbeitet (vgl. z.B. die Ethik-Paragraphen bei psychotherapeutischer Tätigkeit und das 'Psychotherapeutengesetz'). Zweifelhafte Dienste lassen sich durch Einführungsprüfungen leicht identifizieren, sie können dann vom Marktzugang ausgeschlossen werden. Zweifelhafte Dienstleister sind unter Rückgriff auf verbandsinterne und gesetzliche Sanktionen grundsätzlich besser zur Räson zu bringen. Wenn Dienste auf dem gefahrgeneigten Gebiet therapeutischen Handelns in Verkehr gebracht werden sollen, müßten sie sich demnach generell vor Markteinführung einer systematischen Gütebeurteilung unterziehen. Fällt sie ungünstig aus oder kann sie innerhalb zu definierender Zeiträume nicht erbracht werden, dürften sie als therapeutische Methoden nicht verwendet werden.

Ein besonderes und schwerwiegendes Problem stellt die Schlecht- oder Minderleistung einschließlich des Mißbrauchs durch formal qualifizierte Anbieter dar. Aus einer Mehrzahl von Quellen ergibt sich die enorme Schwierigkeit, auf therapeutischen Feldern Schadensersatzansprüche für Mißbrauch oder Schlechtleistung durchzusetzen, deshalb sind hier verbandsinterne, aber auch grundsätzlich, rechtliche Maßnahmen verstärkt durchzuführen (vgl. Cremerius, 1993). Die Kunstfehler-Problematik ist in der Organmedizin ein zwar ungeliebter, aber dennoch diskutierter Tatbestand, kaum jedoch im therapeutischen Bereich und schon gar nicht für Schäden, die durch pseudotherapeutische Dienste verursacht wurden (für viele: Abrahams, 1976; v. Drigalski, 1980; Langs, 1982; Boysen,1988). Grundsätzlich bieten zwar die vertraglichen Grundlagen zwischen Dienstleister und Abnehmer Ansatzpunkte, um Schadensersatzansprüche zu rechtfertigen. Regelmäßig aber ist der Patient, Klient oder Kunde in der erheblich schwächeren Position im Falle streitiger Auseinandersetzungen. Er hat bislang den Nachweis für Mißbrauch oder Minderleistung zu erbringen. Diese Asymmetrie bei der Durchsetzbarkeit gerechtfertigter Ansprüche sollte durch eine Umkehr der Beweislast zumindest teilweise aufgehoben werden.

Literatur

ALBACH, H., (1980/1991): Vertrauen in der ökonomischen Theorie, wiederabgedruckt in: Albach, H.: Unternehmen im Wettbewerb, S. 3 - 12, Wiesbaden.

ALBACH, H., (1992/1993): Qualitätsmanagement in der Wirtschaftsprüfungsgesellschaft, wiederabgedruckt in: Albach, H. (Hrsg.): Industrielles Management, S. 428 - 452, Wiesbaden.

ABRAHAMS, J.-J., (1976, dt.1977): L'homme au magnetophone, Paris, (dt. 1977: Jetzt werden Sie analysiert, Doktor. München. Mit einem Nachwort von J. P. Sartre).

ANDRESKI, S., (1977): Die Hexenmeister der Sozialwissenschaften, München.

ANONYMA, (1993): Verführung auf der Couch. Eine Niederschrift. Freiburg/Breisgau.

BECKER, G.S., (1993): Ökonomische Erklärung menschlichen Verhaltens, 2. Auflage, Tübingen.

BERTHELSEN, D., (1989): Alltag bei Familie Freud. Die Erinnerungen der Paula Fichtel, München.

BOYSEN, G., (1989): 'Schäden billigend in Kauf genommen', in: Psychologie Heute, Juni, S. 48- 51.

BOYSEN, G., (1988): Haut über Kopf. Erfahrungen mit einer Psychoanalyse, Augsburg.

BOYSEN, G., HEMMINGER, H., KÜENZLEN, G., (1988): Im Sog der Psychoszene. Erfahrungen und Kommentare, Stuttgart.

CREMERIUS, J., (1993): 'Das ist großes Unrecht' - Interview, in: Der Spiegel 1993, 35, S. 204.

ETZIONI, A., (1961): A comparative analysis of complex organizations, New York.

FEDERSPIEL, K., (1994): Gefahrenquellen, in: Focus 3, S.91-95.

GERHARDT, W., (1993): Charisma und Ordnung. Formen des institutionellen Charisma Überlegungen in Anschluß an Max Weber, in: Gebhardt, W., Zingerle, A., Ebertz, M.N., (Hrsg.): Charisma. Theorie, Religion, Politik, S. 47 - 68, Berlin/New York.

GRAWE, K., DONATI, R., BERNAUER, F., (1994): Psychotherapie im Wandel. Von der Konfession zur Profession, Göttingen usw.

HEMMINGER, H., (1989): Das therapeutische Reich des Dr. Ammon. Eine Untersuchung zur Psychologie totalitärer Kulte, Stuttgart.

HEMMINGER, H., (1989): Tut - Ench - Ammon, Herrscher über Therapeuten und Patienten, in: Psychologie Heute, Juni, S. 45 - 47.

HEMMINGER, H., (1987): Psychotherapie - Weg zum Glück? Zur Orientierung auf dem Psychomarkt, München.

HENSCH, T., TECKENTRUP, G., (Hrsg., 1993): Schreie Lautlos. Mißbraucht in Therapien, Freiburg/Breisgau.

JENNRICH, P., (1985): Die Okkupation des Willens. Macht und Methoden der neuen Kultbewegungen, Hamburg.

KAUFMAN, R., (1972): Inside Scientology (dt. 1972: Übermenschen unter uns, Ffm).

KREILER, K., REINHARDT, C., SLOTERDIJK, P., (Hrsg., 1980): In irrer Gesellschaft. Verständigungstexte über Psychotherapie und Psychiatrie, Ffm.

KÜENZLEN, G., (1993): Charisma und neue Religiosität. Eine kultursoziologische Studie am Beispiel der New-Age-Bewegung, in: Gebhardt, W. Zingerle, A. Ebertz, M.N. (Hrsg.): Charisma. Theorie, Religion, Politik, S. 109 - 120, Berlin/New York.

LANGS, R., (1982, 1987): The psychotherapeutic conspiracy, New York/London, (dt. 1987. Die Psychotherapeutische Verschwörung, Stuttgart).

MARR, R., PICOT, A., (1991): Absatzwirtschaft, in: Heinen, E. (Hrsg.): Industriebetriebslehre, S. 623 - 728, 9. Auflage, München.

NEUBERGER, O., KOMPA, A., (1987): Wir, die Firma. Der Kult um die Unternehmenskultur, Weinheim und Basel.

OBHOLZER, K., (1980): Gespräche mit dem Wolfsmann. Eine Psychoanalyse und die Folgen. Reinbek bei Hamburg.

POTT, P., (1991): Entscheidungsrevision, Wiesbaden.

RAMB, B.-TH., TIETZEL, M., (Hrsg., 1993): Ökonomische Verhaltenstheorie, München.

SCHULZE, G., (1992): Die Erlebnisgesellschaft. Kultursoziologie der Gegenwart. Frankfurt, M./New York.

SICHROVCKY, P., (1988): Seelentraining. Wie man in sechs Tagen sein Gesicht verliert. Eine Aufdeckung. Reinbek bei Hamburg.

STIGLITZ, J.E., (1989): Imperfect information in the product market, in: Schmalensee, R., Willig, R. (eds.): Handbook of industrial organization, vol. 1, chapt. 13, Amsterdam et al.

SZASZ, T.S., (1970): The manufacture of madness, New York (dt.: 1976. Die Fabrikation des Wahnsinns, Ffm.)

TÜRK, K., (1976): Grundlagen einer Pathologie der Organisation, Stuttgart.

TÜRK, K., (1981): Personalführung und soziale Kontrolle, Stuttgart.

TURPIN, R., (1993): Charakteristika zweifelhafter Theorien, in: Skeptiker - Parawissenschaften unter der Lupe, 4, S. 101 - 103.

v. BILLERBECK, L., NORDHAUSEN, F., (1993): Der Sektenkonzern. Scientology auf dem Vormarsch, Berlin.

v. DRIGALSKI, D., (1980): Blumen auf Granit. Eine Irr- und Lehrfahrt durch die deutsche Psychoanalyse, Ffm usw.

[1] Vgl. die Schlagzeile zum Thema 'Esoterik' in: Der Tagesspiegel, 4.9.93. o.S.

[2] Zu den generellen Gefahren und Gefährdungen durch eine institutionalisierte Psychiatrie klassisch z.B.: Szasz (1970, dt. 1976), neueren Datums: Kreiler/Reinhard/Sloterdijk (1980). Zur Problematik alternativer Medizin populärwissenschaftlich z.B.: Federspiel (1994). Zum Mißbrauch in Therapien z.B.: Hensch/Teckentrup (1993). Diese Quelle ist m.E. auch deswegen besonders interessant, weil hier ausführlich auf die juristische Problematik des Schadensersatzes im Falle psychotherapeutischen Mißbrauchs eingegangen wird. Zum Mißbrauch in der Psychoanalyse jüngst: Anonyma (1993). Zur kritischen Analyse der deutschen Psychoanalyse: v. Drigalski (1980). Kritische Hinweise auf die Psychoanalyse als psychotherapeutischem Verfahren ergeben sich des weiteren aus: Abrahams (1976. dt. 1977), Obholzer (1980), Langs (1982, dt. 1987). Berthelsen (1989); zur kritischen Analyse einzelner Anbieterinstitutionen und ihrer Produkte auf dem Psychomarkt: Kaufman (1972); Jennrich (1985); Boysen, (1988); Boysen/Hemminger/Küenzlen (1988); Hemminger (1989). Daneben gibt es eine Fülle von Studien und Veröffentlichungen öffentlicher Institutionen, die sich - bei unterschiedlicher Schwerpunktsetzung - mit Branchen und Betrieben des Sektenmarktes auseinandersetzen. Hierzu zählen z.B.: Institut für Jugend und Gesellschaft, Bensheim (Hrsg.): Differentielle Wirkungen der Praxis der Transzendentalen Meditation (TM). Eine empirische Analyse pathogener Strukturen als Hilfe für die Beratung. Bensheim 1980; Der Senator für Schulwesen. Jugend und Sport (Hrsg., 1983): Bericht über die Tätigkeit von sogenannten Jugendsekten und pseudotherapeutischen Gruppen in Berlin. Berichtet wird über Scientology, Mun-Bewegung (= Vereinigungskirche), Ananda Marga, Krishna, Bhagwan Shree Rajneesh Movement (jetzt: Osho), Divine Light Mission, Kinder Gottes, Aktionsanalytische Organisation (AAO): Für pseudotherapeutische Psycho-Institutionen wird die hohe Interreliertheit von Psycho- und Sektenmarkt angemerkt. Es kommen insbesondere in nähere Betrachtung: Körperorientierte Therapie- und Selbsterfahrungsgruppen, Rebirthing, Bioenergetik, Neo-Reich Körperarbeit, Shiatsu-Ausbildung, Massage und Rebirthing, Centering, Hypnotherapie-Intensiv, Siddharta - Totales Leben, Hypnose-Rückführung, Astrologie, Parapsychologie, Magnettherapie, Biorhytmik, Reinkarnation, Pendeln, I care Rannette (Früher Earthplay, The Daniels institute for successful living). Aktion für geistige und psychische Freiheit - Arbeitsgemeinschaft der Elterninitiativen e.V. (Hrsg. o.J.): Clark, J.G. et.al. (dt.): Konversion durch destruktive Kulte - Theorie, Forschung und Behandlung. Bonn. Berger, H./Hexel, P C.(o.J): Ursachen und Wirkungen gesellschaftlicher Verweigerung junger Menschen unter besonderer Berücksichtigung der 'Jugendreligionen', Wien. Untersucht wurden hier im einzelnen: Ananda Marga. Divine Light Mission. Scientology. Vereinigungskirche; Kolenberger, L./Schwarz, H.-A.(1982): Abschlußbericht des Projekts - Zum Problem einer ‚zweiten Kultur' in West-Berlin, Berlin.

[3] Ohne jeglichen Anspruch auf Vollständigkeit: Der Spiegel 1980, 17 zu: DAP; Die Süddeutsche Zeitung 1980, 68, S. 14, 20.3.80 zu:. DAP; Die Wirtschaftswoche 1993, 47, (31). S. 36 - 40 zu Scientology; Die Zeit 1993, 20, S. 71 zu: Scientology; Die Zeit, 43, S.85, 22.10.1993 zu: VPM; Der Tagesspiegel, 2.9.93; zu VPM; Der Spiegel: 1993, 46, S. 85 zu: Scientology; Psychologie Heute 1989, 6, 10, zu: DPA; Focus 1994, 17 zu: Scientology. Nach wie vor nahezu einhellig wird auf die dramatischen Umgangsformen mit Kritikern hingewiesen. Das Abwehrarsenal der kritisierten Institutionen

reicht von einfachen Widerlegungs- und Abstreitversuchen über Diffamierung und wirtschaftliche Bedrohung (Prozeßrisiko und Widerruf) bis hin zu physischer Einschüchterung. Trotz dieser Behinderungen des Freien Austauschs von Meinungen und Standpunkten hat sich zwischenzeitlich in der Öffentlichkeit eine nicht zu unterschätzende kritische Masse entwickelt, die bei aller Unterschiedlichkeit in der theoretischen und weltanschaulichen Herkunft, die Leistungsangebote der Institutionen sowie die Prozesse der Leistungserbringung nicht länger platt wiedergibt, sondern kritisch analysiert. Sie nimmt die Angebote für 'bare Münze' und prüft sie auf ihre tatsächlichen Leistungen. Auch Sektenbetreiber beginnen allerdings ihren Umgang mit Öffentlichkeit zu raffinieren. Ein Beleg dafür ist, daß z.B. die ihren Kritikern bislang als prozeßfreudig bekannte Scientology-Vereinigung nicht mehr nur diesen juristischen Weg der weltanschaulichen Auseinandersetzung wählt. Sie versucht statt dessen verstärkt, mit herkömmlichen Mitteln (Informationsbroschüren. Hintergrundgespräche) Entscheidungsträger (z.B. in der öffentlichen Verwaltung) in ihrem Sinne zu beeinflussen. Offenbar beginnt die Institution die Reputationsschäden, die aus der Kritik herrühren, mit den Schäden, die aus der versuchten Verhinderung der Veröffentlichung kritischer Kommentare entstammen, zu saldieren. Statt des Versuchs, Kritiker mundtot zu machen, vertraut man jetzt mehr auf einen Versickerungseffekt. Ob diese Strategie Schule macht, bleibt abzuwarten.

[4] Methodisch in sog. Meta-Analysen sinnvoll weiterverwendbare empirische Ergebnisse zur Wirksamkeit psyochotherapeutischer Verfahren liegen für die drei Richtungen behaviorale einschließlich kognitiv-behaviorale Ansätze, Gesprächspsychotherapie und psychoanalytische Verfahren vor. In der Summe zeigt sich: Verhaltenstherapie ist im Durchschnitt hochsignifikant wirksamer als Gesprächspsychotherapie, kognitiv-behaviorale Therapie ist im Durchschnitt hochsignifikant wirksamer als psychoanalytische Therapie und Gesprächspsychotherapie. Trotz der Klarheit dieser Fakten bestehen offenbar teilweise erhebliche Widerstände, diese, für einige Gruppen von Anbietern negativen Befunde adäquat zu verarbeiten und auf ihre Dienstleistungen zu beziehen. Eindeutige Belege werden geleugnet oder nicht zur Kenntnis genommen. Jede stichhaltige Wirksamkeitsuntersuchung für eine wissenschaftlich fundierte Therapieform fehlt demnach (vgl. hierzu zusammenfassend: Grawe et al., 1993) u.a. für die: Aktualisierungstherapie, Therapie nach C.G. Jung, Konfrontative Therapie, Logotherapie, Neurolinguistisches Programmieren, Orgontherapie, Primärtherapie, Psychosynthese, Rebirthing. Völlig unzureichend geprüft oder mit wenig überzeugendem Ergebnis stehen u.a. da: die Daseinsanalyse, Bioenergetische Therapie, Transaktionsanalyse. Wissenschaftlich betrachtet wird das vorgenannte Scheuklappen-Syndrom als Ausdruck einer individuell begrenzten Rationalität zu interpretieren sein. Ökonomisch ist es kurzfristig für die Anbieter derartiger Dienste noch einigermaßen nachvollziehbar. Würden sie aus vorliegenden, für ihre Dienstleistungsangebote negativen Daten den konsequenten Schluß ziehen, müßten sie auf ein weiteres Anbieten verzichten oder sie zumindest nicht länger als therapeutische Dienste (unter welcher Bezeichnung im einzelnen auch immer) offerieren können. Sie müßten sich entweder ein anderes Marktsegment definieren und dort ihr Glück versuchen oder die marktliche Verwertung der Dienstleistung einstellen. Bislang getätigte Investitionen (z.B. in die eigene 'Ausbildung') sind dann im wesentlichen abzuschreiben. Sie gehen unter, weil marktlich nicht länger verwertbar. Es ist aus der Alltagserfahrung her leicht nachvollziehbar, daß sich gegen solche ökonomischen

Konsequenzen erhebliche Widerstände auftun. Betriebswirtschaflich bemerkenswert ist, daß z B. das neurolinguistische Programmieren und die Transaktionsanalyse in der Organisations- und Personalentwicklung einige Verbreitung gefunden haben. Der zweifelhafte empirische Nutzen sollte betrieblichen Entscheidungsträgern auch dann zu denken geben, wenn die Defizite in Therapiestudien ermittelt wurden und nicht dem unmittelbar betrieblichen Bereich entstammen

[5] Auf eine vertiefte gesellschaftstheoretische Diskussion dieser Veränderungen und ihrer konzeptionellen Widerspiegelung muß an dieser Stelle verzichtet werden. Die Auseinandersetzung ist zentriert um die Angemessenheit eines gesellschaftlichen Schichtungskonzeptes einerseits und Lebensstilgruppen ohne hierarchische Ordnung andererseits. Im Zusammenhang damit steht das Problem von 'Individualisierung' bzw. 'Partikularisierung'. Insbesondere spielt hier die Untersuchung der Grenzen der Individualisierung eine Rolle, weil sie systematische Anschlußstücke liefern können für das Entstehen und den Erfolg psycho-religiöser Kulte und Sekten. Diese Institutionen setzen mit ihren Programmen, Problemdefinitionen und der Vermarktung von 'Hilfen' ja genau an den subjektiven Krisenerscheinungen an, die aus einer Überdehnung des Individualisierungsschubs entstehen (können). Eine umfassende Diskussion hierzu findet sich in Schulze (1993), auf den ich mich weitgehend beziehe.

[6] Schulze beschreibt dies unter dem Gesichtspunkt der Erweiterung des Möglichkeitsraums für 'Konsum'. Allerdings ergibt sich für die hier betrachteten Ausschnitte der pseudotherapeutischen und pseudopsychotherapeutischen Dienstleistungen eine wesentliche Differenzierung zu der Fragestellung der Studie von Schulze. Sieht er (für seine anders liegende Untersuchungsperspektive konsequent) eine soziologische Irrelevanz der Auswirkungen der 'Anwendung' der Instrumentarien, Rezepte oder Dienste, so geht es hier darum, genau die Nebenfolgen eines Eingriffs und die Machbarkeit, von 'psychophysischen' Ergebnissen zu beschreiben und zu bewerten. Die Frage also, ob die Nebenfolgen von Eingriffen den Ertrag verzehren können oder die Machbarkeitsbehauptung empirisch (und intersubjektiv überprüfbar) belegt werden kann, ist für den 'Psychomarkt' von ausschlaggebender Bedeutung. Nur die nachgewiesene, intersubjektiv belegte (und belegbare) Wirkung eines therapeutischen (medizinischen/psychologischen) Verfahrens kann dieses von Scharlatanerie und Humbug trennen.

[7] Die Aufzählung ist sicher nicht vollständig. Einige Bezeichnungen, die eigentlich Charakterisierungen sind, für unterschiedliche Gruppierungen lauten: 'Psychosekte' für den Verein zur Förderung der Psychologischen Menschenkenntnis (VPM) in: Die Zeit 43, S. 85 vom 22. Oktober 1993; für dieselbe Institution: 'rechte Psychosekte', in: Der Tagesspiegel, 2.9.93; 'multinationaler Seelenfänger-Konzern' für die Scientology Church (SC), in: Der Spiegel: 1993, 46, S. 85. Zur Verknüpfung mit totalitären Kulten: Hemminger 1989.

[8] Zu den betriebswirtschaftlichen Einzelheiten im Überblick vgl. z.B. Marr/Picot (1991).

[9] Aus dieser Sicht ist es nicht verwunderlich, wenn sich Sektenbetriebe in ihrem äußeren Erscheinungsbild wie in ihrer Produktgestaltung und ihren Anwerbe- wie Absatzstrategien flexibel dem 'Zeitgeist' anpassen.

[10] vgl.: Die Wirtschaftswoche, 1993, 30. Juli, S. 36 - 40 zu scientologischen Diensten. Konsequenterweise wurde daher zwischenzeitlich auch dem scientologischen Verein

die Rechtsfähigkeit eines Idealvereins entzogen. Nicht ideelle Ziele charakterisieren ihn, sondern der Absatz entgeltlicher Dienste und Schriften (vgl. den Urteilstenor des Verwaltungsgerichts Stuttgart in der Frankfurter Allgemeinen Zeitung, 22.1.94. Nr. 18. S. 7.) Von anderen, 'halbseidenen' Absatzbereichen wird jüngst im Zusammenhang mit akademischem Titelhandel berichtet und auf Querverbindungen zur Mun-Sekte hingewiesen; vgl. Die Frankfurter Allgemeine Zeitung, 22.1.94, Nr. 18, S. 30.

[11] Häufig wird man deshalb mit Mehrheits- und Minderheitspositionen (bezüglich der Qualitätsbeurteilung oder Nebenwirkungsanalyse) konfrontiert. Die jeweils kritisierte Position/Annahme/Einschätzung bzw. deren Vertreter können natürlich nicht gezwungen werden, empirisch fundierte Kritik überhaupt zur Kenntnis zu nehmen. Daher können sich auch 'schwache Theorien', sofern um sie ein Kordon von Hilfsargumenten gelegt wird, die lediglich aus der Sicht der Proponenten 'plausibel' oder 'einsichtig' sein müssen, jahrzehntelang halten (vgl. unter Rückgriff auf metatheoretische Argumente: Turpin, 1993).

Sekten in der Wirtschaft

Der gezielte Griff zur Macht

Detlev Poweleit

1 Einleitung

Das Thema Sekten geht schon seit den 70er Jahren durch die Presse und nicht nur Tragödien wie der Mord an Sharon Tate durch die satanische Sekte von Charles Manson, der Massenmord und -selbstmord befohlen durch den Reverenten Jim Jones in Guyana oder das gewalttätige Ende der Kommune von David Koresh im Jahre 1993 in Waco/Texas belegen, daß kollektive Wahngebäude einen enormen Einfluß auf die Mitglieder besitzen und sie im Extremfall bis in den Mord oder den Selbstmord treiben können.

Nachdem es Anfang der 80er Jahre speziell in Deutschland etwas ruhiger geworden ist und das Thema 'Jugendsekten' (vgl. Mildenberger, 1979) in der Öffentlichkeit fast als abgeschlossen betrachtet wurde, ist mit Erstaunen festzustellen, daß seit Beginn der 90er Jahre die ehemaligen Jugendsekten erwachsen geworden sind. Einzelne Gruppen haben sich zu internationalen Wirtschaftskonzernen gemausert, die zwar die religiöse Befreiung des Menschen versprechen, aber im Endeffekt Hörigkeit und Sklavenmentalität durch subtile Formen der Bewußtseinskontrolle fördern und festigen.

Sekten und Wirtschaft wurden zu einem speziellen Thema jenseits aller weltanschaulichen Auseinandersetzungen, die besonders die Kirchen durch ihre Sektenreferenten führen. Die gezielte Beeinflussung von gesellschaftlichen Bereichen wie Wirtschaft, Politik und Sozialwesen dient nicht nur zur Absicherung eines Nischendaseins sondern stellt den früher nicht so deutlichen Wunsch nach weltlicher Macht in den Vordergrund.

Das schwierigste Problem im Umgang mit diesem Thema ist, daß bedingt durch schwer zu durchschauende Organisationsstrukturen und Finanztransaktionen, als Ausdruck einer bewußt eingesetzten Verschleierungstaktik, es schwierig ist, an Fakten und zahlenmäßige Größenordnungen heranzukommen, die über allgemeine Schätzungen oder Wiedergabe von Einzelfällen hinausgehen. Wertvolle Arbeit wurde im Bereich des Enthüllungsjournalismus in den Anfängen der 90er Jahre geleistet (vgl. Billerbeck & Nordhausen, 1993; Herrmann, 1992) und es steht nun an,

1. das bedeutsame Phänomen der Wirtschaftssekten,
2. komplementär dazu sektenhafte Aspekte in der Wirtschaft (auf struktureller und personenbezogener Ebene) und
3. die gegenseitigen Bedingtheiten

in einen größeren Rahmen zu stellen, so daß es nicht nur bei der Beschreibung von Einzelfällen bleibt, sondern auch Ansätze zur Vorbeugung und Intervention erarbeitet werden können.

2 Der Markt der Weltanschauungen

Der Begriff Sekten umfaßt eine große Anzahl von religiös oder pseudoreligiös orientierten Gruppen, die in ihrer Ideologie und ihren gesellschaftlichen Aktivitäten äußerst unterschiedlich sind. Aus diesem Grunde ist eine trennscharfe Untergliederung in einzelne `Marktsegmente´ nur schwer durchzuführen. Eine Möglichkeit bietet sicher die Unterscheidung in für das Individuum und die Gesellschaft problematische und unproblematische Gruppen, wobei diese Definition noch einer näheren Klärung bedarf. Pragmatischer ist es, die Heilsversprechungen von Sekten mit ihren realen Aktivitäten zu beleuchten und auf Widersprüche zu untersuchen gemäß dem Bibelzitat `An ihren Taten sollst Du sie erkennen´. Da sich viele Gruppen in ihren Ansprüchen (den einzelnen aus dem Mühsal der Welt zu befreien) und ihren Vorgehensweisen (mehr Abhängigkeiten zu schaffen) prinzipiell wenig unterscheiden, greifen wir stellvertretend zwei größere Gruppen in Deutschland heraus, die Zeugen Jehovas und die Scientology-Kirche.

2.1 Die Zeugen Jehovas

Die Rettung vor dem nahenden Weltuntergang und vor der Bestrafung aller Ungläubigen durch Gott ist das Ziel der Zeugen Jehovas. Trotzdem kann man diese traditionelle Sekte als Wirtschaftsunternehmen bezeichnen. Die Zeugen Jehovas werden von der Wachtturm-, Bibel- und Traktat-Gesellschaft (WTG) in Brooklyn, New York, einem Mediengroßunternehmen geführt. Mit 4,4 Millionen aktiven Verkündigern arbeiten die Zeugen Jehovas in 229 Ländern; davon sind sie in 24 Ländern gesetzlich verboten (aus: Aus christlicher Verantwortung, 1/1993, S.1ff). In der BRD haben die Zeugen Jehovas ihren Hauptsitz in Selters, einem etwa 30 Hektar großen Gelände mit umfangreichen Gebäudetrakten und Bauaktivitäten. Dort werden etwa 12 Millionen Bücher / Traktate pro Jahr von etwa 1000 Mitarbeitern hergestellt. Diese Mitarbeiter bekommen keinen Lohn, nur ein Taschengeld (etwa 100 DM im Monat). Sozialabgaben werden nicht bezahlt. Seit dem September 1991, nach einer Verurteilung zu einer Steuernachzahlung von 4,2 Millionen DM, werden die Schriften kostenlos abgegeben und es wird um eine Spende gebeten. Da die Spenden in der Regel höher ausfallen als die Herstellungskosten ist der Profit eher gestiegen als gesunken.
Da die Wachtturmgesellschaft in der Bundesrepublik als gemeinnützig anerkannt ist muß sie für ihre Literaturproduktion keine volle Umsatzsteuer zahlen, ebensowenig Gewerbesteuer an die Kommune in Selters. Die Lizenzen für die Subskriptionsrechte, die man als verschleierten Gewinn bezeichnen kann, werden an die Zentrale in Brooklyn überwiesen. Ein Blick auf den Stadtplan zeigt schnell, daß die WTG am Ort einer der größten Grundbesitzer ist. Bis 1989 besaß die WTG in Brooklyn schon mehr als 30 Gebäude mit 20 Stockwerken und mehr. Große Liegenschaften befinden sich noch in anderen Teilen der USA. Alleine der britische Zweig der Zeugen Jehovas machte in der Zeit von 1983-1987 nach Abzug aller Kosten einen Gewinn von ca. 15 Millionen Pfund plus 2,76 Millionen Pfund an Spenden. Der Hauptteil dieses Gewinns wurde als Lizenzgebühr in die USA transferiert. Man kann die Zeugen Jehovas also als ein Wirtschaftsunternehmen bezeichnen, welches risikolos und konjunkturunabhängig mit dem zukünftigen Gewinn durch 4 Millionen treue Kunden rechnen kann, die jede Publikation kaufen, und dies nicht nur einmal. Diese Fakten (Marten, 1993) lassen die Behauptung der Zeugen Jehovas, sie seien kein Wirtschaftsunternehmen, da sie nur von Spenden ihre Kosten decken und außerdem keine Gewinne machen dürfen in einem anderen Licht erscheinen.

2.2 Scientology

Die Scientology-Kirche ist derzeit die aktivste und aggressivste Wirtschafts-Sekte. Ihre Organisation ist unterteilt in die eigentliche 'Church', die den Verkauf von Büchern und 'Kommunikations'- Seminaren betreibt, ABLE (Association for Better Living and Education) für die Einflußnahme im sozialen und kulturellen Bereich und als bedeutsamstes Glied WISE (World Institut of Scientology Enterprises).

Ein entscheidender Erfolg für WISE war die Vermarktung des angeblichen Persönlichkeitstests 'Oxford Capacity Analysis' (OCA). Er wurde ursprünglich eingesetzt, um Leute von der Straße weg in die Mission zu locken und ihnen dort mittels der Auswertung den persönlichen Ruin zu bescheinigen und dann auf den 'Erlösungs'- weg („Die Brücke zur totalen Freiheit") der Scientology-Kirche zu lenken. Scientologen, die sich unter dem Namen U-Man International organisierten, machten den Test zu einem internationalen Verkaufserfolg. Eine weitere Unterorganisation mit Namen Choice International verband den Persönlichkeitstest direkt mit Aktivitäten in der Personalauswahl und im Unternehmensberatergeschäft (vgl. Potthoff, 1993).

WISE-Lizenznehmer müssen 10% vom Umsatz und 5% vom Gewinn für die Nutzung des Materials und der Seminarkonzepte bezahlen. Diese Lizenzen werden als Spenden deklariert um steuerfrei zu bleiben. Lizenznehmer von U-Man führen 10% der Bruttoeinnahmen an U-Man direkt ab und weitere 6% an WISE. Wohlgemerkt Bruttoeinnahmen! Bei U-Man kostet der hier sogenannte U-Test 7200.- DM/10 Stück, ab 50 Stck. incl. Computerauswertung mit Rabatt (vgl. Billerbeck & Nordhausen, 1993). Persönlich sind Lizenznehmer aber nicht frei. Sie sind verpflichtet, nach den Scientology-Grundsätzen zu denken und zu handeln und können innerhalb dieses Systems, welches einen eigenen Geheimdienst (Office for Special Affairs - OSA) unterhält, auch in Ungnade fallen.

Mit Hilfe des Tests und der diversen Kommunikations- und Managementtechnik-Seminare nehmen Lizenznehmer, ohne daß die Verbindung zu Scientology offensichtlich ist, Einfluß auf die Personalpolitik einzelner Unternehmen, wobei oftmals eigene Leute in die entsprechenden Schlüsselstellen der Unternehmen eingeschleust werden. Dieses geschieht getreu nach der Anweisung Hubbards (Interne Verwaltungsanordnung ED 1040 mit dem Titel: „Ein Plan für die Ausweitung von Scientology auf das Geschäftsleben."):

> „Punkt 1: Such Dir ein Geschäft aus, welches bereits sehr gut arbeitet.
>
> Punkt 2: Wende Dich an den höchsten Direktor. Biete ihm an, dafür zu sorgen, daß sein Geschäft ihm immer mehr Geld einbringt.
>
> Punkt 3: Lokalisiere SP`s (gemeint sind Kritiker! Anm. d. Verf.) in der Organisation und wirf sie hinaus.
>
> Punkt 4: Auditiere die leitenden Angestellten und zeige ihnen, um was es sich handelt, das wird dann den Zyklus in Gang setzen: die leitenden Angestellten werden die Jungmanager und das andere Personal dazu drängen, Auditing zu nehmen."

Besonders anfällig hierfür sind gerade kleine und mittlere Unternehmen. Aber auch größere Betriebe sind vor der Unterwanderung durch Scientologen nicht gefeit. Im Wirtschaftsteil von Forum (Schneeberger, 1992, S.23) wird berichtet, daß z.B. BMW routinemäßig Seminarangebote auf inhaltliche Übereinstimmung mit der Scientology-Ideologie überprüft.
Da Scientologen auf Grund der hohen Kosten für Lizenzen, eigene Kurse innerhalb der `Church´ (bis zu 500.000 DM für die Erreichung der höchsten Stufen) und Spenden in die sogenannte `Kriegskasse´ zur Bekämpfung von Kritikern unter permanenter Geldnot stehen, ist ihr Vorgehen auch entsprechend skrupellos und auf direkten Profit ausgerichtet. Ihr Feld ist deshalb der sogenannte `Abzocker-Bereich´ (vgl. Feldmann, 1992) der Wirtschaft, wo die schnelle Mark lockt:

- Immobilien- und Finanzgeschäft
- Unternehmensberatung und Personalauswahl
- Software und EDV-Service
- Farb- und Stilberatung

An diesem Punkt stellt sich die Frage, wieweit der Einfluß von Scientology in Gesellschaft und Wirtschaft fortgeschritten ist?! Zur Beantwortung dieser Frage bieten sich üblicherweise Zahlen und Bilanzen an, um dies zu verdeutlichen. Aber leider lassen sich die Umsätze auf Grund der kartellartigen Organisationsstruktur und der bewußt eingesetzten Verschleierungstaktik nicht exakt benennen, bzw. nur unter schwierigen Bedingungen schätzen. Der Umsatz beträgt aber weltweit eher die Milliarden Dollar als Millionen. In dokumentierten Einzelfällen (Billerbeck & Nordhausen, 1993;

Hermann, 1992) sind Investitionen von scientologischen Unternehmern in Hubbard-Literatur mit einer Gesamtsumme von 400.000 DM durchaus keine Seltenheit. Alleine zur Erlangung des begehrten `Patron´-Status müssen Scientologen mindestens 40.000 Dollar in die Kriegskasse eingezahlt haben.
1990 waren 80 Millionen DM in dieser Kriegskasse und insgesamt haben bis zu diesem Zeitpunkt 1000 Scientologen diese Kampfspende gemacht, Tendenz steigend. 1991 schätzte das Nachrichtenmagazin Time, daß die Organisation jährlich 20 Millionen Dollar für Rechtsanwälte zur Bekämpfung ihrer Kritiker ausgegeben habe.
Selbst bei der Mitgliederzahl schwanken die Angaben zwischen 30.000 (Scientology selbst) und 300.000 in der BRD (Pott, 1993). Nur die Vielzahl der teils tragischen Einzelfälle und anderer Rechercheergebnisse (vgl. Billerbeck & Nordhausen, 1993; Franken & Scherer, 1993; Hermann, 1992; Kauß & Wanke, 1993; Lemmer, Stimpel & Voigtländer, 1991) geben einen Eindruck, um welche Summen und Einflußbereiche es sich handelt und wie weit der Einfluß in Gesellschaft, Politik, Kultur und Wirtschaft schon fortgeschritten ist.

2.3 Harte Kriterien für Sektenideologie

Totalitäre Sekten transportieren auf der gesellschaftlichen Ebene überzogene Zerrbilder der insgeheimen Zeitwerte Geld, Macht, Egoismus und Freund-Feind-Denken. Norbert Potthoff (1993, S.42) schreibt zu diesem Thema: "Scientology hat in unserer Gesellschaft eine lange und unüberschaubare Front gebildet. Man könnte sagen, Scientology ist zur heutigen Gesellschaft `100% kompatibel´, verspricht mehr Leistung, mehr Erfolg, mehr Freude, mehr Gesundheit, mehr Freiheit. Jeder dieser Begriffe ist, im Querschnitt der Gesellschaft gesehen, positiv besetzt. Getarnt durch die verschiedenen Namen und Verbände mit wohlklingenden Bezeichnungen werden ahnungslose Bürger auf eine von Scientology regierte Welt vorbereitet."
Im folgenden Abschnitt sollen einerseits Basis-Kriterien zur Beurteilung problematischer Gruppen vorgestellt als auch Beispiele in Bezug auf diese Kriterien aus Ideologie und realem Verhalten der hier dargestellten Gruppen erarbeitet werden.

1. Kriterium

Strenge Unterscheidung in Ingroup-Outgroup (Erleuchtete-Verdammte).

- Zeugen Jehovas:

Nach ihrem Begründer Russel ist die Wachtturm-Gesellschaft der einzige Weg zur Verbindung mit Gott und damit zur Rettung aus dem drohenden Weltuntergang. Die theokratische Organisation verkündet als einzige die wahre Lehre Gottes. Dementsprechend unterteilen die Zeugen Jehovas die Menschheit in Weltmenschen und wahre Gläubige, wobei sie natürlich die wahren Gläubigen sind (vgl.: Arbeitshilfe für die Gemeinde im Bistum Aachen, S.116-119).

- Scientology:

Die Welt der Scientologen ist zweigeteilt, in Mitglieder und Nicht-Mitglieder. Diese werden von den Scientologen noch unterschieden in diejenigen, die sich noch zu Scientologen machen lassen und denen, die dies nicht wollen. Gegner nennt man SP's (Suppressive Persons = Unterdrücker) und müssen bekämpft werden. Hubbard schreibt in seinem Richtlinienbrief vom 07.02.1965: "Wenn jemand eingeschrieben ist, so ist er an Bord, und wenn er an Bord ist, dann ist er zu den selben Bedingungen hier wie alle anderen von uns, gewinnen oder bei dem Versuch sterben. ... Du bist hier, also bist du Scientologe. Jetzt werden wir dich zu einem fachmännischen Auditor machen, was auch immer geschieht. Wir haben dich lieber tot als unfähig."

2. Kriterium

Deutliches dualistisches Weltbild (Im Besitz der einzigen Wahrheit)

- Zeugen Jehovas:

Zeugen Jehovas binden ihr gesamtes persönliches Hoffnungspotential an die Errettung aus dem drohenden Weltuntergang. Hieraus ergibt sich eine starke Fixierung auf das versprochene Paradies und eine entsprechende Abwertung der weltlichen Dinge und Personen. Der Gott der Zeugen Jehovas bewahrt den Menschen in jedem Drangsal oder vernichtet ihn, je nachdem ob er an ihn glaubt oder nicht. Dies führt zu einem Verhalten, welches sich an Verbote und Gebote ausrichtet, die natürlich Gottes Wille sind und gipfelt in der Bemerkung eines Aussteigers: „Das ewige Leben kann man sich nur verdienen durch verkaufen.“

• Scientology:

Der Befreiungsweg der Scientologen nennt sich `Die Brücke zur totalen Befreiung'. Es wird ein Zustand versprochen, in dem der Mensch frei von allen Irritationen des Unbewußten selbst die `Ursache von allem' wird. Dieser Zustand wird `Clear' genannt und ist nach Hubbard der `natürliche Zustand' des Menschen. Die Rückgewinnung sagenhafter Fähigkeiten, wie im All überleben können oder gleichzeitig an zwei Orten sein zu können, sollen die übermenschlichen Fähigkeiten eines wahren Scientologen beschreiben. Dieser angestrebte Zustand wird, so ehemalige Sektenmitglieder, durch eine Art Gehirnwäsche betrieben, die zu einer Konditionierung im Sinne der scientologischen Machtansprüche führt. Die Fähigkeit, durch Vergleich mehrerer Informationen zu einer eigenständigen Meinung zu gelangen geht verloren (vgl. Potthoff, 1993).

Der `Clear' empfindet den Nicht-Scientologen als `krank, geistesgestört und kriminell'. Nächstenliebe und Solidarität gelten als Eigenschaften für Verlierer. Für ein totalitäres System, die logische Konsequenz extrem dualistischer Denkweise, ist der `Clear' der ideale Mensch. Er hat keinen freien Willen und ist darauf konditioniert, die Befehle der Hierarchie kritik- und gedankenlos auszuführen.

3. Kriterium

Trennungsbefehl: Mitglieder werden vor die Alternative gestellt, entweder Kontakte zu Personen abzubrechen, die nicht dem `Glauben' angehören, oder aus der Gruppe ausgeschlossen zu werden.

• Zeugen Jehovas:

Ehemalige Mitglieder der Zeugen, sogenannte Abtrünnige, werden von den vormals freundlichen und zugewandten Gruppenmitgliedern ignoriert. Im Falle, daß einzelne Familienmitglieder eines Zeugen in kritischer Distanz zu den Glaubensinhalten gehen und es nicht gelingt, diese Familienmitglieder oder Freunde ebenfalls zu missionieren oder zumindest zur Toleranz zu bewegen, werden eindeutige Trennungsbefehle den entsprechenden Mitgliedern zugestellt. In dokumentierten Fällen haben diese Trennungsbefehle zur Zerstörung von Familien und Freundschaften geführt. Abtrünnige werden als Gefahr für die Gemeinschaft gesehen und öffentlicher Kontakt mit ihnen abgelehnt.

• Scientology:
Für Scientologen ist es schmerzlich, wenn die nächsten Angehörigen sich nicht mit der Scientology-Technik helfen lassen wollen oder sogar die Lehre und die Organisation offen ablehnen. Wie alle totalitären Sekten zielt auch Scientology darauf ab, dem einzelnen den sozialen Kontext zu rauben und nach und nach durch scientologische 'Freunde' zu ersetzen um Kritik völlig auszuschalten. Scientologen, die Kontakt zu Kritikern haben, bleibt keine Wahl: Sie müssen gemäß der Anweisung des 'PTS/SP-Kurses - Wie man Unterdrückung konfrontiert und zerschlägt' diese 'handhaben' und bei erfolgloser Bearbeitung sich von ihnen trennen (vgl. Mucha in Herrmann, 1992, S.189ff).

4. Kriterium
Abnehmende Alltagstauglichkeit der Mitglieder durch Entfernung von der gesellschaftlichen Realität.

• Zeugen Jehovas:
Der Gebots- und Verbots-Kanon führt in vielen gesellschaftlichen Bereichen zu Konflikten. Das Bluttransfusionsverbot stellt nur die extremste Form dar. Der 'normale' Umgang ist für die Einzelmitglieder sehr erschwert und führt zu einer starken Bindung, bis hin zur totalen Abhängigkeit von der Gruppe bzw. den Weisungen der sogenannten Ältesten. Selbst die Kinder werden in dieses System extrem einbezogen und Eltern haben, laut Organisationsrichtlinien, ihre Kinder z.B. von allen Weihnachtsfeiern und den mit ihnen verbundenen 'heidnischen' Ritualen fernzuhalten. Ebenfalls verboten sind Weihnachtslieder, die im Musikunterricht gelernt und gesungen werden müssen. An Klassenfahrten und Festen darf nicht teilgenommen werden und die Kinder sind so in die Rolle von Außenseitern gedrängt.

• Scientology:
Hinweis für eine mangelnde Alltagstauglichkeit, d. h. den Umgang mit der Durchschnittsbevölkerung, ist die deutliche Sprachbarriere, die künstlich aufgebaut wird. Eigene Gruppensprache und ein Begriffsdrill sind ein starkes Kontroll- und Führungsinstrument. So werden über 1000 gruppenspezifische englische Grundbegriffe und einige Tausend gruppenspezifische Nebenbegriffe verwendet. Mit diesem Begriffsdrill werden die Scientology-Ideologie und das entsprechende Wertesystem in das Bewußtsein der

Anhänger vermittelt. So weichen die Definitionen für viele grundlegende, vor allem ethische Begriffe, von dem üblichen Begriffsverständnis ab (Redefinition). Die alten Wertvorstellungen, die meist nur gefühlsmäßig verankert sind, werden fortschreitend verdrängt (vgl. Knackstedt, o.J., S.54).

5. Kriterium

Deutlicher Festungskomplex: Die enge Gruppenideologie bietet vermeintliche Sicherheit, verlangt aber gleichzeitig Mission und / oder Verteidigungsbereitschaft (`Wir müssen die Welt abwehren / überzeugen / erobern!').

- Zeugen Jehovas:

Die mangelnde Alltagstauglichkeit der Zeugen Jehovas führt zu einer starken Bindung an die Wachtturm-Gesellschaft und ihre Ideologie. Die Zeugen verspüren den Auftrag `diese gute Botschaft vom Königreich' zu überbringen, missionieren sehr stark, nicht zuletzt um Mitglieder zu werben. Nicht nur die von den Einzelmitgliedern persönlich gekauften Schriften werden weitergegeben, sondern es findet eine starke Haus-zu-Haus-Missionierung statt. Ein Großteil der sekteninternen Schulung befaßt sich mit der Kontaktaufnahme an der Haustüre und dem Umgehen von ablehnenden Entgegnungen. Dieser Drill soll dazu führen, daß ein sogenanntes Heimbibelstudium begonnen wird. Der weiteren Betreuung und indirekten Dogmatisierung/Gehirnwäsche sind damit Türe und Tor geöffnet (vgl. WTG, 1985).

- Scientology:

Das durch die scientologische Lehre propagierte System zur Beherrschung des Menschen und die entsprechende totalitäre Organisationsstruktur soll auf die Gesellschaft übertragen werden und den ganzen Planeten umfassen. Norbert Potthoff (1993) spricht in diesem Zusammenhang vom Hubbardismus, da dies nichts mit Religion zu tun hat, sondern ein gesellschaftspolitisches Konzept ist.

Die interne Ethik erlaubt dem Erfolgreichen im `Krieg' um diesen Planeten alles, sogar die Vernachlässigung der sekteninternen Regeln, sofern er denn erfolgreich ist. Die Kampagne `Clear Germany', als Teil einer weltweiten Kampagne, hat zum Ziel, 10-15% der politischen Meinungsführer für

Scientology zu gewinnen und die Schlüsselstellen in Politik, Verwaltung und Wirtschaft zu besetzen.

6. Kriterium

Keine Toleranz gegenüber anderen Gruppen / Techniken / Weltanschauungen.

- Zeugen Jehovas:

Die Wachtturm-Gesellschaft bietet folgende Erklärung für die Existenz verschiedenster Religionen und Weltanschauungen: "Die einzige Ursache, daß es soviele Religionen und Weltanschauungen gibt liegt darin, daß anstatt auf Gott zu hören die Menschen anderen Menschen nachgefolgt sind. ... Wer ist der Anstifter dieser religiösen Verwirrung? Die Bibel kennzeichnet Satan, den Teufel, als den Gott dieses Systems der Dinge" (WTG, 1985, S.346).
Die Wachtturm-Gesellschaft führt nach und nach in die religiöse Intoleranz. Es wird betont, daß alle anderen Religionen Teufelswerk und daß alle Andersgläubigen im Prinzip vernichtungswürdig sind. Ein weiterer Hinweis für gedankliche Intoleranz ist das interne Überwachungssystem der WTG, welches jedem kritischen Denken und Handeln durch ein Spitzelinformationssystem nachgeht. 'Unverbesserliche' werden durch das sekteninterne Gerichtswesen vorgeladen und eventuell als 'Rebell vor Gott' verstoßen. Zwischen der WTG und Gott wird in solchen Fällen nicht unterschieden. Für einen Zeugen ist ebenfalls bedeutsam, daß kritische Literatur unter Leseverbot steht und dies auch überwacht wird (Aus christlicher Verantwortung, 1993, S.3).

- Scientology:

„Der Zweck von Ethik ist: Gegenabsichten aus der Umwelt zu entfernen. Nachdem dies erreicht ist, hat sie zum Zweck, Fremdabsichten aus der Umwelt zu entfernen."
Dieses Hubbard-Zitat zeigt deutlich, daß es nicht um das friedliche Nebeneinander von unterschiedlichen Weltanschauungen geht, sondern daß nach diesem 2-Stufen-Plan die Entfernung aller Fremdabsichten, also nicht nur der Scientology-Kritiker, angestrebt wird. Mit diesem Bekenntnis wird der demokratische-pluralistische Konsens unserer Gesellschaft verlassen und die Privatsache Religion zu einer öffentlichen Angelegenheit. Wenn man zudem noch bedenkt, daß Scientologen in Schlüsselstellen der Politik,

Verwaltung und Wirtschaft ausschließlich dieser totalitären Ideologie verpflichtet sind, wird das gesellschaftliche Interesse nochmals deutlich.

7. Kriterium

Kein Erkennen der eigenen Begrenztheiten (Omnipotenzphantasien). Kontraindikationen der eigenen Weltsicht oder Technik sind nicht denkbar, bzw. mit Abwertung bis hin zur Dehumanisierung von Einzelpersonen oder Gruppen verbunden.

- Zeugen Jehovas:

Bei den Zeugen werden durch die Mittler-Position der Ältesten und der religiösen Oberschicht (Johannes-Klasse, Gesalbte) Fehler nur auf die Unvollkommenheit der Einzelmitglieder geschoben und selbst so eklatante Fehlleistungen wie die mehrfache Ankündigung des Weltunterganges abgestritten und kaschiert. Um sich vor unbequemen Fragern nicht rechtfertigen zu müssen heißt es im sekteneigenen Statut: „Nachdem die Ältesten eine solche Angelegenheit gründlich untersucht und ein Urteil gefällt haben, sollte der einzelne nicht das Warum und das Weshalb der Maßnahme wissen wollen. Alle sollten demütig das annehmen, was die Ältesten in dieser Sache getan haben, und diese Versammlungs-Sterne weiterhin unterstützen. Loyalität gegenüber Jehova und seinen organisatorischen Vorkehrungen wird belohnt werden".

- Scientology:

Zitieren wir noch einmal den Scientology-Aussteiger Norbert Potthoff: „Nach Hubbards Vorstellung sollen wir nun einen außergewöhnlichen Menschen vor uns haben, der himmelhoch über dem Normalmenschen steht (Übermenschen). Seine Ethik (Fähigkeiten zum richtigen Handeln zum Wohle aller) soll nahezu perfekt sein. Aber wie ethisch ist ein Mensch wirklich, dem Leid und Schmerz gleichgültig sind, der alles nur noch für einen Witz hält? In Wirklichkeit implantiert Scientology/Dianetik ein außergewöhnlich asoziales Verhalten. ... Der so angeblich geklärte Mensch ist nur noch ein emotionales Wrack, das an den Gefühlen eines anderen Menschen nicht mehr wirklich interessiert ist. Er ist nur noch auf sich selbst fixiert, erlebt sich selbst in wahnhaften Vorstellungen gigantischer Macht und Stärke. Sein wirkliches Verantwortungsgefühl den Mitmenschen und seiner Umwelt gegenüber ist gleich null."

3 Managermentalität und Heilsversprechen

Die Nachfrage nach Publikationen und Dienstleistungen von Sinnverkäufern besteht nicht nur bei labilen Personen mit überdauernden Schwächen in der Persönlichkeitsstruktur oder bei Personen in entwicklungsbedingten Krisenzeiten, Pubertät, Selbstfindung in den 20ern oder Midlife-Crisis. Vermehrt greifen, nach Erfahrungen von Ausstiegsberatern und Sektenreferenten, Personen das Angebot von Sekten und Psychokulten auf, die auf den ersten Blick psychisch stabil, intelligent, analytisch begabt und karriereorientiert sind. Ihre Motive: Sie wollen Grenzerfahrungen machen und den beruflichen Anforderungen genügen.
Zunehmend ist festzustellen, daß gerade Führungskräfte solchen Beeinflussungsbemühungen gegenüber offen sind (Heibutzki & Schäffel, 1993). Unter der Voraussetzung, daß der Markt der Weltanschauungen nach den Marktgesetzen von Angebot und Nachfrage funktioniert, stellt sich die Frage, wieso gerade Manager die Dienstleistungen von Sinnverkäufern verstärkt nachfragen? Die Gründe liegen:

- in der Arbeitssituation,
- in der spezifischen narzistischen Verführbarkeit,
- in der Kompatibilität von Denkstrukturen und
- den daraus folgenden kompatiblen Handlungsstrategien.

Die Faszination, die von angeblich leicht zu realisierenden Persönlichkeitsidealen ausgeht, läßt einfache und schnelle Lösungen erhoffen. Die erhofften lebenserleichternden Führungseigenschaften werden angeblich durch die Teilnahme an geheimen Praktiken oder teuren Seminaren erreicht und stellen somit eine Verlockung dar. Der Besuch dieser soll es gestatten, daß alles wie bisher weitergemacht werden kann. Nur mit weniger Anlaß zu Skrupel („Es ist der Wille Gottes / des höheren Selbstes!"), mehr Effizienz und größerer Gelassenheit. Das Veränderungspotential der Betroffenen wird nicht seriös genutzt, indem eigenverantwortlich Veränderungen angestrebt werden, sondern es besteht die Gefahr, daß im schlimmsten Fall die totalitäre Ideologie eines Psychokultes wie Scientology oder seiner Tarnorganisationen Einfluß gewinnt. Ein minder schwerer Fall wäre, wenn sich „nur" elitäres Bewußtsein im Sinne des New Age in den Köpfen der Führungskräfte etabliert und eine persönliche Neigung zur Arroganz stärkt (Capra, 1983; Ferguson, 1980). Dies hätte dann auch Einfluß auf die Führungskultur in der entsprechenden Organisation (vgl. auch Pestalozzi, 1985), wenn sie denn nicht schon ein Element der Unternehmenskultur ist.

3.1 Elitebewußtsein

Gerade in Zeiten der Rezession wird der Ruf nach „geborenen" Führern in Wirtschaft, aber auch Gesellschaft und Politik laut. In diesbezüglicher Managementliteratur (Peters & Waterman, 1983) werden erfolgreichen Spitzenmanagern Eigenschaften zugesprochen, die sie anscheinend qua Geburt mitbringen und welche sie zu der Einnahme von Spitzenpositionen berechtigen. Es schmeichelt dem Narzismus von Führungskräften durchaus, so etwas wie angeborenen Adel (Scheich & Scheuch, 1995), der zur Einnahme von Führungspositionen berechtigt, zugesprochen zu bekommen. In unterschiedlichem Ausprägungsgrad ist, tiefenpsychologisch betrachtet, sicherlich fast jeder dazu verführbar, solche angenehmen Zuschreibungen in sein Selbstkonzept zu übernehmen (narzistische Verführbarkeit). Damit wird nicht nur die eigene Person des Managers als Wirtschaftsführer, sondern als Mitglied einer geistigen Elite hochstilisiert (Gerken, 1988; kritisch dazu Pestalozzi, 1985).
Nach Hofstätter (1963) ist der Vorgesetzte einerseits Identifikationsobjekt und muß dafür genügend Ansatzpunkte liefern, andererseits muß der Führer Projektionsobjekt sein und die unerledigten Wünsche seiner Mitarbeiter nach Größe, Allmacht, Liebe, Aggression etc. stellvertretend erfüllen. Durch diese Verschränkung von Projekten und Identifikation wird eine Selbststilisierung des Vorgesetzten bewirkt, indem einerseits durch „Impression-Management" (einfacher ausgedrückt: „Eindruck schinden!") Fremdbilder durch den Vorgesetzten ausgelöst und beeinflußt werden (Legendenbildung) und diese von dem sozialen Umfeld reflektierten Projektionen ins eigene Selbstbild introjiziert werden. Dies geschieht in der Regel unter instrumentellen Gesichtspunkten und könnte mit dem Begriff „Projektionsmanagement zur Profit- und Machtmaximierung" belegt werden. Dessen Ergebnis stellt ein zweites Ich dar, eine berufliche Maske. Der Berufsanzug wird so von der Berufskleidung zur Berufs-„verkleidung".

3.2 Charisma und charismatische Führer

Diesem Bedürfnis nach Selbststilisierung kommt die gegenwärtige Diskussion in der Managementfachliteratur über die Bedeutung charismatischer Führung sehr entgegen (Bretz, 1990; Sistenich, 1993). Unter charismatischer Führung bzw. Führung mit charismatischem Charakter wird nach Max Weber (1972, S. 122ff) die „außeralltägliche(n) Hingabe an die Heiligkeit oder die Heldenkraft oder die Vorbildlichkeit einer Person und der durch sie offenbarten Ordnungen" bezeichnet. Charisma wird mit an sich positiv besetzten Stichworten in Verbindung gebracht wie:

- revolutionäre Bewegung
- Traditionsveränderung
- Wertewandel
- Transformation
- Krisenbewältigung
- unorthodoxe Verhaltensweisen

In Politik, Wirtschaft und Gesellschaft wird lautstark nach Persönlichkeiten gerufen, die traditionelle Lösungswege überwinden und, Zauberern gleich, die Lösungsformel für alle Probleme verkörpern. Dem Vorgesetzten wird durch den „göttlichen" Auftrag der Job zur inneren Aufgabe und Mission, Charisma und sein populäres Verständnis als mitreißende persönliche Ausstrahlung erscheint als die Lösung aller Motivations- und Kreativitätsprobleme.
Bretz (1990, S. 12) charakterisiert die charismatische Person als Mitglied einer internationalen Avantgarde, die ein heroisches Persönlichkeitsprofil besitze, welches paradoxe Züge aufweist. Diese Person sei einerseits innovativ und reagiere feinfühlig auf Bedürfnisse und Gelegenheiten und sei andererseits mit Ausdauer und Durchhaltevermögen „gesegnet"(!). Sie verkörpere einen Helden des wirtschaftlichen Lebens mit Kreativität, Sensibilität und Durchsetzungsvermögen. Sie sei hart und weich in einem und bediene sich strategischer „Besessenheit"(!), könne aber auch Situationen feinfühlig erfassen und intuitiv auf Emotionen und „Energien" im Unternehmen reagieren. Die Paradoxien einer komplexen Welt werden von ihr innovativ genutzt. Dazu kultiviere der Manager seine intuitiven Potentiale.
Das Zauberwort in diesem Zusammenhang ist „Intuition". Eine nähere Definition, die womöglich noch operationalisierbar ist, wird in diesem Zusammenhang nicht gegeben. Allgemein wird erklärt, Intuition sei „das

einheitsstiftende Element in aller Verschiedenheit und verwirrender Komplexität" (Bretz, 1990, S. 115). Das Praktizieren dieses auf intuitiven Einsichten beruhenden Führungsverhaltens soll angeblich dazu führen, daß der gewünschte ideale Manager geradezu in den oben erwähnten Problembereichen und Dilemmata schwelgt und Systeme mit hohem Konfliktpotential aufsucht, wie eine Katze, die sich gerne durch die Hochspannung einer Fernsehröhre stimulieren läßt. Die Ambiguitätstoleranz soll angeblich so stark ausgeprägt sein, daß die Undurchsichtigkeit einer beruflichen Situation positiv mit ihrem Wohlbefinden korreliere (Sprüngli, 1981).

Die Forderung nach charismatischem Führungsstil beinhaltet die Erwartung, daß Vorgesetzte für die Untergebenen sinnstiftend sind. „Wer Leistung fordert, muß Sinn bieten!" (Böckmann, 1990). Sie sollen einen Orientierungsrahmen und somit verbindlich anerkannte Grundsätze für die „Deutungsgemeinschaft" der Anhänger bzw. der Mitarbeiter bieten und symbolisieren. Dadurch soll die Motivation zu unternehmens-orientierter Arbeit der Mitarbeiter gesichert und gefördert werden. Durch die Verinnerlichung der charismatisch transportierten Werte soll ein in allen Organisationsmitgliedern gleiches System von Basisprämissen entstehen.

Dieser gemeinsame Fundus an Basisprämissen hat für (Unternehmens-) Kultgestalter einen entscheidenden Vorteil: durch den geschickten Einsatz von Symbolen und Ritualen kann auf ökonomische und auf psychologische „Tiefen"-wirkung gerichtete Lenkung und Beeinflussung ausgeübt werden (vgl. zur Symbolisierenden Führung auch Neuberger, 1990, S. 255ff). Die Konditionierung der Mitarbeiter auf solche Symbole führt zu einer kultisch organisierten Struktur, der Unternehmenskult(ur) (Neuberger & Kompa, 1987). Das Bedürfnis, durch Manipulation und Ideologisierung das Denken und Fühlen der Mitarbeiter zu beeinflussen, ist eine Erklärungsmöglichkeit dafür, daß sich die psychologischen Mechanismen und daraus folgenden Organisations- und Führungsstrukturen von Wirtschaft und Kulten/Sekten so sehr ähneln. Personalentwicklungsmaßnahmen einzelner Unternehmen spiegeln das Liebäugeln der Verantwortlichen mit der Beeinflussung von Denken und Fühlen - als Persönlichkeitsentwicklung etikettiert - wider und sind dementsprechend vorsichtig zu bewerten. Anamnese, Diagnose und Problemstellung in der Personalführung und Organisationsberatung werden unter Umständen schnell zugunsten esoterischer Allgemeinplätze und Ratschläge aufgegeben. Als Beispiele für diese Entwicklung seien Ziele wie die Freisetzung höchster geistiger Führungsenergie (Fittkau-Garthe, 1992) genannt.

Das Paulinische Prinzip des Charisma, welches sich durch die drei Qualitäten Demut, Dienst und Liebe auszeichnet, erfährt gerade durch die materiell ausgerichtete Zweckbindung eine Perversion, die für den Einsatz spirituellen Gedankengutes in wirtschaftlichen Zusammenhängen geradezu typisch ist:

- aus Demut als humanorientierte Grundhaltung wird Unterwerfung im Arbeitsalltag,
- aus Dienst an der Menschheit wird Dienst im Unternehmen zur Profitmaximierung,
- aus selbstloser Liebe zu den Menschen wird Liebe zum Erfolg und zum Geld.

Unternehmen sind primär nicht human- sondern profitorientiert. Veränderungen der Arbeitsbedingungen sind bisher nur unter dem Druck der Rationalisierung und der Forderung nach Nutzung der sogenannten Humanressourcen erfolgt. Dieser Hintergrund läßt Forderungen wie die folgende von Friebe kritischer sehen (aus Pestalozzi, 1985, S. 29):
„Es ist auf der ganzen Linie lohnend, eine Unternehmensphilosophie zu entwickeln und zu praktizieren, durch die sich jeder Mitarbeiter als Mensch geachtet fühlt."
Der dahinter stehende Zynismus läßt sich durch eine einfache logische Umdrehung verdeutlichen: „Sobald es sich nicht rentiert, habe ich keinen Grund, den Mitarbeiter als Menschen zu achten".

3.3 Handlungskompatibilitäten

Die sogenannte „Schwarze Propaganda" von Scientology, eine Methode, Gegner mittels Verleumdung, Terror und Bedrohung durch Gerichtsklagen aus dem Feld zu räumen, hat durchaus Entsprechungen im täglichen mikropolitischen Managementhandeln. Leider läßt sich empirisch belegen (vgl. Neuberger, 1990), daß moralische Verantwortung und ethisch orientierte Wirtschaft, insbesondere fairer Umgang mit Kollegen und Konkurrenten keine übermäßig weit verbreitete Einstellung in der Wirtschaft sind.
Neuberger (1990, S. 261) definiert „Mikropolitik in Unternehmen" folgendermaßen: „Mikropolitik nenne ich das Arsenal jener alltäglichen 'kleinen' (Mikro-!)Techniken, mit denen Macht aufgebaut und eingesetzt wird, um den eigenen Handlungsspielraum zu erweitern und sich fremder Kontrolle zu

entziehen.“ (weiter S. 264) „Ein wichtiges Charakteristikum der Mikropolitik ist, daß sie in ihren Aktionen zugleich ihre eigene Existenz verbirgt oder leugnet; sie wirkt unerkannt am besten, so daß von den Akteuren prinzipiell der Anschein der Legitimität gewahrt werden muß.“
Dieser von Neuberger (1990) so genannte „Rumpelstilzchen-Effekt“ beschreibt die Techniken und Methoden, wie unliebsame Konkurrenten aus dem Weg geräumt werden können. Diese „Managementfolklore“ (d.h. informelle Ratschläge und Berichte unter Managerkollegen) läßt sich in folgende Kategorien einteilen:

- **Informationskontrolle**
  Lügen, Falschmeldungen verbreiten, Verwirrung stiften, personenbezogenes Wissen ausnutzen („Leichen im Keller“).
- **Kontrolle von Verfahren, Regeln und Normen**
  Regeln im eigenen Sinn dehnen und ausnützen, Gewohnheitsrechte geltend machen („wenn zwei das gleiche tun, ist es noch längst nicht das Gleiche“), mit Geschäftsordnungstricks ablenken, ermüden, blockieren.
- **Beziehungspflege**
  Verdeckte Koalitionsbildung, Seilschaften bilden, Zwietracht säen, Leute des eigenen Vertrauens in entsprechende Positionen bringen, hinter dem Rücken handeln, bestechen, korrumpieren.
- **Selbstdarstellung**
  Imponiergehabe, Selbstinszenierung, tyrannisieren, durch Pseudofreundlichkeit einwickeln, Forderungen unbeirrt ständig wiederholen.
- **Situationskontrolle**
  Etwas Fragliches als Faktum hinstellen, scheinbar unbeabsichtigt Fehler machen, blockieren, vollendete Tatsachen schaffen, verschleiern, verharmlosen.
- **Handlungsdruck erzeugen**
  Verleumden („etwas bleibt immer hängen“), einschüchtern, drohen, erpressen, Leistung gegen Gegenleistung bieten, schikanieren, jemanden über- aber auch unterfordern.

(Weitere Beispiele mikropolitischer Techniken in Unternehmen siehe Neuberger, 1990, S. 296fff).
Im Vergleich hierzu die Strategien der Bewußtseinskontrolle, wie sie in totalitären Sekten stattfinden (Hassan, 1993):

- **Informationskontrolle**
  Ausschaltung der Außeninformation, Propagieren von „Reinheitsgedanken", Feindbilder, Ächten kritischer Informationen.
- **Bedeutungsveränderung**
  Umdefinieren von Begriffen, Uminterpretieren von Tatsachen, fremdkulturelle Erklärungsmuster herbeiziehen und verabsolutieren.
- **Gedankenkontrolle**
  Verbotene Gedanken, schädliche Gedanken, teuflische Gedanken propagieren.
- **Verhaltenskontrolle**
  Verhaltensrichtlinien festlegen, Unterweisung in der Gruppenideologie, ständiges Üben der Rituale, Elitegedanken etablieren.
- **Gefühlskontrolle**
  Besetzen von Idealen und persönlichen Zielen, aber auch Ängste und Schuldgefühle wecken, verstärken und ausnutzen.

Vogel (1989, aus Neuberger, 1990, S. 276) schreibt dazu: „Brenner & Morland (1977) stellen in einem Überblicksartikel fest, daß sich die Einstellung von Managern gegenüber der moralischen Integrität des Verhaltens ihrer Kollegen zwischen 1960 und 1976 deutlich geändert hat. Obwohl vier Fünftel der Befragten angaben, daß sich organisatorische Entscheidungen nach moralischen Kriterien zu richten hätten, gab nahezu die Hälfte aller Manager zu, sich in der Praxis nicht an moralischen Standards zu orientieren. Als Gründe werden Erfolgsorientierung, fehlende organisatorische Verstärkung bzw. Belohnung moralischen Verhaltens, Wettbewerb und Konkurrenzdruck etc. angegeben. Zwei Drittel der Befragten berichteten außerdem von weithin akzeptierten, wenig moralischen Praktiken innerhalb ihrer Organisation. In Ricklees (1983) Untersuchung gaben vier von zehn befragten Führungskräften sogar an, zu unmoralischem Verhalten aufgefordert worden zu sein."
Die Orientierung an Erfolg, Status- und Machtsymbolen und die Erfordernisse in einem solchen moralischen Klima bedingen, daß persönliche Schwächen und Krisenzeiten zu einer verstärkten Suche nach Kompensationsmöglichkeiten führen. Managementpositionen sind durch Unsicherheit bezüglich der Zielerreichung und des geforderten Erfolgs gekennzeichnet und deshalb anfällig für Heilsversprechungen, elitäres Bewußtsein und eine Grauzonen-Moral.

4 Zugänge der Suchenden

Bevor eine beurteilende oder beratende Arbeit mit Organisationen und/oder Klienten stattfinden kann, ist es erforderlich, sich nach den Gründen für den Erfolg solcher beschriebenen Bewegungen zu fragen. Wie sind ihre Funktions- und Wirkmechanismen und wie ist die Anziehungskraft für den einzelnen zu erklären?
Es lassen sich aus unserer Arbeit (Busch, o.J.; Busch & Poweleit in Vorbereitung) folgende Zugänge erschließen:

- Es findet immer eine Deutung der Welt aber auch der Lebensgeschichte des einzelnen statt, die in sich durchaus schlüssig erlaubt, neue Lebensziele zu finden, beziehungsweise sich einer als Bedrohung oder Belastung erlebten Situation zu entziehen oder zu deuten.
- Gleichzeitig wird über die Lehre der Gruppe und ihrer Gemeinschaft ein Weg angeboten, sich Lebenskonflikten bzw. Lebensaufgaben zu entziehen bzw. zu kompensieren. Angestrebt wird dann Rettung, wahres Leben, Gesundheit, wirkliche Bestimmung, geistige und materielle Weiterentwicklung, ewiges Leben, Bewußtseinserweiterung, innerer Frieden.
- Versucht wird dies unter Berufung auf höhere Mächte unter dem Anspruch des einzigen richtigen Weges oder auf okkulte bzw. magische Weise. Diese Angebote sieht der Suchende als Möglichkeit zur Hilfe und Orientierung, zumal es ihm durch die oft radikalen Aussagen und Forderungen der Gruppen und durch den Schutz der Gemeinschaft leichter wird, sich einem konkreten Konflikt zu entziehen. Gerade diese Bedingungen machen solche Gruppen und ihre Angebote für Menschen in Krisen- und Konfliktsituationen interessant. Ebenso verlockend kann solche Einladung auf isolierte und entwurzelte Menschen wirken, denen Kontakt und Verankerung in ihrem Herkunfts- und Bezugsmilieu aus verschiedenen Gründen nicht mehr möglich ist und die deshalb neue Anfänge und soziale Bezüge brauchen.
- Das Heil, die Heilung die versprochen wird, richtet sich überwiegend auf die Bewältigung globaler, gesellschaftlicher, politischer, religiöser, sozialer, gesundheitlicher oder persönlicher Krisen, deren reale Existenz niemand bestreiten kann. Für deren Überwindung bietet eine solche Gruppe eine Patentlösung an, die „nur verlangt", sich der Gemeinschaft und ihrer Ideologie anzuschließen (gemeint ist eher oftmals auszuliefern!) um wirksam zu werden. Kommt es nun zu intensiverem Kontakt, schützt

die neue Gemeinschaft tatsächlich vor so mancher leidvollen Erfahrung. Bestärkt durch die große Zuwendung (love-bombing) und den Einsatz älterer Gruppenmitglieder wird es dem Neuling leichter, sich ganz auf die „wichtigsten Aufgaben" zu konzentrieren (vgl. auch Busch, 1990).

- Die „neuen" Lebensaufgaben sind eingebettet in ein System von Forderungen, Prinzipien und Geboten. Nach Aussagen der neuen Freunde sollte dies nicht stören, da doch jede Anstrengung der wohl durchdachten und begründeten Erreichung von Zielen dient, für die sich jeder Einsatz lohne.
- Eine besondere Bedeutung kommt dabei den Begründern bzw. den momentanen Leitern der Gruppen zu. Ihre charismatischen Fähigkeiten machen sie zu gesuchten und angestrebten Identifikationsfiguren, deren Leben, Persönlichkeit und Wirken für die Gruppenmitglieder zum Vorbild wird (vgl. Busch, 1990). Durch ihre Leiter bekommen die Gemeinschaften den Schein des Auserwähltseins, die Bestätigung, als erste an einer wirklich großen Sache zu arbeiten (Sinnfindung). Die Begründung dieses Anspruches erfolgt ohne klärende Diskussion durch die Leiter. Sie geschieht ohne störendes Hinterfragen durch einfaches Mitmachen. Die Verantwortung wird dabei an die Leiter der Gruppen abgegeben. Dies erleichtert das Leben in bezug auf Entscheidungsfindung und Wertorientierung, da beide Prozesse kollektiv und mit vorhersagbarem Ausgang ablaufen. Das mindert den Leidensdruck des Betroffenen, konstituiert aber gleichzeitig die neue Gruppenabhängigkeit und mögliche Folgeschäden.
- Die Unhinterfragbarkeit der Lehre, ihrer Repräsentanten und die praktischen Auswirkungen auf das Leben der Mitglieder werden zur Lebensbewältigungsstrategie, die die persönlichen Hoffnungen und Ziele auf die Innenwelt der Gruppe reduziert. Dieser Prozeß wird dadurch unterstützt, daß die meisten Gruppen die Außenwelt als feindlich und irregeleitet interpretieren und den Kontakt zu ihr nur „gefestigten Mitgliedern" zu Missionszwecken erlauben.

5 Ansätze der individuellen und organisationspsychologischen Prävention und Intervention

Der Grund für die Forderung nach einem professionellen beraterischen / therapeutischen Angebot im gesellschaftlichen Ereignisfeld der Sekten- und Weltanschauungsfragen ist die Erfahrung, daß außer Beschreibung (Haack,

1988, 1991, 1994), inhaltlicher Auseinandersetzung und Erarbeitung bewertender Kriterien (Busch, o.J.) gegenüber weltanschaulichen Gruppen und sogenannter Psychokulte mit hohem Konfliktpotential die Notwendigkeit besteht, Menschen und Gruppen bzw. Organisationen, die auf Grund direkten oder indirekten Kontaktes mit diesen Gruppen in persönliche Not geraten sind beizustehen und die konkreten psychischen und gruppendynamischen Probleme (vgl. z.B. Roth, 1992) fachlich zu bearbeiten. Unterschieden werden müssen die

- Ausstiegsberatung, in der mit verschiedenen Interventionsmethoden versucht wird, ein Sektenmitglied zum Austritt zu bewegen (Hassan, 1993; Stamm, 1995), die
- psychologische Betreuung des Resozialisierungsprozesses (Roderigo, 1994, S. 109-110), nachdem die Trennung erfolgt ist oder kurz bevorsteht und die
- Prophylaxe besonders in der Phase der ersten Kontaktaufnahme.

Die Sektenexperten der großen Kirchen beschäftigen sich im wesentlichen mit Informationen sammeln und verbreiten. Es sind uns nur wenige professionelle beraterische und therapeutische Angebote in diesem Arbeitsgebiet in der Bundesrepublik bekannt. Interventionen in freien organisationspsychologischen oder psychotherapeutischen Praxen oder psychiatrischen Kliniken haben oftmals nicht die Effizienz, die sie haben könnten, weil den beratenden Kollegen oftmals das Wissen fehlt über

- die ideologischen Hintergründe der weltanschaulichen Gruppen,
- die spezifischen individuellen Motive zum Beitritt,
- die personenbezogenen Verarbeitungsmechanismen der Ideologien,
- die spezifischen gruppendynamischen Prozesse und
- die entsprechenden Interaktionsdynamiken.

Auf der Ebene Politik und Wirtschaft ist es gesellschaftspolitisch wichtig, illegale Aktivitäten durch das Rechtssystem zu ahnden, Aufklärungsarbeit über die wahren Beweggründe von Gruppen mit tendenzieller oder deutlicher Neigung zu totalitären Ideologien zu finanzieren und auch sonst aktiv zu unterstützen. Bisher haben sich nur einzelne Politiker zu diesem Thema zu Wort gemeldet. Aufklärungsaktivitäten auf allen gesellschaftlichen Ebenen sind zur Immunisierung des einzelnen Bürgers gegenüber Heilsver-

sprechungen, die in psychische und materielle Abhängigkeit führen, absolut notwendig.
Um gerade die besonders gefährdeten kleinen und mittleren Unternehmen (KMU) effektiv vor einer Unterwanderung, Übernahme oder Verdrängung von Topleuten zu schützen, sind organisationsspezifische Maßnahmen zur Prävention und Intervention wichtig. Diese könnten u.a. sein:

- Aufklärung der Personalfachleute und Organisationsentwickler durch fachliche Beratung. Die Berater sollten sowohl mit personalwirtschaftlichen Denkweisen als auch mit den gedanklichen Sphären der Sekten vertraut sein. Organisationspsychologen haben hier sicherlich ein Arbeitsfeld.
- Juristische Beratung bei festgestellter Manipulation durch Vorgesetzte oder externe Berater. Fachjuristen sowie Aussteiger sind hier besonders effektiv einsetzbar.
- Kritische Betrachtung von Seminaranbietern und deren Angeboten, z.B. durch Suche nach sektenspezifischen Reizworten. Es gibt etliche Beispiele, wo alleine der Hinweis auf die Verbindung eines Personalberaters oder Kommunikationsseminaranbieters zur Scientology-Church das Schlimmste verhindern konnte.
- Personalentwicklungsmaßnahmen zur Stabilisierung der Mitarbeiter, um Zivilcourage und persönliche Selbstsicherheit institutionell zu unterstützen.
- Offenheit und Transparenz im Unternehmen als Organisationsziel etablieren.

Kritische Hinterfragung betrieblicher Werte und Menschenbilder in der Mitarbeiterführung und in der Festlegung der Organisationsziele. Es ist kein Wunder, daß bei einer streng patriarchalischen Betriebsführung eingeschüchterte Mitarbeiter mit ihrer Angst um den Arbeitsplatz schnell Opfer von Bewußtseinsmanipulationen durch manipulativ auftretende Sektenmanager werden.

Fazit

Gruppen wie Scientology wollen eindeutig Macht und Einflußnahme auf gesellschaftliche Prozesse haben und deren Hauptmotivation ist die Erschließung von finanziellen Ressourcen. Anamnese, Diagnose und Problemstellung in Beratung von Einzelpersonen oder Unternehmen werden zugunsten esoterischer Allgemeinplätze aufgegeben. Beispiele für diese Entwicklung seien genannte Ziele wie die Entwicklung der z.B. \`Unsichtbaren Kraft des Managers´ (Gerken & Luedecke, 1988) durch \`volles Menschsein´ oder die Erkenntnis des \`höheren Selbst´. Vieles von dem, was Manager angeblich tun, habe etwas von Magie (Gerken & Luedecke, 1988, S.22).

Abgesehen davon, daß in Zweifel gezogen werden muß, daß Manager die besseren Menschen sind (vgl. Pestalozzi, 1985; Neuberger, 1990), wird hierbei die Bindungsbereitschaft und die Offenheit für Erklärungen seitens ratsuchender Gruppen oder Einzelpersonen genutzt, um anhand tatsächlicher oder behaupteter Defizite eine Krisensituation zu erzeugen. Das Veränderungspotential dieses \`Tiefpunktes´ wird dann nicht, wie bei seriösen Angeboten, zusammen mit dem Klienten genutzt, um eigenverantwortlich Veränderungen zu bewirken oder andere Reaktionen, Verarbeitungsmuster oder Organisationsstrukturen zu erarbeiten, sondern es dient dazu, Ideologien und Gruppeninteressen als Deutungs- und Reaktionsmuster zu etablieren und diese mit Absolutheitsanspruch zu versehen. Als nächster Schritt wird das rettende Konzept, die alles erklärende Deutung und die Macht gruppendynamischer Prozesse dazu mißbraucht, Indoktrination und Abhängigkeit zu etablieren.

Persönliche Verunsicherungen werden von den Betroffenen in der Regel nicht aufgearbeitet, sondern verdrängt oder kompensiert (vgl. auch Cooper, 1981), weil sie die kurz- und mittelfristige Leistungsfähigkeit negativ beeinflussen und damit der Karriere schaden.

Die Probleme und Unwägbarkeiten des Lebens verführen gerade Menschen wie Führungskräfte und Manager dazu, sich Heilslehren zu verschreiben (vgl. Pestalozzi, 1985), da sie wenig Zeit zur Muße und gedanklicher Durchdringung ihres Lebens haben. Dies führt zur Orientierung an Status- und Machtsymbolen und verstärkt die Neigung, persönliche Schwächen und Krisenzeiten zu verdecken.

Die Tricks zur Bewältigung von Alltagsproblemen werden verfeinert und der Zugang zur eigenen Persönlichkeit wird immer mehr verbaut (Poweleit, 1993a). Es wird verlernt, auf innere Regungen, Intuitionen zu hören (vgl. Hassan, 1993) und unangenehmes Verhalten mit Anstrengung und Konsequenz zu verändern wird nicht mehr geübt, da dies sowohl von den Sektenanbietern als auch von den Betroffenen nicht wirklich gewollt ist.

Seriöse Unternehmensberatung oder Therapie zeichnet sich dadurch aus, daß durch die Fachlichkeit und Ausbildung des Beraters die Entwicklung andauernder persönlicher Abhängigkeit oder die Ideologisierung einer betrieblichen Handlungsstrategie verhindert wird.

Literatur

Arbeitshilfe für die Gemeinden im Bistum Aachen. (1987). Neue Kultbewegungen und Weltanschauungsszene. Bischöfliches Generalvikariat Aachen, Referat Sekten- und Weltanschauungsfragen (Hrsg.), Mönchengladbach: Kühlen.

Aus christlicher Verantwortung (1993). 1. Jahrgang, Nr.1. Tübingen: Christliche Dienste e.V.

BILLERBECK, L. v. & NORDHAUSEN, F. (1993). Der Sekten-Konzern: Scientology auf dem Vormarsch. Berlin: Links.

BÖCKMANN, W. (1990). Wer Leistung fordert, muß Sinn bieten. In: Management Zeitschrift 59, 4, S. 88-90.

BRETZ, H. (1990). Warum Unternehmer charismatische Manager brauchen. In: Havard Manager, 1, S. 110-118.

BUSCH, H. (1990). Beeinflussung des Lebenslaufes durch okkulte, esoterische und sektenartige Angebote. Aus: Arbeitshilfe I des Bistums Aachen (Hrsg.), Neue Kult- und Weltanschauungsszene. Mönchengladbach, S. 12.

BUSCH, H. (o.J.). „Von allen guten Geistern verlassen". Beratung im Bereich der Sekten- und Weltanschauungsszene. Bistum Aachen, Abtl. kirchliche Erwachsenenarbeit, Referat für Sekten- und Weltanschauungsfragen (Hrsg.). Interner Text für den Arbeitskreis „Sekten- und Weltanschauungsfragen" im Bistum Aachen. Aachen: Selbstverlag.

BUSCH, H. & POWELEIT, D. (In Vorbereitung). Therapie und Beratung im weltanschaulichen Kontext - Rahmenkonzept eines spezifischen Arbeitsfeldes und Bewertungskriterien des Therapieerfolges.

CAPRA, F. (1983). Wendezeit - Bausteine für ein neues Weltbild. Bern - München - Wien: Scherz.

COOPER, C. L. (1981). Streß auf verschiedenen Stufen der Managementhierarchie. In M. Frese (Hrsg.), *Streß im Büro* (S.282-304). Bern Stuttgart Wien: Huber.

EBERWEIN, W. & THOLEN, J. (1990). Managermentalität: industrielle Unternehmensleitung als Beruf und Politik. Frankfurt/Main: Blick durch die Wirtschaft, Frankfurter Allgemeine Zeitung.

FELDMANN, K. (1992). Der Traum vom schnellen Geld: Wie `Strukturvertriebe' wirklich arbeiten - Ein Erfahrungsbericht. Frankfurt/Main; Berlin: Ullstein.

FITTKAU-GARTHE, H. (1992). Das Modell der Zukunft: Führung durch Freisetzung höchster geistiger Führungsenergie. In A. Gebert & U. Winterfeld (Hrsg.), *Arbeits-, Betriebs- und Organisationspsychologie vor Ort. Bericht über die 34. Fachtagung der Sektion Arbeits-, Betriebs- und Organisationspsychologie im Berufsverband Deutscher Psychologen e.V.* (S.611-621). Bonn: Deutscher Psychologen Verlag GmbH.

FRANKEN, M. & SCHERER, H.-P. (1993). Hochkantig raus. *WirtschaftsWoche Nr. 31*/30.07., S. 36-40.

GERKEN, G. & LUEDECKE, G. A. (1988). Die unsichtbare Kraft des Managers: die Bedeutung des Inner-Managements für den äußeren Erfolg. Düsseldorf: Econ.

HASSAN, S. (1993). Ausbruch aus dem Bann der Sekten. Reinbek: Rowohlt.

HEIBUTZKI, H.J. & SCHÄFFEL, M. (1993). Von Scientologen aufgemischt. *Management & Seminar Nr. 10*, S. 46-48.

HERRMANN, J. (1992). Mission mit allen Mitteln - Der Scientology-Konzern auf Seelenfang. Reinbek: Rowohlt.

HOFSTÄTTER, P.R. (1963). Einführung in die Sozialpsychologie. Stuttgart: Kröner.

KAUß, U. & WANKE, O. (1993). „Total befreite Kunden": Scientology-Anhänger in der Computerbranche. *CHIP Nr. 3* - März 1993, S. 62-72.

KIENBAUM, J. & LANDSBERG, G. v. (1987). Erfolgsmerkmale von Führungskräften. *Beiträge 125, 3*/1987. Köln: Deutscher Instituts-Verlag.

KNACKSTEDT, W. (ohne Jahr). Destruktive Kulte: Bausteine für die Auseinandersetzung mit Scientology - Arbeitsmaterialien für Gemeinde und Schule von AGWA PÄD.

LEMMER, R., STIMPEL, R. & VOIGTLÄNDER, J. (1991). Aufs Pflaster knallen. *WirtschaftsWoche Nr. 13*/22.03., S.42-53.

MARTEN, D. (1993). Das Wirtschaftsunternehmen Wachtturm-, Bibel- und Traktatgesellschaft. *Aus christlicher Verantwortung Nr.1*, S.13-18. Tübingen: Christliche Dienste e.V.

MILDENBERGER, M. (1979). Die religiöse Revolte: Jugend zwischen Flucht und Aufbruch. Frankfurt/Main: Fischer.

NEUBERGER, O. & KOMPA, A. (1987). Wir, die Firma. Der Kult um die Unternehmenskultur, München: Heyne.

NEUBERGER, O. (1990). Führen und geführt werden. 3., völlig überarbeitete Auflage von „Führung". Stuttgart: Enke.

PESTALOZZI, H. A. (1985). Die sanfte Verblödung: Gegen falsche New-Age Heilslehren und ihre Überbringer - Ein Pamphlet. Düsseldorf: Hermes.

PETERS, T.J. & WATERMAN, R.H. (1983). Auf der Suche nach Spitzenleistungen. Landsberg: Moderne Industrie.

POTT, G. (1993). Scientology: Die Macht des Kraken. *Stern Nr. 9*, S. 111-123.

POTTHOFF, N. J. (1993). Scientology Analyse (3. Aufl.). Krefeld: Verlag Norbert Potthoff.

POWELEIT, D. (1993a). Ein Hang zum Selbstbetrug. *W&V, Werben und Verkaufen Nr.37* vom 17.09., S.122-125, München.

POWELEIT, D. (1993b). Manager und Esoterik: Verspannt im Hier und Jetzt. *Informationen Nr. 58*, IV. Quartal/Dez., S.14-15, Speyer/Rhein: Evangelische Kirche der Pfalz.

SCHEUCH, E.K. & SCHEUCH, U. (1995). Hochadel auf Zeit. In: Manager Magazin, 3, S. 191 - 201.

SCHNEEBERGER, R. (1992). "Mache mehr Geld". *Forum: Internationales Universitätsmagazin* vom Nov., St.Gallen/CH.: DSV Studenten Verlag GmbH.

SISTENICH, F. (1993). Charisma in Organisationen oder vom Regen in die Traufe: Darstellungen, Analyse und Kritik eines Führungskonzepts. München - Mehring: Hampp.

SPRÜNGLI, R.K. (1981). Evolution und Management. Ansätze zu einer evolutionistischen Betrachtung sozialer Systeme. Bern - Stuttgart.

Wachtturm Bibel- und Traktat-Gesellschaft (1985). Unterredungen anhand der Schriften. Selters/Taunus.

WEBER, M. (1972). Wirtschaft und Gesellschaft. Grundriß der verstehenden Soziologie. Köln - Berlin.

Der gar nicht geheime Okkultismus

Einblicke und Überblicke zu angeblich „paranormalen" Phänomenen

Bernd Heller

Okkultismus: Bedeutung im wissenschaftlichen Sinn okkult = verborgen, geheim. Dinge, die sich einer wissenschaftlichen Beurteilung entziehen, die für wissenschaftliche Methodik verborgen (=okkult) sind (Otto Prokop)

I. Verbreitung

Nach Untersuchungen verschiedener Institute (Emnid, Forsa, Allensbach, Wickert), halten $^{4}/_{5}$ der BRD-Bevölkerung okkulte Erscheinungen für möglich, 44 % glauben an Gedankenübertragung, jeder dritte hält Hellsehen und Präkognition (Vorhersehen) für denkbar, acht von zehn Bundesbürgern glauben an die Wiedergeburt, und 17 % meinen, früher schon einmal auf der Erde gelebt zu haben. Die Landesärztekammern gehen davon aus, daß 10 bis 20.000 Gesundbeter, Geistheiler, Kosmostherapeuten und andere „Okkulttäter" (Kripo-Bezeichnung) bekannt sind, wobei es noch eine hohe Dunkelziffer geben dürfte.

Bei einer Untersuchung an 2.211 Berliner Oberschülern stellte Prof. Zinser (FU-Berlin) 1991 fest, daß der subjektive Kenntnisstand über okkulte Praktiken bei 76 bis 92 % liegt (Pendeln, Kartenlegen, Gläserrücken). Die Psychosozialen Beratungsstellen registrieren bundesweit teilweise schon bis zu 50 % Beratungen in Sachen angeblicher Übersinnlichkeit. Okkultismus kann zu einem Suchtphänomen werden, und ist damit ein Problem für die Psychotherapie.

Nach wie vor ist eine ansteigende Tendenz bei Psychosekten, esoterischen Zirkeln und okkulten Weltanschauungsgemeinschaften zu erkennen, Vertreter und Anhänger dieser Gruppen produzieren sich in den Medien und gehen von der Existenz übersinnlicher Kräfte aus bzw. behaupten selbst „übernatürliche" Kräfte zu haben.

Fernsehsendungen wie „Phantastische Phänomene", „Ungelöste Geheimnisse", „Letzte Rätsel", „PSI" u.a. führen zusätzlich zu einer Verunsicherung der Bevölkerung. zumal in diesen Sendungen Parapsychologen mit pseudowissenschaftlichen Argumenten die Echtheit der gezeigten Phänomene bestätigen.

2. Allgemeine Situation der okkulten Szene

Die Situation der Okkult- und Paraszene ist gekennzeichnet durch sich heftig befehdende „Schulen" und Glaubensrichtungen. Sie gehen davon aus, daß „übersinnliche Kräfte" durch den Menschen angeborene Fähigkeiten verursacht (Animismus) oder aus dem Kosmos und durch Geister bewirkt werden (Spiritismus). Alle Okkultisten verweisen auf angeblich durch Parapsychologen wissenschaftlich abgesicherte Erkenntnisse. Parapsychologen halten einen Faktor PSI, der angeblich außersinnliche Wahrnehmung (ASW) und Psychokinese (PK) bewirkt, für bewiesen. Ich bin der Meinung, daß die behaupteten Phänomene mit den Erkenntnissen der Natur- und Sozialwissenschaften erklärbar sind, es sei denn, es handelt sich um vorsätzlichen Betrug oder um Täuschungskunst (artistische Zauberei). Zudem gilt die Regel: Wer eine Behauptung aufstellt, die den reproduzierbaren Gesetzen der Naturwissenschaft widerspricht, hat die volle Beweislast zu tragen.

Ein solcher Fall ist m.E. in der dokumentierten Wissenschaft und Forschung bis jetzt nicht aufgetreten.

Als Anreiz stehen in Deutschland ca. 100 000 DM, in den USA 1 Millionen Dollar bereit.

3. „Modetrends der Übersinnlichkeit“

Wollte man einen Prioritätenkatalog der okkulten Beschäftigungen des Psycho- und Sektenmarktes der Gegenwart aufstellen, würde die „Hitliste“ etwa so aussehen:

1. Radiästhesie (Pendeln, Gläserrücken, Rutengehen u.a.)
2. Karten (Tarot u.a.)
3. Reinkarnation (Rebirthing)
4. Naturreligionen (keltisch-germanische Kultstätten, Runen, magische Steine)
5. Astrologie
6. Ufologie (Kornkreise), Channeling
7. Totenrundfunk (Tonbandstimmen)
8. Fakirismus (Paramedizin)
9. Schwarze Messen

Zu einigen der aufgeführten Begriffe möchte ich eine kurze Erläuterung geben (außer Astrologie, ein „abendfüllendes“ Programm). Eine ausführliche Untersuchung müßte in einem größeren Rahmen geschehen.

Radiästhesie (= Strahlenfühligkeitslehre)
(Pendeln, Glasrücken, Planchette, Rutengehen u.a.)

Die Radiästhesieanhänger gehen davon aus, daß es Strahlen gibt, die mit herkömmlichen Messungen nicht erfaßbar sind (Erdstrahlen, kosmische Strahlen, Kraftfelder u.a.). Diese Strahlungen sind angeblich für die Bewegung des Pendels und der Wünschelrute verantwortlich. In etlichen Volkshochschulen der BRD werden „Wünschelrutenkurse“ abgehalten. Dubiose Ausbildungseinrichtungen lehren das Auspendeln von Krankheiten, Medikamenten und schädlichen Nahrungsmitteln. Die unter Jugendlichen weit verbreitete Zeitschrift BRAVO schreibt 1986 *„Was sagt die Wissenschaft“: „Zufall, Aberglaube, Selbstbetrug?“ Nichts von alledem.*
Die „Radiästhesie“, die Wissenschaft vom Pendeln, geht von der menschlichen „Aura“, einem Feld unsichtbarer Energiestrahlen aus. „In Wirklichkeit sind die Pendel-, Glas- und Rutenbewegungen auf einen ideomotorischen Prozeß zurückzuführen, der durch Auto- oder Fremdsuggestion bewirkt wird.

Bei Bewegungsvorstellungen kommt es in der Hirnrinde zu einer Irradiation, wobei besonders motorische Rindenzentren betroffen sind. Es treten Aktionsströme in der Muskulatur auf, und die Kapillarpulswellen wirken als kleinste rhythmische Bewegungsimpulse. Dieses unter dem Begriff CARPENTER-Effekt bekannte „Ideomotorische Bewegungsgesetz“ besagt: Jede Bewegungsvorstellung schließt einen Antrieb zum Vollzug dieser Bewegung ein. Das Pendel in der Hand bewegt sich also z.B. im Kreis, wenn Sie intensiv an einen Kreis gedacht haben. Ebenso entstehen die Bewegungen bei Glas und Rute.

Die Physik kennt den Begriff „Erdstrahlen“ oder „Kosmische Strahlen“ nicht. Zwischen 1935 und 1987 haben ca. 40 Gutachten im Regierungsauftrag ergeben, daß nicht der geringste Beweis für das Vorhandensein von „Erdstrahlen“ existiert. Prof. Löb (Physikalisches Institut der Uni Gießen) schrieb in einem Bericht für das „Deutsche Ärzteblatt“ (14.9.84): „Ziehen wir das Fazit: Die Erdstrahlen entbehren jeglicher physikalischer Grundlage. Ihre „Wirkungen“ mögen psychisch oder psychosomatisch zu erklären sein bzw. auf Auto- oder Fremdsuggestion zurückgehen.“

Karten (Tarot)

Beim Wahrsagen durch Kartenlegen werden heute meistens Tarotkarten benutzt, die in Form eines keltischen Kreuzes ausgelegt werden. Okkultisten behaupten, daß unbewußte paranormale Informationen psychokinetisch die Reihenfolge der Karten beeinflussen und „Außersinnliche-Wahrnehmungs-Informationen“ (ASW) beim Betrachten der Karten bewußt werden. Professionelle Wahrsager arbeiten nach dem BARNUM-Prinzip (benannt nach dem amerik. Zirkusdirektor): „Für jeden ein bißchen“, mit einer entsprechenden Vieldeutigkeit der Aussagen. Ihre Informationen über den „Kunden“ erlangen sie u.a. durch COLD READING (kaltes Gedankenlesen), d.h., sie sind ausgezeichnete Beobachter der Person und Situation.

Reinkarnation (Wiedergeburt)

Nachdem Reinkarnation schon im Nationalsozialismus hoch angesehen war (Hitler und Himmler z.B. wähnten sich als Reinkarnation germanischer

Götter und Fürsten), steht die „Wiedergeburts-Therapie“ und die Rückführung in das vorherige Leben seit geraumer Zeit mit an der Spitze okkulter Praktiken. Durch Hypnose oder hyperventiliertes Atmen (absenken des CO_2 Gehaltes im Blut), sollen die „Versuchspersonen“ in ein angeblich früheres Leben zurückgeführt werden, das für die jetzigen psychischen und somatischen Erkrankungen verantwortlich ist, und das, zwecks Heilung, jetzt noch einmal durchlebt werden soll. Die aus allen möglichen Überlieferungen (Hinduismus, Buddhismus, Antike) zusammengewürfelte „Therapie“ kann zu schweren psychischen Störungen führen. So berichtete z.B. der Arbeitskreis Humanistische Psychologie München 1992 den Fall einer bekannten Opernsängerin, die Angstzustände hatte, weil sie glaubte plötzlich nicht mehr singen zu können. In der Reinkarnationstherapie „erinnerte“ sie sich, sie sei im 15. Jahrhundert Scharfrichter gewesen und hätte Hunderte, auch Unschuldige, aufgehängt.
Die Sängerin glaubte nun, durch ihren eigenen Tod die Schuld sühnen zu können und wollte sich auf dem Dachboden ihres Hauses aufhängen.

Die durch subjektive Erlebnisse der Klienten auftauchenden Bilder werden therapeutisch nicht bearbeitet. Die meist ohne klinisch-therapeutische Ausbildung arbeitenden „Therapeuten“ sind der Meinung, daß schon die Erinnerung an das angeblich vorherige Leben zur „Heilung“ ausreiche.

Naturreligionen

Opferstätten aus vorchristlicher Zeit, Findlinge, keltisch-germanische Kultstätten, die schon von den Nationalsozialisten - und heute von Neonazis - für Sonnenwendfeiern benutzt wurden (z.B. Externsteine), gelten bei Esoterikern und New-Age-Bewegten als „Kraftfelder der Götter“. Psychozirkel bieten Kosmische Körpertherapie und Hexenkurse für Feministinnen an, bei denen mit Pendel und Rute „bewiesen“ wird, daß an diesen Orten „Erdstrahlen“ besonders intensiv wirken.

Ufologie/Kornkreis/Channeling

Auf dem 2. Ufo-Weltkongreß 1993 in Budapest verkündete der Präsident Warghusen, daß die „Außerirdischen“ bekanntgegeben haben, daß sie bis

Februar 1994 auf der Erde landen würden. Warghusen gehört zu den „Auserwählten“, die mittels Channeling (Kanal-Sein) mit „Außerirdischen“ kommunizieren. Selbsternannte „spirituelle Psychiater“ empfangen mittels „mentaler Tele-Kommunikation“ Botschaften von „Außerirdischen“. Auf Psychoworkshops mit durchschnittlich 500 Teilnehmern und 350 DM Kursgebühr, wird die Erlösung der Menschheit durch außerirdische Kultur und Intelligenz propagiert. Nach Untersuchungen der Channeling-Zeitschrift „Magazin 2000“, weisen 44 % der Teilnehmer einen Hochschulabschluß auf, und 69 % sehen ihre Vorstellungen von keiner Partei, auch nicht von den Grünen, repräsentiert. Nach Meinung von Ufo-Anhängern hinterlassen die „Außerirdischen“ bei ihren Besuchern regelmäßig Zeichen einer höheren Intelligenz in Form sogenannter Kornkreise. Körpertherapie-Center und spirituelle Sekten führen Exkursionen durch Kornkreise, und messen „Energielinien“ und „Kraftfelder“ mit Pendel und Rute.

Wissenschaftler vom „Centralen Erforschungsnetz außergewöhnlicher Himmelsphänomene (CENAP)“ in Mannheim, untersuchen seit 1976 angebliche Ufo-Vorkommnisse. Alle 300 bearbeiteten Fälle angezeigter Ufo-Sichtungen konnten auf natürliche Ursachen zurückgeführt werden.

Kornkreise erscheinen fast nur in kühlen und feuchten englischen Sommernächten. Die weichen Stengel des Winterweizens lassen sich dann problemlos mit Füßen oder Geräten umbiegen. In Berlin habe ich selbst bei der Erstellung von Kornkreisen mitgewirkt, in denen dann Kultgemeinschaften Energien von „Außerirdischen“ feststellten.

Totenrundfunk (Tonbandstimmen)

In den letzten Jahren ist ein zunehmendes Interesse an Kursen und Blockseminaren für „Jenseitskommunikation“ zu beobachten, die von Volkshochschulen (!) und Psychokultgemeinschaften durchgeführt werden. In Düsseldorf wurde 1975 ein „Verein für Tonbandstimmenforschung“ gegründet. In Trainingskursen werden auf „leeren“ Tonbändern Fragen gestellt, die dann beim Abspielen von „Geistern“ beantwortet sind. Der Opernsänger Jürgenson hat 1959 angeblich unerklärliche Geräusche auf Tonbändern entdeckt und als Stimmen und Musik aus dem „Jenseits“ identifiziert.

Jenseitsforscher Raudive ortete auf einem zuvor leeren Tonband die Stimme Stalins, der Hitler laut beim Vornamen rief, worauf dessen Stimme ebenfalls auf dem Band antwortete: „Was willst Du, in bin tot". Der Parapsychologe Bender bestätigte „die sehr wahrscheinliche Feststellung des paranormalen „Ursprungs" der Jürgenson-Phänomene.

Außenstehende konnten auf Kongressen allerdings keinerlei Stimmen wahrnehmen, außer nicht zu identifizierenden Geräuschen, die nach Ansicht von Technikern auf das „Durchschlagen" (Intermodulation) von in der Nähe befindlichen Rundfunk-Mittel- und Langwellensendern zurückzuführen sind.

Fakirismus/Paramedizin

Angeblich von der Schulmedizin nicht erklärbare medizinische Handlungen und „Heilungen" sind ebenfalls ein Bestätigungsfeld für okkulte Institutionen und andere auf dem Psychomarkt Tätige. In einzelnen Fällen produzieren sich „Gurus" dieser Einrichtungen, mit scheinbar „paranormalen" Leistungen wie Levitation (Schweben und Fliegen ohne Hilfsmittel wie z.B. in der TM-Sidhi-Technik der Transzendentalen Meditation behauptet wird), Laufen durch Feuer, Zunge abschneiden und wieder „restaurieren" und andere angebliche Schmerzunempfindlichkeiten. Feuerlaufen und Feuertanzen wird durch spezielle mehrmonatige Biokybernetik-Kurse mit und ohne zusätzliche Therapieausbildung angeboten („In 2 Monaten, wofür ein indischer Yoga 30 Jahre braucht").

In Wirklichkeit kann jeder ohne Verletzungsgefahr bei Beachtung bestimmter Verhaltensregeln durch die speziellen Feuer laufen, weil:

a. die Temperatur nicht 1.000 Grad beträgt, sondern zwischen 240 und 500 Grad,

b. heiße Kohlen Hitze schlecht speichern,

c. bei kurzen Schrittkontakten (bis 2 Sek.) der Fuß durch Schweiß und eine dünne Kohleschutzschicht „isoliert" wird.

Angebliche Schwebephänomene im Fernsehen werden bei der Filmherstellung (meist durch Gehilfen der „Paranormalen") durch Kameraeinstellungen bewerkstelligt, bei der immer nur ein Teil des Körpers zu sehen ist (siehe Peter Sugleris, USA, der in SAT 1 als „paranormal“ Begabter vorgestellt wurde).

Auch andere in der Öffentlichkeit dargebotene „Wunder“ werden tricktechnisch bewerkstelligt und gehören in den Bereich der Täuschungskunst (Bühnenzauberei).

Schwarze Messen/Satanskult

Entgegen den Sensationsmeldungen der Massenmedien, liegt die **aktive Beteiligung** an satanistischen Praktiken wie Schwarze Messe, Teufelskult u.a. in den Statistiken über praktizierte Okkulthandlungen an letzter Stelle. Bei den vier quantitativen Untersuchungen von Zinser (1989 bis 1991) z.B. sind es je nach Alter und Geschlecht zwischen 0,6% und 2,4%. Die Praktiken haben die meisten von mir Befragten aus der Literatur (Aleister Crowley) bzw. einschlägigen Videos entnommen. Die in den Medien immer wieder Aufregung verbreitenden Fotos und Filme sind zumeist gegen Honorar gestellt, da sich die wenigen „echten“ Satanisten als Geheimbund verstehen und Journalisten nicht zulassen. Das Motiv der oft jugendlichen Teilnehmer an derartigen Praktiken ist nach meiner Erfahrung die Hoffnung, durch „übersinnliche“ Kräfte Macht über andere Menschen zu erlangen. Ein weiterer Grund für die Empörung in der Öffentlichkeit dürfte in den die christliche Messe pervertierenden und karikierenden rituellen Praktiken der Satanisten liegen, die von religiösen Menschen als ungeheure Blasphemie empfunden werden.

4. Ursachen der Okkult- und Esoterikwelle

Entgegen der Erwartung kommt ein großer Teil der Okkultgläubigen, abgesehen vom hohen Prozentanteil alter Menschen, nicht aus der Unterschicht, sondern vielmehr aus dem sogenannten linken Spektrum. Es sind Anhänger der Ökologie-Bewegung, der Grünen, die enttäuscht sind von politischen Ideen, die von bestimmten Ländern ausgingen, wie z.B. der ehemaligen DDR, der Sowjetunion, Albanien, VR China. Viele, die auf eine schnelle Veränderung unserer Gesellschaft hofften, resignierten. Diese

Enttäuschung hat bei manchen dazu geführt, sich dem Okkulten zuzuwenden, sie fördert die Okkultgläubigkeit. Dazu kommen steigende Arbeitslosigkeit und Umweltzerstörung. Das Gefühl von Ohnmacht und Resignation kann - je nach Persönlichkeitsstruktur - Menschen für okkulte Praktiken empfänglich machen.

5. Das Geschäft mit der Übersinnlichkeit

Die Beschäftigung mit okkulten Praktiken ist für die entsprechenden Personen, Einrichtungen, Sekten etc. ein lohnendes Geschäft. So erbringt zum Beispiel ein „Schamanenkurs" mit „echten" Schamanen, bei im Schnitt 350 Anmeldungen zu je 580 DM = 203.000 DM. Billiger sind Einführungen ins Kartenlegen (100 DM) oder Astrologie (ab 150 DM). In Berlin machen 39 hauptberufliche Astrologen ca. 20 Millionen Jahresumsatz, bei Preisen zwischen 35 und 500 DM pro Sitzung. Teurer sind da schon größere Ausbildungseinrichtungen, die „Reinkarnations-Therapeuten" in 3jähriger Aus- und Fortbildung in Rebirthing, oder eine PSI-Ausbildung zum Parapsychologen anbieten. Hier bewegen sich die „Ausbildungskosten" bis zu 50.000 DM. Das Instrumentarium zur Okkult- und Esoterikausübung kann durch einen Katalog (Auflage 100.000) des Prana-Hauses (Hermann-Bauer-Verlag) bezogen werden, der über 500 diesbezügliche Artikel im Angebot hat (Kristallkugeln, Pendel, Wünschelruten, Planchetten, Amulette etc.).

6. Möglichkeiten und Maßnahmen, um okkulte Trends zu stoppen

Bei der Hilfe für Betroffene (Geschädigte, psych. Erkrankte) gibt es keine allgemeingültigen Empfehlungen oder Ratschläge. Hilfreich sind behutsam geführte Gespräche, in denen einfühlsam auf das individuelle Problem der Person eingegangen wird.

Gesamtgesellschaftlich ist unbedingt eine bessere Aufklärung angeblich okkulter Phänomene und Manipulationstechniken erforderlich. Schule, Gesellschaft und Massenmedien sind hier gefordert. Ebenso entsprechende Fort- und Weiterbildungsseminare für Mitarbeiter von Sozial-Psychiatrischen Diensten, Psychosozialen Beratungsstellen, Erziehungsberatungsstellen etc. Eine besondere Bedeutung kommt dem Fernsehen zu. Hier könnten durch spannend aufbereitete Sendungen die gleichen für die Sender notwendigen Einschaltquoten erzielt werden wie bei den jetzigen schädlichen Pseudoaufklärungssendungen. Ein wesentliches Hindernis liegt m.E. in der für Psychologen wichtigen Tatsache, daß Okkultbetroffene mit widersprüchlichen Aussagen, z.T. auch von Staatsseite, konfrontiert werden. Einerseits Aufklärung, andererseits 400.000 DM Steuergelder zur Erforschung angeblich vorhandener „Erdstrahlen“. Einerseits vom Staat **erwünschter** Glaube an übersinnliche Erklärungen der Staatskirche (Engel, Teufel, Wunder u.s.w.), andererseits **nicht erwünschter** Glaube an Übersinnliches der Okkultisten, die durch Religionslehre und Sektenbeauftragte der Kirchen bekämpft werden sollen.

7. Okkultismus und Rechtsordnung

Zwar hatte schon das alte Reichsgericht in den 20er Jahren festgestellt, daß „Übersinnliche Kräfte“ nicht beweisbar sind, sondern lediglich auf Aberglauben beruhen. Aber erst der Bundesgerichtshof hat 1978 in einem Grundsatzurteil festgestellt: „Die Parapsychologie gehört nicht zu den gesicherten wissenschaftlichen Erkenntnissen, die dem Sachverständigenbeweis zugänglich sind, da die hier in Rede stehenden Kräfte nicht beweisbar sind, sondern lediglich dem Glauben oder Aberglauben, der Vorstellung oder dem Wahne angehören“ (BGH 21.2.78 NJW 1207). Nach dem Stand der Wissenschaft sind also parapsychologische / okkultistische Leistungen (Hellsehen, Wahrsagen, Astrologie u.a.) objektiv unmöglich und Verträge hierüber von vornherein nichtig, Honorare müssen zurückerstattet werden.
(OLG Düsseldorf, NW 1953, 1553 u. LG Kassel, NJW 1985, 1642)

Außerdem können bei Rechtsverstößen durch Psychosekten, Paraheiler und Okkulttäter Ermittlungen wegen unerlaubter Ausübung der Heilkunde eingeleitet werden. Betrug (263§) kann nur herangezogen werden, wenn der Person nachgewiesen werden kann, daß sie selbst nicht an ihre Fähigkeiten geglaubt hat (Vorsätzlicher Betrug). Im Einzelfall kann evtl. noch StGB § 230 (fahrlässige Körperverletzung) herangezogen werden.

In einem Prozeß gegen einen der bekanntesten „Hellseher“ Deutschlands führte das Gericht in der Urteilsbegründung u.a. aus: „Bei der Strafzumessung wurde auch die Schuld der Gesellschaft gewertet, insbesondere das

Verhalten gewisser Massenmedien, welche, statt das okkultistische Unwesen durch Aufklärung zu steuern, die Scharlatane noch hochloben und so gewissenlosen Betrügern das Handwerk erleichtern.
Immer wieder werden die gleichen Märchen erzählt und geglaubt, die Gegenargumente unterschlagen. Dahinter stehen mächtige finanzielle Interessen - Okkultismus ist in erster Linie ein gutes Geschäft, und seine Regie ist glänzend. Ob nicht doch eine Senkung des Gesamt-Intelligenz-niveaus eingetreten ist? Oder schlichter gefragt: Können ganze Völker plötzlich dümmer werden?“ (19.12.74, Landgericht Mannheim).

Literatur

GERTLER, A., MATTIG, W.: Stimmen aus dem Jenseits - Parapsychologie und Wissenschaft, Verlag Neues Leben, Berlin 1992.

GOLDNER, C.: Reinkarnations-Therapie, Skeptiker 2/93.

HELLER, B.: Warum Aberglaube so gefährlich ist, PSYCHOLOGIE HEUTE, Beltz, Weinheim 8/1989.

HUND, W.: Okkulte Phänomene, Verlag an der Ruhr, Hersbruck 1991.

PARAPSYCHOLOGIE UND OKKULTISMUS IN DER KRIMINOLOGIE, Arbeitstagung der Deutschen Kriminologischen Gesellschaft am 20.5.1978, Kriminalistik Verlag, Heidelberg 1979.

POLIZEI-DIGEST, Fachorgan der Kriminalpolizei, Hanau, 2/85.

PROKOP, O., WIMMER, W.: Der moderne Okkultismus, Fischer, Stuttgart 1978.

PROKOP, O., PROKOP, K., PROKOP, H.: Grenzen der Toleranz in der Medizin, Verlag Gesundheit, Berlin 1990.

SCHÄFER, W.: Okkultfahnder, Ein Beitrag zur Psychologie des Irrtums in Ermittlungsverfahren.

WIMMER, W.: Okkultismus und Rechtsordnung, Archiv für Kriminologie, Lübeck, Bd. 164 1/2.

WIMMER, W.: Wenn die Toten reden - Geisterstimmen auf Tonband?, Kriminalistik und forensische Wissenschaften 78, 80/1990.

ZINSER, H.: Jugendokkultismus in Ost und West, Arbeitsgemeinschaft für Religions- u. Weltanschauungsfragen, München, 1993.

Der Ausstieg aus einer Sekte - Strategien zur Problembewältigung: Beratung und Therapie

Beate Roderigo

1. Einleitung

Scheiden tut weh! Aber dein Scheiden macht, daß mir das Herze lacht!
Kinderlied

Ein Abschied schmerzt immer, auch wenn man sich schon lange darauf freut.
Arthur Schnitzler

Diese beiden Zitate beinhalten alle wichtigen Aspekte, die im Verlauf des Referates erörtert werden und die für den Abschied oder den Ausstieg aus einer Sekte charakteristisch sind: das Prozeßhafte, d.h. der Ausstieg als Endpunkt einer vergangenen Entwicklung und als Beginn einer neuen Entwicklungsmöglichkeit, die Ambivalenz der Gefühle und die negativen Begleiterscheinungen.

Anlaß genug für Psychologie und Psychotherapie, sich dieses Phänomen einmal näher anzuschauen. Begriffe wie Trennungsschmerz, Trennungsangst, Trauerarbeit, die in der psychologischen Beratungsarbeit allgegenwärtig sind, beziehen sich auf vielerlei Verluste: z.B. den Verlust eines Lebenspartners oder einer anderen nahestehenden Person, den Verlust von Gesundheit oder von psycho-physischer Kompetenz, den Verlust des Arbeitsplatzes, den

Verlust von Verantwortung, von Hoffnung, von Selbstwertgefühl oder von Lebenswillen.
Auch beim Ausstieg aus einer Sekte oder Religionsgemeinschaft geht vieles verloren. Freunde (manchmal auch ein Lebenspartner), Hoffnungen, Ideale, ein Lebensstil, eine Weltanschauung, ein Vater- oder (seltener) ein Mutterersatz, das Selbstbild und die Selbstachtung... und zwar alles auf einmal!

2. Der Ausstieg

Der Ausstieg aus einer religiösen Gruppierung mit seinen Begleiterscheinungen war lange Zeit Stiefkind des Forschungsinteresses von Religionspsychologie und -soziologie. Im Mittelpunkt der Aufmerksamkeit stand hier die Konversion, also der Bekehrungsprozeß. Dieser wird als umfassender und radikaler Wandel der Person und ihres Lebens definiert. Ursprünglich wurde er als ein plötzlich eintretendes Ereignis betrachtet, das sogenannte „paulinische Paradigma", abgeleitet aus dem prominenten Beispiel des Apostels Paulus, der auf dem Weg nach Damaskus - im wahrsten Sinne des Wortes - wie aus „heiterem Himmel" bekehrt wurde.
Die psychologische und soziologische Forschung revidierte diese Vorstellung im Laufe der Jahre und entwickelte ein Modell, das Konversion als kontinuierlichen, mehrdimensionalen Prozeß mit „Vorbedingungen, Krisenphase und dem eigentlichen Wandlungserlebnis" definiert (WIESBERGER).
Mit der Dekonversion, d.h. mit der Abkehr von einer Religionsgemeinschaft, haben sich erst in den letzten Jahren einige - vorwiegend amerikanische - Religionssoziologen befaßt und Studien zum Thema durchgeführt (z.B. WRIGHT, JACOBS, GALANTER).
Verfolgt man die Berichterstattung in den Medien oder Veröffentlichungen der sogenannten Antikultbewegung, so gewinnt man den Eindruck, daß es für denjenigen, der in die „Fänge" einer Sekte gerät, kein Entrinnen mehr gibt. Angesichts dieses Bildes sind die Ergebnisse einiger quantitativer Untersuchungen, die sich mit der Häufigkeit des Ausstiegs aus religiösen Gemeinschaften beschäftigen, verblüffend. Hier wurden übereinstimmend relativ hohe Ausstiegsquoten ermittelt (s. WRIGHT). So fand beispielsweise JUDAH (1978) heraus, daß über 50 der Mitglieder der Vereinigungskirchen diese innerhalb eines Jahres wieder verlassen. Zu einem ähnlichen Ergebnis kam eine in Großbritannien durchgeführte Studie (BECKFORD, 1981), die sich ebenfalls auf die Vereinigungskirche bezog. Danach verließen innerhalb der ersten zwei Jahre mehr als 75% die Bewegung.

Andere Autoren (s. WIESBERGER) konstatieren sogar bei verschiedenen Gruppierungen eine Ausstiegsquote von ca. 90% im Verlauf von zwei Jahren. Insgesamt legen die vorhandenen Studien die Schlußfolgerung nahe, daß die Neureligiösen Bewegungen nur einen geringen Prozentsatz an Langzeitmitgliedern aufweisen.
In diesem Zusammenhang wurde der Begriff der Sekte als „Durchlauferhitzer“ geprägt: die Menschen werden von ihrem Lebensweg „abgezapft“, durchlaufen eine gewisse Zeit das Leben in einer Sekte und werden am Ende in verändertem Zustand wieder „ausgestoßen“.
Obwohl die hohe Ausstiegsrate unbestritten ist, hat dies kaum Einfluß auf die weitverbreitete Vorstellung, daß Sektenmitglieder grundsätzlich einer Gehirnwäsche unterzogen bzw. programmiert werden und so gut wie keine Ausstiegschancen haben.
Eine mögliche Erklärung hierfür sei - so Stuart WRIGHT -, daß der Mensch der modernen Freizeitgesellschaft sich religiöses Engagement oder gar religiösen Eifer nur sehr schwer vorstellen und kaum nachvollziehen kann.

In der wissenschaftlichen Literatur besteht weitgehend Übereinstimmung darüber, daß es sich beim Verlassen einer religiösen Gemeinschaft nicht um eine spontane Entscheidung handelt, sondern um einen kontinuierlichen Entwicklungsprozeß, der viele kleine Schritte beinhaltet.
Es werden zwei Phasen unterschieden, die durch eine Zäsur voneinander getrennt sind. Diese Zäsur ist der Moment des Austritts aus der Gruppe. Vor dem Austritt liegt die Phase der De-Sozialisation, der allmählichen Entfremdung und Aufgabe gruppenspezifischer Denk- und Verhaltensmuster. Nach erfolgtem Austritt beginnt die Phase der Re-Sozialisation in die konventionelle Gesellschaft.

Im folgenden werde ich mich zuerst mit der Zäsur, also mit dem Ausstiegsmoment, beschäftigen und Ihnen die drei verschiedenen Ausstiegsmöglichkeiten erläutern. Danach wenden wir uns der ersten Phase zu, der De-Sozialisation aus der Gruppe, indem ich ihnen einige der Gründe nennen werde, die den Ausstiegsprozeß in Gang setzen können.
Der letzte Teil des Referates ist der zweiten Phase gewidmet, der Re-Sozialisation in die Gesellschaft, den damit verbundenen Problemen und den aus psychologischer Sicht möglichen Hilfestellungen.

2.1 Formen des Ausstiegs

Es werden drei Formen des Ausstiegs unterschieden (zit. n. WIESBERGER):

Exiting: Der freiwillige, selbstveranlaßte Austritt des Mitglieds, der öffentlich, offen oder heimlich vollzogen werden kann.

Expulsion: Das Mitglied wird zum Verlassen der Gruppe gezwungen.

Extraction: Der Ausstiegsprozeß wird durch Außenstehende initiiert. Hier kann die zwanglose Form der überzeugenden Interaktion von den Zwangsformen der De-Programmierung unterschieden werden.

2.1.1 Exiting: der freiwillige Austritt

Die hohe Dropout-Quote, d.h. die Tatsache, daß die meisten Menschen die Sekte freiwillig wieder verlassen, bezeichnen einige Autoren (RICHARDSON et al.) als das bestgehütete Geheimnis im Bereich der Neureligiösen Bewegungen. Den Grund dafür sehen sie darin, daß von verschiedenen Seiten her kein Interesse an der Veröffentlichung einer solchen Quote besteht: Die Neureligiösen Bewegungen wollen keinen Zweifel an der Überzeugungskraft ihrer Botschaft aufkommen lassen und befürchten negative Rückwirkungen auf ihre Missionstätigkeit. Die, nennen wir sie einmal „aktiven Kämpfer" gegen die alternative religiöse Szene, finden wenig Gefallen an der Tatsache, daß die meisten Menschen nur kurze Zeit Mitglied einer solchen Bewegung sind und sie dann relativ geräuschlos wieder verlassen, da sie um die Legitimation ihres „Kampfes" fürchten. Ebenso wie diejenigen, die mit dem Sektenausstieg ihr Geld verdienen, die Ausstiegshelfer oder die - in den USA nach wie vor weit verbreiten - Deprogrammierer, denen nichts daran liegt, daß die Öffentlichkeit erfährt, daß man auch ohne ihre Hilfe eine Sekte verlassen kann.
Da der freiwillige Austritt Ergebnis eines längeren Entwicklungsprozesses ist, hat der Aussteiger in der Regel genügend Zeit, seine Entscheidung zu überdenken, Alternativen zu erwägen und seinen Schritt rational zu begründen. Ein längerer, ungestörter und nicht forcierter Ausstiegsprozeß ist einer positive Bewältigung des Erlebten förderlich.

Berichte von Freiwilligen sind im allgemeinen gekennzeichnet durch größere Toleranz und Flexibilität bei der Bewertung der eigenen Erfahrungen und der Beurteilung des Sektenengagements anderer.
Der Ablösungsprozeß beginnt in vielen Fällen schon nach wenigen Monaten, dann wenn der Sektenalltag im Leben des Neumitgliedes Einzug hält. Der anfängliche Enthusiasmus beginnt nachzulassen, die ersten Zweifel schleichen sich ein.
Die Gründe, die ein Mitglied veranlassen können, freiwillig die religiöse Gemeinschaft zu verlassen, werden im Verlauf des Referates noch ausführlich erläutert.

2.1.2. Expulsion: der Ausschluß eines Mitglieds

Diese Ausstiegsform kommt weitaus seltener vor als der freiwillige Austritt und soll deshalb hier nur kurz dargestellt werden.
Kritik, öffentlich geäußerte Zweifel und bewußtes Verstoßen gegen die Gruppenregeln führen, falls sie nicht mit den gruppeninternen Methoden „bereinigt" werden können, in vielen Fällen zum Ausschluß der betreffenden Person.
Wer als psychisch instabil gilt - ein Etikett, das ganz unter der Definitionsmacht der Gruppe bzw. ihres Führers steht -, wird in der Regel aufgefordert, die Gruppe zu verlassen. In vielen Sekten führt dies dazu, daß das Ausüben von Kritik mit psychischer Labilität gleichgesetzt wird.
Wenn ein Mitglied krank wird oder in finanzielle Schwierigkeiten gerät, so daß es daran gehindert ist, sich am weiteren Aufbau der Gruppe zu beteiligen, kann es ihm passieren, daß es fallengelassen wird. Störende Einflüsse von außen, die durch ein Mitglied verursacht werden (z.B. rebellische Angehörige) können ebenfalls zum Ausschluß führen.
Die Folgen eines solchen, durch die Gruppe erzwungenen Ausschlusses können für die betroffene Person von sehr nachhaltiger Wirkung sein. Durch das Verhalten der anderen Sektenmitglieder - Menschen, die sie bewundert und mit denen sie sich identifizieren möchte, die sie aber abweisen und ihr den eigenen *Un*wert vor Augen führen - kann sie in tiefe Selbstzweifel und Depressionen gestürzt werden. Häufig sieht die so geächtete Person keinen anderen Ausweg, als ihren Wert in einer anderen Gruppierung zu erproben.

2.1.3 Extraction: der von außen provozierte Ausstieg

In vielen Fällen kommt der Impuls zum Ausstieg von außen, d.h. von Menschen, die den Sekteneintritt eines Verwandten oder Freundes nicht stillschweigend akzeptieren wollen. Dabei gibt es zwei unterschiedliche Vorgehensweisen:

1. die Re-Evaluation: durch Unterbreitung überzeugender Informationen
2. die Deprogrammierung: durch Anwendung von Zwangsmaßnahmen

2.1.3.1 Re-Evaluation

Bei der Re-Evaluation wird der Aussteiger in eine diskursive Auseinandersetzung verwickelt mit dem Ziel, ihn zu einer Neubewertung seiner Mitgliedschaft zu bewegen. Dabei kommt es vor allem auf die Überzeugungskraft der Argumente an, d.h., sie sollten auf gesicherten, nachweisbaren Informationen beruhen, aus seriösen Quellen stammen, logisch und in sich widerspruchsfrei präsentiert und mit persönlicher Glaubwürdigkeit vorgetragen werden.

Zwei Faktoren sind für den Erfolg der Bemühungen von Bedeutung:

1. Die Dauer der Sektenzugehörigkeit: Menschen sind vor allem in Phasen relativer Unsicherheit für Neues offen. Eine solche Phase durchleben Mitglieder häufig in der Anfangszeit ihrer Sektenkarriere. Der erste Enthusiasmus hat sich gelegt, die neue Identität ist aber noch nicht stabil und gefestigt genug, um Verunsicherungen von außen wirkungslos abprallen zu lassen.

2. Ein zweiter wichtiger Aspekt für den Erfolg ist die Tragfähigkeit der Beziehung, die zwischen dem Sektenmitglied und dem „Rausholer" besteht. Je intakter diese Beziehung ist, desto wahrscheinlicher ist der Ausstieg. Wichtig ist, daß der Betroffene sicher sein kann, nach seinem Austritt nicht allein gelassen, sondern von einem sozialen Netz aufgefangen zu werden - zumal es durchaus zu heftigen Reaktionen seitens des Betroffenen kommen kann. Der Re-Evaluationsprozeß unterscheidet sich zwar deutlich vom Deprogrammieren, da es nicht zur physischen Gewaltanwendung kommt, der psychische Druck, der auf das Sektenmitglied ausgeübt wird, kann jedoch sehr groß sein. Nicht selten kommt es während des Prozesses zum Ausbruch extremer Emotionen, zu Schuldzuweisungen und persönlichen Angriffen.

2.1.3.2 Deprogrammierung

Die Deprogrammierung hat aufgrund der spektakulären und - wie ich finde - der unethischen Vorgehensweise große Popularität erhalten. Sie wurde vorwiegend in den 70er und frühen 80er Jahren in den USA aber auch in der Bundesrepublik durchgeführt. Obwohl die Deprogrammierung inzwischen verboten ist, riskieren immer wieder verzweifelte Angehörige von Sektenmitgliedern eine Verurteilung wegen Körperverletzung, um die - wie sie glauben - einzige Chance wahrzunehmen, die Betreffenden zu „befreien". Sie nehmen dafür die Dienste professioneller Deprogrammierer (meist ehemalige Sektenmitglieder, die selbst deprogrammiert wurden) in Anspruch und sind bereit, stattliche Honorare zu zahlen.
Die Methode umfaßt Kidnapping, erzwungenen Aufenthalt an einem geheimen Ort, Schlafentzug, ständige Beaufsichtigung und permanente verbale Konfrontation. Nicht selten kommt es dabei auch zu physischer Gewaltanwendung.
Die Legitimation für ihre Vorgehensweise ziehen die Deprogrammierer aus der Gehirnwäsche-Theorie, die den Beitritt in eine Sekte *ausschließlich* auf die Anwendung manipulativer Psychotechniken zurückführt. Verfechter dieses Modells glauben, daß Sektenmitglieder durch Suggestionen, Hypnosetechniken und Konditionierungsmethoden auf die Ideologie und die Ziele der Gruppen hin programmiert werden. Wirksame Hilfe kann demnach nur durch eine Ent- oder Gegenprogrammierung erreicht werden. Das heißt, man treibt den Teufel mit dem Beelzebub aus. Zu Recht werfen Kritiker den Deprogrammierern vor, das gleiche Verfahren anzuwenden, das sie den Sekten unterstellen: Bekehrung unter Zwang.
Mit der Methode des Deprogrammierens läßt sich die Plausibilitätsstruktur der jeweiligen Sekte zerstören, d.h., die Realitätswahrnehmung, die dem Sektenmitglied aufgrund der gruppeninternen Interpretationsmuster überzeugend erschien, wird nach der Deprogrammierung vom Aussteiger im Lichte der Gehirnwäsche-Theorie umgedeutet. Nun erscheint ihm *diese* Realitätswahrnehmung, oder anders ausgedrückt, die neue Weltanschauung plausibel. Das ehemalige Sektenmitglied hat also lediglich einen Wechsel der Perspektive erfahren: es wurde - ohne eigenes Dazutun - von einem Standort auf einen anderen „gehievt".

Daß der Effekt einer solchen Transaktion für den Betroffenen eher nachteilig ist, dürfte unmittelbar einleuchten. Dagegen hat der freiwillige Aussteiger, dessen eigene Entscheidung in Ruhe heranreifen konnte, hinsichtlich der Bewältigung seiner persönlichen Probleme eine sehr viel günstigere Prognose.

2.2 Ursachen des Ausstiegs

Was bringt nun einen Menschen dazu, freiwillig und gegen erhebliche innere und äußere Widerstände eine Sekte zu verlassen? Die Suche nach Geborgenheit, nach einem sinnerfüllten Leben, vielleicht nach einem Zufluchtsort vor den harten Anforderungen der gesellschaftlichen Realität, hat ihn vor einiger Zeit in die religiöse Gemeinschaft geführt. Welche Faktoren und Einflüsse innerhalb der religiösen Bewegung sind ausschlaggebend dafür, daß die Zweifel beim potentiellen Aussteiger letztendlich ein größeres Gewicht erhalten als seine ursprünglichen Eintrittsmotive?
Stuart WRIGHT hat fünf Faktoren identifiziert, die die Wahrscheinlichkeit des Ausstiegs erhöhen bzw. als Initialzündung für den Ausstiegsprozeß wirken können:

1. Die Isolation der Sektenmitglieder von gesellschaftlichen Einflüssen ist nicht perfekt; es kommt zu Interaktion und Kommunikation mit Menschen außerhalb der Gruppe.

2. Es entwickeln sich intensive Zweierbeziehungen innerhalb der Sekte; interne Kontrollmaßnahmen und Praktiken zur Verhinderung solcher intimer Beziehungen sind wirkungslos (z.B. zölibatäre Lebensformen bei Hare Krishna oder Ananda Marga, arrangierte Ehen bei der Vereinigungskirche oder Promiskuität bei der Osho-Bewegung oder den Children of Gold).

3. Die persönliche Opferbereitschaft der Sektenmitglieder schwindet, da sich der erhoffte Erfolg der Missionierungsbemühungen nicht einstellt.

4. Die affektiven Bedürfnisse der Mitglieder werden nicht erfüllt, trotz familiärer Anreden (Vater, Mutter, Schwester, Bruder) kann die Illusion einer intakten „Familie“ nicht aufrechterhalten werden.

5. Das Verhalten der Führung steht im offensichtlichen Widerspruch zu den proklamierten Idealen. (So löste z.B. die Verhaftung und Anklageerhebung gegen Bhagwan in den USA eine Austrittswelle aus. Die Verurteilung des Otto Mühl, Gründer und Führer der AAO, der Aktionsanalytischen Organisation, wegen Kindesmißbrauchs führte zum Zusammenbruch seiner Bewegung.)

Wenn der Ausstiegsprozeß bei einem Sektenmitglied in Gang gesetzt wurde, so bedarf es zum Vollzug des Ausstiegs noch eines auslösenden Moments, eines Ereignisses, das für den Ausstiegswilligen Signalwirkung hat. Anderen Personen kann dieses Ereignis völlig bedeutungslos erscheinen. Für denjenigen, der schon tiefe Zweifel in sich trägt, kann es der berühmte Tropfen sein, der das Faß zum Überlaufen bringt.

3. Probleme nach dem Ausstieg

Es gibt viele Übergangsphasen im Leben eines durchschnittlichen Erwachsenen, die mit dem Austritt aus einer Sekte vergleichbar sind: der Abschluß der Berufsausbildung bzw. Studienabschluß; Eintritt aus der Armee; Heirat; das Ende einer intimen Beziehung; Scheidung; Familiengründung; Berufswechsel; der Umzug in eine andere Stadt, Region oder Kulturkreis; der Verlust oder Tod eines geliebten Menschen u.v.m.
Diese Übergangsphasen werden als normale Abschnitte des Lebenszyklus betrachtet. Nichtsdestotrotz können sie schwerwiegende Persönlichkeitskrisen auslösen und dem Betroffenen große Probleme bereiten. Manche bewältigen diese Schwierigkeiten alleine und wenden sich einem neuen Lebensabschnitt zu, andere dagegen scheitern oder sind auf fremde Hilfe angewiesen.
Einige Autoren, vorwiegend solche, die der amerikanischen Antikult-Bewegung nahestehen, wie z.B. die Psychologin Margaret SINGER, vertreten die Ansicht, daß es sich bei den Folgen einer Sektenmitgliedschaft um ganz spezielle Auswirkungen handele, die mit denen anderer krisenhafter Situationen nicht vergleichbar seien.
Dies kann ich, aufgrund meiner Erfahrungen in der psychologischen Beratung ehemaliger Sektenmitglieder, nicht bestätigen. Ich würde solche speziellen Effekte höchstens bei gewaltsam deprogrammierten Aussteigern vermuten, dies allerdings aufgrund theoretischer Erwägungen und nicht aufgrund praktischer Erfahrungen mit deprogrammierten Sektenmitgliedern.
M. SINGER berichtet beispielsweise von der auffälligen Unfähigkeit unter deprogrammierten Sektenmitgliedern, positive Aspekte ihrer Sektenerfahrung wahrzunehmen (s. WIESBERGER, S. 88). Dagegen ergaben Untersuchungen, an denen nur freiwillige Aussteiger teilnahmen, daß sehr viele von ihnen das in der Sekte Erlebte auch positiv bewerten konnten.
So gaben 67% der von WRIGHT befragten Aussteiger an, durch die Erfahrungen „weiser" geworden zu sein. In einer anderen Studie (GALANTER)

bestätigte eine große Mehrheit (89%) die Aussage „got some positive things" aus ihrer Mitgliedschaft.
Ich möchte, indem ich Ihnen diese Zahlen vorstelle, keineswegs verharmlosen und die teilweise großen Probleme, die ehemalige Sektenmitglieder zu bewältigen haben, herunterspielen, aber auch hier sollte man „die Kirche im Dorf lassen" und nicht die Folgen einer Methode (Deprogrammierung) zu deren Legitimation heranziehen.

Welches sind nun die Probleme mit denen sich Menschen nach ihrem Ausstieg aus einer Sekte konfrontiert sehen?
Von allen o.a. Übergangsphasen läßt sich der Sektenausstieg wohl am ehesten mit einer Scheidung vergleichen.
Scheidung ist inzwischen zu einem Alltagsphänomen geworden. Kaum eine Ehe, die nicht geschieden wird. Wer es am eigenen Leib noch nicht erfahren hat, der hat zumindest im Verwandten- und Bekanntenkreis genügend Gelegenheit, die Auswirkungen und Folgen einer Scheidung auf die Protagonisten zu beobachten.
In seiner Studie weist Stuart WHRIGHT auf die Analogie dieser beiden Trennungsformen hin. Für ihn ist die vergleichende Analyse von Scheidung und Sektenausstieg die Methode der Wahl, um mehr Verständnis für die spezifischen Probleme von Ex-Sektenanhängern zu erlangen. Eine Methode, die seiner Meinung nach, viel ergiebiger ist, als das Vorgehen der „Gehirnwäsche"-Theoretiker, die den Vergleich zwischen einer Sekte und einem Kriegsgefangenenlager bevorzugen.
Wenn Scheidung und Sektenausstieg Parallelen aufweisen, so muß es - logischerweise - auch eine Analogie zwischen Ehe und Sekte geben.
Erlauben Sie mir einen kleinen Exkurs in unser aller Eheleben:
Die meisten Ehen beginnen - auch wenn sich die im Scheidungskampf Liegenden nur noch schemenhaft daran erinnern können - mit der Verliebtheit der Partner.
In seinem bereits 1979 erschienenen Aufsatz mit dem provozierenden Titel „Zwei Personen - eine Sekte" schrieb Michael Lukas MOELLER über die natürliche Sektenbildung der Verliebtheit:
„In fast jeder Nuance gleicht die Verliebtheit der Sektenbildung. Das klassische Liebespaar bietet das Bild einer Zweiersekte in ungetrübter Hochform. Ausschließlich ist die Bindung: einer will den anderen ganz für sich, mit Leib und Seele, Haut und Haaren. ... Damit haben wir alles, was auch eine Sekte bietet: die absolute Bindung, den Glauben und die eigene Wirk-

lichkeit, die Isoliertheit, ein unverstelltes Gefühl höchster Sinnerfüllung." (S. 170f)

Insgesamt nennt MOELLER 15 Aspekte, die gleichermaßen für Sekten und Verliebte zutreffen. Dazu gehören: Beeinflußbarkeit (Suggestibilität), Idealisierung, Isolation, Trance, Indoktrination, Ritualisierung, plötzlicher Persönlichkeitswandel („Du bist ja völlig verändert", sagen die Freunde zu einem Verliebten), Selbstaufgabe, Opferbereitschaft, totale Identifizierung mit dem anderen und absolute Sinnerfüllung.

Nach diesem Exkurs nun zu den Problemen. Da jedefrau und jedermann weiß oder zumindest ahnen kann, welche psychischen und sozialen Probleme mit einer Scheidung für den einzelnen verbunden sein können, kann sie oder er sich auch vorstellen, womit sich ein Sektenaussteiger konfrontiert sieht.

Ich möchte hier nicht im einzelnen auf spezielle Probleme eingehen, sondern Ihnen einen Überblick über die möglichen Folgen für den Sektenaussteiger geben:

- Einsamkeitsgefühle, Verlassenheitsängste
- Depressionen
- Schuldgefühle den Familienmitgliedern und früheren Freunden gegenüber, aber auch gegenüber den in der Sekte zurückgebliebenen Freunden
- Beziehungsprobleme, Schwierigkeiten, neue Kontakte aufzubauen, Vertrauensverlust
- Orientierungsproblem („Wie soll das Leben weitergehen?")
- Schwierigkeiten oder gar Unfähigkeit, eigene Entscheidungen zu treffen, mit den Anforderungen des Alltags zurechtzukommen
- Probleme mit der Ambivalenz der Gefühle
- Bedrohungsgefühle, Angst vor Rache und Vergeltung durch andere Sektenmitglieder, aber auch aufgrund der verinnerlichten Ideologie (Angst vor der Strafe Gottes, dem Satan, dem Jüngsten Gericht, vor Katastrophen, die der Abtrünnige zu verantworten hat)
- Verlust von Selbstwertgefühl; Unfähigkeit, die Sektenerfahrung in die eigene Biographie zu integrieren
- intellektuell-kognitive Probleme aufgrund der Einschränkung des selbständigen Denkens und der Kritikfähigkeit während der Mitgliedschaft
- Probleme mit Konditionierungen (z.B. Gedankenstop-Rituale).

4. Psychologische Beratung und Therapie

Psychologische Beratung im Sinne dieses Referates ist keine Ausstiegsberatung. Letztere will mittels verschiedener Interventionsmethoden ein Sektenmitglied zum Austritt bewegen und wird zumeist von Angehörigen in Anspruch genommen (s. hierzu Steven HASSAN).
Hier geht es dagegen um die psychologische Begleitung des Resozialisationsprozesses nachdem der Ausstieg bereits vollzogen wurde.

4.1 Zielsetzungen

Der Resozialisationsprozeß verläuft typischerweise in drei Phasen, die jeweils durch spezifische Probleme gekennzeichnet sind:

1. Die Phase des *Floatings*, die sich unmittelbar dem Ausstiegsmoment anschließt. „Floating“ bezeichnet den Zustand des Treibens zwischen zwei Welten, zwischen der Sektenrealität und der gesellschaftlichen Realität. Die Welt der Sekte bietet dem Aussteiger keine Heimat mehr. Der neuen bzw. der alten gesellschaftlichen Wirklichkeit, die ja ursprünglich der Anlaß für seinen Eintritt in die religiöse Gemeinschaft war, kann er aber nach wie vor keine positiven Seiten abgewinnen. Wie der Geist im Gruselfilm, der - weil ein böser Fluch auf ihm lastet - weder im Diesseits noch im Jenseits zur Ruhe kommt, pendelt der Aussteiger hin und her und irritiert damit sich selbst und seine Mitmenschen. In dieser Zeit durchlebt das ehemalige Sektenmitglied alle Stadien der Wut, des Hasses, der Verzweiflung, der Trauer, der Enttäuschung usw.
Beratung und Therapie können hier helfen, einerseits die Sektenerfahrung bewußt zu verarbeiten und andererseits Interpretationsmuster zu entwickeln, die dem Aussteiger ein für ihn sinnvolles Leben in der Gesellschaft ermöglichen.

2. Die Phase des *Re-Entry*: hier handelt es sich um den bewußt und aktiv vollzogenen Wiedereintritt in die gesellschaftlichen Strukturen. Dabei steht die Bewältigung praktischer Probleme im Vordergrund, z.B. Wohnungssuche, Wiederaufnahme bzw. Abschluß der Ausbildung, Arbeitssuche, Aufbau neuer sozialer Kontakte oder - falls möglich - Reaktivierung alter Kontakte. In dieser Zeit hat Beratung und Therapie vorwiegend die Aufgabe, den Aussteiger bei seinen ersten Gehversuchen in unbekanntem bzw. fremd gewordenem Terrain wohlwollend zu begleiten und zu stützen. Besonders hilfreich ist

hier die Unterstützung durch eine Selbsthilfegruppe ehemaliger Sektenmitglieder.

3. Die dritte Phase ist die der *kognitiven Reorganisation*. Beratung und Therapie können hier im wesentlichen dazu beitragen, daß der Aussteiger zu einer Neubewertung seiner Sektenerfahrung kommt und in der Lage ist, diese in seinen Lebenslauf zu integrieren.
Intensive emotionale Reaktionen lassen in dieser Phase nach und machen einer ausgewogeneren Haltung Platz. Die Zeit der Mitgliedschaft kann nun als „lehrreicher und wertvoller Lebensabschnitt interpretiert" werden, „wobei in der Regel differenziert wird zwischen dem Nutzen für die persönliche Entwicklung und den Fehlentwicklungen, die in der Gruppe stattfanden" (WIESBERGER).

4.2 Beratungs- und Therapiebedarf

Es gibt, meines Wissens nach, keine umfassenden empirischen Untersuchungen, aus denen belegbare Aussagen über den Beratungsbedarf abgeleitet werden könnten. Demnach besteht in erster Linie erst einmal ein erhöhter Forschungsbedarf!
Was die Notwendigkeit von psychologischer Beratung und Therapie betrifft, kann man mit Sicherheit nur eines sagen: *Nicht jeder Aussteiger braucht professionelle Hilfe*!
Wie in jedem anderen Problembereich hängt die Indikationsstellung von mehreren Variablen ab. Dazu gehören u.a. die Symptomatik vor dem Sekteneintritt, die Dauer der Sektenzugehörigkeit, die Stärke der Isolation von der Außenwelt während der Mitgliedschaft, die Anwendung pseudo-therapeutischer Methoden und Psychotechniken innerhalb der Gruppe, das soziale Umfeld nach dem Ausstieg (Familie, berufliche Situation usw.) und die Persönlichkeitsstruktur des Aussteigers.

4.3 Methoden und Verfahrensweisen

Wie aus der Psychotherapieforschung bekannt ist, gibt es keine therapeutische Methode, die per se in ihrer Wirksamkeit anderen Methoden überlegen ist. Der Therapieerfolg hängt vielmehr von der Therapeut-Klienten-Beziehung ab. „Sofern es den beiden gelingt, eine positive, tragfähige Beziehung aufzubauen, besteht die gute Chance, daß der Patient günstige Veränderungen im

Laufe der Therapie erzielen kann. Von beiden Seiten wird ein Engagement verlangt, vom Patienten in Form einer emotionalen Bindung an den Therapeuten oder die Gruppe, vom Therapeuten die aktive und interessierte Handlung seiner Methode, in welche er Vertrauen haben muß." (KIND)
Wichtige Bedingung sind die Freiwilligkeit des Klienten und die akzeptierende und nicht bewertende Grundhaltung des Therapeuten. Sind diese Voraussetzungen erfüllt, gibt es keinen Grund, die Erkenntnisse der Therapieforschung nicht auch auf den Bereich der psychologischen Beratung ehemaliger Sektenmitglieder anzuwenden.
Dennoch gibt es einige Verfahrensweisen, die in der Praxis erprobt wurden und sich besonders bewährt haben. Dazu gehören:

- Selbsthilfegruppen (Betroffene/Angehörige)
- Themenzentrierte Gesprächsgruppen
- Familientherapie / -beratung
- Kommunikationstrainings in Gruppen
- Soziale Kompetenzprogramme in Gruppen
- Einzelgespräche
- Kognitive Umstrukturierung

(Näheres s. PETERMANN)

Sinnvoll und wünschenswert wäre es, mit wachsender Erfahrung und Kompetenz auf diesem Sektor, ein Beratungskonzept zu erarbeiten, das alle relevanten Faktoren einschließt und als Leitfaden den in der Beratung/Therapie ehemaliger Sektenmitglieder tätigen Personen verfügbar zu machen.

4.4 Zur Notwendigkeit spezieller Kenntnisse

Für eine effektive Beratung ehemaliger Sektenmitglieder bedarf es neben der fachlichen Kompetenz auch einiger spezieller Kenntnisse. Der Berater oder die Beraterin sollten über grundlegendes Wissen in bezug auf Strukturen, Ziele und Methoden von Sekten und grundlegendes Wissen in bezug auf Strukturen, Ziele und Methoden von Sekten und Neureligiösen Bewegungen verfügen. Falls für den Einzelfall detaillierte Kenntnisse über eine bestimmte Gruppierung oder Ideologie erforderlich sein sollten, können diese von den Beratern in Kooperation mit den staatlichen Dokumentationsstellen, kirchlichen Sektenbeauftragten oder Elterninitiativen erworben werden.
Sektenaussteiger sind aufgrund der Indoktrination durch die Gruppe oft sehr mißtrauisch gegenüber anderen Menschen, empfinden sich als unverstandene

und nicht ernstgenommene Außenseiter. Für den Aufbau einer tragfähigen und produktiven Therapeut-Klienten-Beziehung kann es daher von Nutzen sein, wenn der Ratsuchende seinen Gesprächspartner nicht nur fachlich, sondern auch in inhaltlicher Beziehung als kompetent erlebt.
Darüber hinaus sind einige Symptome und Reaktionen (z.B. Ängste, Konditionierungen, ritualisierte Handlungen usw.) ohne Hintergrundwissen für den Berater nicht richtig einzuordnen und können zu folgenreichen Mißverständnissen führen.
Ein weiterer beachtenswerter Aspekt ist die struktuelle Ähnlichkeit und vergleichbare Zielsetzung von Psychotherapie einerseits und den Selbstfindungs- und Problemlösungsangeboten der Sekten andererseits. Wenn es dem Therapeuten nicht gelingt, hier klare Grenzen und Unterschiede aufzuzeigen, besteht die Gefahr, daß der Aussteiger wieder in alte Interpretations- und Reaktionsmuster zurückfällt.
Das größte Risiko für einen Therapieerfolg liegt in der Person des Therapeuten selbst! Er läuft Gefahr, zum neuen Guru des Aussteigers zu werden. Nach dem Motto „Halb zog er ihn, halb sank er hin!", liebäugeln beide ein wenig mit dieser Mutation. Der Aussteiger sucht einen Ersatz für seinen abhanden gekommenen Gott, Vater oder Guru, und sein Bedürfnis nach Abhängigkeit und Unterwerfung schwebt bindungslos im Raum herum.
Auf der anderen Seite steht ein Mann oder eine Frau, ein Mensch jedenfalls, der einer Berufsgruppe angehört, die sich zu einer „elitären" Sekte von modernen Sehern und Heilern entwickelt und weite Bereiche in der Gesellschaft okkupiert, die ursprünglich der Religion vorbehalten waren.
Auf die Gefahr hin, daß ich Sie vollends verärgere und einen vielstimmigen Aufschrei der Entrüstung ernte, riskiere ich die Behauptung: In jedem von uns steckt ein kleiner Guru! Wie sonst hätten wir diese Profession gewählt?!

Literatur

BROMLEY, D.G. & RICHARDSON, J.T. (1983). The Brainwashing/Deprogramming Controversy: Sociological. Psychological. Legal and Historical Perspectives. *Studies in Religion and Society*, 5, 1 - 367.

EIBEN, J., GERNAND, D., HEBELER, A., MENGE, G., & RODERIGO, B. (1991). *Im Netz der Sinnverkäufer. Ergebnisse einer Tagung.* Krefeld: Verlag Norbert Potthoff.

GALANTER, M. (1989). *Cults-Faith, Healing and Coercion.* New York: Oxford University Press.

GROM, B. (1992). *Religionspsychologie.* München: Kösel-Verlag und Göttingen: Vandenhoeck & Ruprecht.

HASSAN, S. (1993). *Ausbruch aus dem Bann der Sekten.* Hamburg: Rowohlt.

HASSAN, S. (1993). Sekten: Moderne Sklavengesellschaften. In: *Psychologie Heute,* 6/1993, 30 - 37.

JACOBS, J. (1987). Deconversion from Religous Movements: An Analysis of Charismatic Bonding and Spiritual Commitment. *Journal for the Scientific of religion,* 26 (3), 294 - 308.

KIND, H. (1982). *Psychotherapie und Psychotherapeuten*: Methoden und Praxis. Stuttgart, New York: Thieme.

MINHOFF, C., & LÖSCH, H. (1988). *Neureligiöse Bewegungen. Strukturen, Ziele, Wirkungen.* München: CM-Verlag/Verlag Manz AG.

MOELLER, M.L. (1986). Zwei Personen - eine Sekte. In: *Die Liebe ist das Kind der Freiheit.* Hamburg: Rowohlt.

PETERMANN, F. (1984). Überblick über psychotherapeutische Angebote bei psychischen Problemen ehemaliger Sektenmitglieder. In: MESSSNER, S., PFEIFER, W.-K. & WEBER, M. (Hrsg.), *Beratung im Umfeld von Jugendreligionen. Vorträge und Berichte einer Fachtagung vom 3. bis 6. November 1983 in Lohmar.* Göttingen: Verlag für Medizinische Psychologie.

PFEIFER, W.-K. (1984). Beratung im Umfeld von Jugendreligionen - eine Aufgabe für Erziehungs- und Familienberatungsstellen. In MESSNER, S., PFEIFER, W.-K. & WEBER, M. (Hrsg.), *Beratung im Umfeld von Jugendreligionen. Vorträge und Berichte einer Fachtagung vom 3. bis 6. November 1983 in Lohmar.* Göttingen: Verlag für Medizinische Psychologie.

RICHARDSON, J.T., VAN DER LANS, J., & DERKS, F. (1986). Leaving and Labeling: Volunary and Coerced Disaffiliation from Religios Social Movements. *Research in Social Movements,* 9, 97 - 126.

ROTH, J. (1992). *Der Weg der Glückseligkeit. Meine Tage in einer totalitären Sekte.* Frankfurt a.M.: Fischer Taschenbuch Verlag.

WIESBERGER, F. (1990). *Bausteine zu einer soziologischen Theorie der Konversion.* Berlin: Duncker & Humbolt.

WRIGHT, S. (1987). *Leaving Cults: The Dynamics of Defection.* Washington: Society for the Scientific Study of Religion, Monograph Series.

Destruktiver Kult und Persönlichkeitsdeformation

Zur Konvergenz sektenpsychologischer und psychoanalytischer Deutungsmuster

Jörg Herrmann

Der amerikanische Psychologe Steven Hassan beschreibt in seinem jetzt auch auf deutsch unter dem Titel „Ausbruch aus dem Bann der Sekten“ erschienenen Buch (1), wie moderne Sekten und Kulte (2) Anhänger werben und gefügig machen. Anhand vieler Fallbeispiele analysiert der Ex-Munie und heutige Ausstiegsberater Grundmuster psychischer Manipulationsmethoden und zeigt auf, was man den von ihm unter dem Oberbegriff „Bewußtseinskontrolle“ („mind control“) zusammengefaßten destruktiven Einflüssen entgegensetzen kann. Das von ihm dabei entwickelte Konzept einer „zweifachen Identität“ (3) von Sektenmitgliedern erinnert an die Winnicottsche Vorstellung von einem „wahren“ und einem „falschen Selbst“ (4). Beide Autoren beschreiben Prozesse psychischer Deformation und kommen dabei in unterschiedlichen Kontexten zu ähnlichen Formulierungen. Dieser Aufsatz will auf diese Ähnlichkeiten aufmerksam machen und fragen, inwieweit sich die Konzepte von Winnicott und Hassan wechselseitig erhellen und an Fallbeispielen sinnfällig machen lassen. Bis auf einige Hinweise auf die Arbeit des Psychoanalytikers Arno Gruen (5) wegen der besonderen Nähe zu den Winnicottschen Gedanken bleibt weitere psychoanalytische Literatur zum Thema dabei unberücksichtigt. Die paradigmatische Klarheit, mit der Winnicott den Kern einer vielfach beschriebenen Problematik knapp darstellt, läßt eine vorrangige Konzentration auf seine Überlegung im Rahmen eines ersten Versuches, psychoanalytische und sektenpsychologische Beschreibungen von Prozessen der Persönlichkeitsdeformation aufeinander zu beziehen, als legitim und sinnvoll erscheinen.

Steven Hassan geht davon aus, daß jeder den Werbetricks moderner Sekten auf den Leim gehen kann (6). Die Seelenfänger spekulieren beim Kundenfang auf die allen Menschen gemeinsamen Sehnsüchte nach Glück, Sinn, Geborgenheit und Gesundheit. Landen können sie mit ihren Heilsversprechen bevorzugt bei Menschen, die sie „in einer schwierigen Streßphase“ (86) ansprechen. Mehr als eine biographische Umbruchsituation läßt Hassan als Disposition für eine Sektenmitgliedschaft jedoch nicht gelten. Er betont: „Interessant ist, daß Sekten es generell vermeiden, Menschen zu werben, die eine Belastung für sie sein könnten, z.B. Menschen mit ernsthaften emotionalen oder psychologischen Problemen, sie wollen Leute, die dem zermürbenden Alltag in der Sekte gewachsen sind“ (88). Hat jemand sich auf einen ersten Kursus oder Workshop eingelassen, beginnt die Bearbeitung mit Hilfe der Techniken der Bewußtseinskontrolle. Schritt für Schritt weitet sich der Einfluß des Sektensystems auf Gefühle, Gedanken, Verhaltensweisen und Umweltkontakte der Frischgeworbenen aus. Leon Festingers „Theorie der kognitiven Dissonanz“ (101) hilft, die Dynamik dieses Prozesses subtiler Gewalt zu verstehen: Veränderungen im Bereich des Denkens, des Verhaltens oder der Gefühle erzeugen einen Anpassungsdruck und führen zur Angleichung der jeweils anderen Komponenten der Persönlichkeit, da Menschen nur ein begrenztes Maß an Diskrepanz zwischen ihren Gedanken, Gefühlen und Handlungen ertragen können. Die Umgestaltung der Persönlichkeitsstruktur durchläuft die Phase „Aufbrechen, Verändern und Fixieren“ (113ff.): Die Persönlichkeit des Angeworbenen wird zunächst destabilisiert, um sie dann um so wirkungsvoller indoktrinieren und mit einer neuen Identität versehen zu können. Wie eine frisch entwickelte Fotografie wird die sektenkonforme Persönlichkeitsstruktur zuletzt durch besondere Maßnahmen fixiert. Dazu gehört beispielsweise die Forderung, vollständig mit der eigenen Vergangenheit zu brechen. Manche Sekten geben ihren Anhängern sogar neue Namen. Auch das Erzeugen irrationaler Ängste (80ff.) vor einem Ausstieg aus der jeweiligen Gruppe, laut Hassan das wirksamste Mittel der Gefühlskontrolle (109), gehört in diesen Zusammenhang. Ergebnis des Deformationsprozesses: „Der Sektenanhänger funktioniert nicht mehr als er selbst. Er hat eine neue, künstliche Sektenidentität mit neuen Werten und einer neuen Sprache“ (121). Diese neue Identität überlagert die alte Identität, so daß ein Sektenmitglied genau besehen aus zwei Persönlichkeiten besteht: dem authentischen und dem Sekten-Ich (vgl. 122ff.). Hassan spricht auch von der „'echten' Identität“, dem „'echten' Selbst“ („'real' self“) (123), dem „eigentlichen Selbst“ (212), dem „echten Ich“ (224), der „wahren Identität“ (252) oder dem „alten Ich“

(269) im Gegenüber zum „Sektenklon“ (122). Hassans Methoden der Ausstiegsberatung beruhen auf dem Aktivieren und Ansprechen dieses unterdrückten und überlagerten „eigentlichen Ich“: „Wenn ich jemanden zum Ausstieg aus einer Sekte verhelfen will, muß ich dazu an sein eigentliches Ich herankommen“ (212). Es halte „den Schlüssel zur Befreiung aus den Ketten der Bewußtseinskontrolle in Händen“ (123). Deren Wesen „besteht darin, daß sie Abhängigkeit und Konformität unterstützt und Selbständigkeit und Individualität unterdrückt“ (95). Ihren Bann zu durchbrechen, bedeutet demnach, zu Selbstbestimmung und Individualität zurückzufinden.

Donald W. Winnicott entwickelt seine Vorstellungen von einem „wahren“ und einem „falschen Selbst“ in einer Arbeit von 1960 (7). Darin verknüpft er diese Differenzierung „mit Freuds Teilung des Selbst in einem Teil, der zentral und von den Trieben (...) gespeist wird, um einen Teil, der nach außen gewandt ist und in Verbindung mit der Welt steht“ (182). Diese Bezugnahme deutet schon an, daß die Winnicottsche Begrifflichkeit nicht allein, wie das Attribut „falsch“ zunächst suggeriert, pathologische Verhältnisse im Blick hat. Auch der Gesunde verfügt über ein falsches Selbst, das ihm hilft, sich gemäß gesellschaftlicher Konventionen und Normen zu bewegen. Hauptanliegen des falschen Selbst: „die Suche nach Bedingungen, die es dem wahren Selbst ermöglichen, zu seinem Recht zu kommen“ (186). Das wahre Selbst charakterisiert Winnicott durch die „spontane Geste“: „Die spontane Geste ist das wahre Selbst in Aktion“ (193). Das wahre Selbst entwickelt sich, wenn die Mutter einfühlsam genug ist, „der spontanen Geste oder sensorischen Halluzination des Säuglings zu begegnen“, diese aufzunehmen und zu verstärken (189). Gelingt diese Anpassung nicht oder nur mangelhaft, zieht sich der Säugling zurück und wird „zum Sich-Fügen verführt“ (191). Das falsche Selbst fügt sich den Umweltforderungen.

Arno Gruens Beschreibung derselben Problematik kann die Zusammenhänge noch verdeutlichen helfen: Laut Gruen bringen von ihren eigenen Gefühlen abgespaltene und darum nicht wahrnehmungsfähige Eltern die Spontaneität ihrer Kinder „auf vielfältigste Art zum Schweigen“ (8). So lernt das Kind „seine eigenen Reaktionen nicht zum Ausgangspunkt der Entwicklung seines eigenen Wesens zu machen. Diese Erfahrung des Lernens, daß nichts zu lernen ist, wird zum entscheidenden Punkt der Fehlentwicklung der Autonomie. Es ist der Anfang des Abbruchs der Autonomie, der Anfang einer Fehlentwicklung, in der wir nur noch lernen, die eigenen Bedürfnisse eher als

etwas Gefährliches, ja Feindliches zu erleben." (9). Als Konsequenzen dieser „Fehlentwicklung der Autonomie", als Merkmale dessen also, was Winnicott das „falsche Selbst" nennt, diagnostiziert Gruen übertriebene Erfolgsorientiertheit, Autoritätshörigkeit, Machtstreben und Angst vor der eigenen Hilflosigkeit (19). Er macht dabei auf die gesellschaftlichen Kontexte der diese Persönlichkeitsmerkmale erzeugenden Deformationsprozesse aufmerksam, auf ihre Bedingungen und Auswirkungen. Ähnlich wie Winnicott kann Gruen der Unterwerfungsbereitschaft der fehlentwickelten Psyche auch eine Schutzfunktion zumessen: Verzweifelte Anpassung könne dazu dienen, Autonomiebestrebungen zu verschleiern, um sich dadurch vor zerstörerischem Zugriff zu schützen (11).
Winnicott spricht in diesem Zusammenhang von der positiven Funktion des falschen Selbst, die darin besteht, „das wahre Selbst zu verbergen, was es dadurch tut, daß es sich den Umweltforderungen fügt" (a.a.O., ebd.). Winnicott resümiert: „Nur das wahre Selbst kann kreativ sein, und nur das wahre Selbst kann sich real fühlen. Während ein wahres Selbst sich real fühlt, führt die Existenz eines falschen Selbst zu einem Gefühl des Unwirklichen oder einem Gefühl der Nichtigkeit" (193). Winnicott berichtet von einer Patientin, die erst am Ende einer langen Analyse „an den Anfang ihres Lebens gekommen (ist)" (ebd.). Die zombiehafte Existenz derart extrem von sich selbst entfremdeter Analysanden wird erst durchbrochen und zu authentischer Lebendigkeit erweckt, wenn in der Analyse Kontakt mit dem wahren Selbst hergestellt werden kann. Kommunikation mit dem wahren Selbst ist in diesen Fällen das Ziel des analytischen Prozesses, der um so besser vorankommt, desto nüchterner der Analytiker die Verborgenheit und Abwesenheit des wahren Selbst zunächst wahrnimmt und auch benennt (vgl. 197ff.). Das wahre Selbst charakterisiert Winnicott im Fortgang seiner Untersuchung auch folgendermaßen: „Das wahre Selbst kommt von der Lebendigkeit der Körpergewebe und dem Wirken von Körperfunktionen, einschließlich der Herzarbeit und der Atmung. Es ist eng verknüpft mit der Vorstellung vom Primärvorgang und ist am Anfang im wesentlichen nicht reaktiv gegenüber äußeren Reizen, sondern primär. Es hat wenig Sinn, eine Idee vom wahren Selbst zu formulieren, es sei denn, um zu versuchen, das falsche Selbst zu verstehen, denn eine solche Formulierung tut nichts weiter, als die Details der Erfahrung des Lebendigseins zusammenzusammeln" (193f.). „Das wahre Selbst (...) bedeutet wenig mehr als die Gesamtheit der sensomotorischen Lebendigkeit" (194). Es ist die Quelle der „kreativen Originalität" (199).

Die Ähnlichkeit der Konzepte von Hassan und Winnicott erscheint nur plausibel, wenn man bedenkt, daß beide Autoren Ähnliches beschreiben: psychische Auswirkungen von Mißbrauch und Nichtachtung. Hassan spricht an mehreren Stellen von Mißbrauch und Ausbeutung (vgl. u.a. 123). Winnicott charakterisiert das falsche Selbst als „eine Abwehr gegen das Undenkbare, die Ausbeutung des wahren Selbst“ (191). Gebildet wird es, wenn die Mutter, „die nicht gut genug ist“, es immer wieder unterläßt, der spontanen Geste des Säuglings zu begegnen und statt dessen ihre eigene Geste einsetzt, „die durch das Sich-Fügen des Säuglings sinnvoll gemacht werden soll“ (189). Wesentlicher Unterschied: Während die Persönlichkeitsdeformation durch Sekten das Resultat systematischer Manipulation ist, entwickelt sich das falsche Selbst Winnicotts als Reaktion auf defizitäre Primärbeziehungen. Im Ergebnis liest sich Hassans Konzept der zweifachen Identität wie eine Fortführung und Anwendung der Winnicottschen Beschreibung frühkindlicher Selbstentfremdung im Blick auf die Sektenproblematik. Die Vorstellung zweier sich überlagernder Identitäten ist ähnlich. Das von Hassan mit seinem Begriff der echten Identität bzw. des echten Selbst Gemeinte scheint mir in vielerlei Hinsicht mit Winnicotts Vorstellung vom wahren Selbst zusammenzufallen. Winnicotts Konzept betont stärker die Lebendigkeit des Körperlichen als Basis des wahren Selbst. Hassan hat diesen Aspekt nur teilweise und am Rande im Blick - etwa wenn er davon spricht, daß das „‘echte’ Selbst“ Psychosomatosen erzeuge, um sich dem Sektensystem entziehen zu können (vgl. 121f.). Winnicotts Ansatz kann hier zur Differenzierung und Vertiefung beitragen. Seine Überlegungen machen deutlich, wie sehr Originalität, Individualität und Kreativität einer Person in der Spontaneität ihres Körpers verwurzelt sind. Hassan hebt mit seinem Begriff des echten Selbst stärker auf Lebensgeschichtliches ab. Er spricht u.a. von der „alten Identität“, an die es sich zu erinnern gelte (168f.). Beide Akzente ergänzen einander. Lebensgeschichte und Körper konstituierten gemeinsam die Unverwechselbarkeit einer Person. Für Sektenpsychologie und Ausstiegsberatung könnte eine stärkere Berücksichtigung der Wahrnehmung des Körperempfindens eine wesentliche und vielleicht noch zu wenig beachtete Orientierungsfunktion in der Beratung haben. Das scheint mir der Vergleich von Hassans und Winnicotts Beschreibungen von Selbstentfremdungsprozessen nahezulegen. Anhand von Erfahrungsberichten von ehemaligen Sektenangehörigen soll deshalb unter anderem gefragt werden, ob Körperwahrnehmungen eine signifikante Rolle spielen und wie sich Äußerungen darüber auf dem Hintergrund der Winnicottschen Thesen ausnehmen.

Weiterhin führt der Vergleich beider Konzepte auf die Frage, ob psychische Dispositionen nicht doch eine erheblich größere Rolle bei Sektenmitgliedschaften spielen, als Hassan meint. Es ist zu vermuten, daß jemand, der nur unzureichend oder gar nicht mit seinem wahren Selbst in Kontakt ist, leichter Opfer sektierischer Werbetricks und Manipulationsmechanismen wird. Emotionale Orientierungslosigkeit und Suche nach dem wahren Selbst auf der einen Seite und Empfänglichkeit für Direktiven durch Strukturen des falschen Selbst auf der anderen Seite erscheinen als geradezu ideale Voraussetzungen. Die Anknüpfung des Sektenwerber bei Defiziten unter Verweis auf eine geheime Heilsbotschaft korrespondiert mit der Erfahrung mangelnder Lebendigkeit („Gefühl der Nichtigkeit“ s.o.) und dem Wissen um deren verborgene Präsenz. Das falsche Selbst, dessen Charakter Gefügigkeit ist, kooperiert mit den Gehorsamsforderungen des Sektensystems, auf der „Suche nach Bedingungen, die es dem wahren Selbst ermöglichen, zu seinem Recht zu kommen.“ (Winnnicott, 186). Motor des Prozesses sind die von den Glücksversprechen der Sekten geweckten Hoffnungen, einen Weg zum wahren Selbst gefunden zu haben. Sektiererische Ausbeutungsstrukturen würden so gesehen von frühkindlichen Deformationen profitieren: Destruktive Strukturen griffen ineinander und verstärkten sich gegenseitig in einem Teufelskreis der Wiederholung. Wie sehr unser von destruktiven Macht- und Leistungsstreben geprägter gesellschaftlicher Kontext solche Entfremdungsprozesse begünstigt, macht Arno Gruen deutlich (12). Die Überlegungen von Winnicott, Gruen und Hassan sind aufgrund langjähriger Praxiserfahrung in Ausstiegsberatung und Analyse formuliert. Die folgenden Betrachtungen einiger Fallgeschichten ehemaliger Mitglieder der Scientology-Sekte gehen vom Erklärungswert der dargestellten Begrifflichkeiten aus und versuchen keine grundsätzliche Problematisierung. Anhand markanter Facetten einzelner Fälle wird vielmehr nach punktueller wechselseitiger Erhellung von Theorie und Erfahrung gesucht.

Die Aussteigerin Anke Schmidt (13) war aus der ehemaligen DDR in eine westdeutsche Großstadt gekommen. Ihre Scientology-Karriere begann wie die vieler mit dem sogenannten kostenlosen Persönlichkeitstest, zu dem sie sich von Straßenwerbern der Scientology-Organisation hatte einladen lassen. Die ersten Erfahrungen mit den Scientologen waren sehr positiv. Es war eine neue Welt: „Zum ersten Mal interessierte sich jemand für mich.“ Die junge Frau bekam bald eine Anstellung in einer von Scientologen geführten Firma. Trotz erster schlechter Erfahrungen blieb sie dort und auf dem Hubbardschen

Heilsweg. Im Rückblick sagt sie heute: „Man lebt nicht mehr sich selbst, man ist ein andere Person, eine Maschine, die nur für Scientology arbeitet." Als besonders bedrückend erlebte sie einen Vortragsabend mit einem Scientology-Funktionär aus den USA: Der Redner proklamierte die Überwindung des Körpers durch das Zurückgewinnen der „Thetan-Power". Bei Anke Schmidt erzeugten schon seine Ausführungen panikartige Auflösungsgefühle. Heute sagt sie: „Bei Scientology wird der Körper völlig verleugnet. Er ist nur Ballast." Entsprechend bedeutungslos seien auch Sexualität und Partnerschaft bei den Scientologen gewesen. Auf dem Hintergrund der Winnicottschen Ausführungen läßt sich diese Verleugnung des Körpers auch als Form der Unterdrückung des wahren Selbst deuten und verstehen.

Ein anderer Ex-Scientologe (14) berichtet, daß mit seinem Einstieg in das scientologische Kurssystem die „Aushöhlung, das Aufgeben meiner eigenen Originalität, meiner eigenen Erfahrungen und Werte" begonnen habe. Ein für seinen Ausstieg entscheidendes Schlüsselerlebnis war ein Gespräch mit einer guten Freundin, die mal wieder versuchte, ihm klarzumachen, daß Scientology ein Irrweg ist. „Schließlich lehnte sie sich zurück und sagte: 'Gut wir kommen mit Worten nicht weiter. Aber ich weiß, daß es Mist ist.' Da wurde mir schlagartig klar: Die Worte sind scientologisch belegt und damit kann ich keinen Weg raus finden. Das zweite war die Art, wie sie das sagte. Daraus sprach so eine Verbundenheit mit dem Leben, dem eigentlichen Leben. Das war wie ein Lichtstrahl, in dem die Erinnerung an meine Kindheit aufblitzte, ein Gefühl für das, was Leben eigentlich ist. Diesen Moment habe ich für mich genutzt, um einen Pflock einzurammen und mir zu sagen: Ich gehe nicht wieder hin. Und das bißchen muß erstmal reichen als Rechtfertigung, um da nicht wieder hinzugehen." Diese Schilderung läßt sich mit Winnicott und Hassan als Beschreibung eines Momentes der Wiederentdeckung des wahren Selbst bzw. echten Ich deuten.

Daß dieses Zurückfinden zu sich selbst auch nach kurzer Sektenmitgliedschaft schon sehr schwierig werden kann, zeigt ein weiterer Bericht. Eine Frau schreibt: „Es wird noch viele Menschen erstaunen, aber schon nach sechs Wochen Scientology war ich nicht mehr ich selbst, sondern eine Schraube im Scientology-Getriebe. Die Sucht nach Anerkennung und totaler Freiheit mündete im genauen Gegenteil: der totalen Unterwerfung unter eine Idee und viele Vorschriften" (15). Durch die Begegnung mit einem Ausstiegsberater in ihrer neuerworbenen Scientology-Identität verunsichert, war sie zeitweise völlig orientierungslos: „Wochenlang hing ich in einem Schwebezustand, wußte nicht, wo oben oder unter ist, links oder rechts. Ich wußte eigentlich gar nichts mehr. Ich verlor den Boden unter den Füßen und fand keinen neuen, auch rein körperlich.“ (16) Diese Formulierung zeigt m.E. einmal mehr, wie sehr Selbstwahrnehmung und Selbstgewißheit im Körperempfinden verwurzelt sind, und bestätigt die Winnicottsche Verknüpfung der Vorstellung vom wahren Selbst mit der Lebendigkeit der Körperfunktionen.

Veränderungen der Körperwahrnehmungen können schon nach den ersten scientologischen Übungen auftreten. Der ehemalige Scientology-Manager Norbert J. Potthoff berichtet von seinem ersten Scientology-Kurs, dem sogenannten „Kommunikationskurs“: „Während dieser Übung erfaßte mich zum erstenmal das Gefühl, mich von meinem Körper zu lösen. Es begann meist mit einer Art innerem Rütteln, so als wolle man ein Bäumchen aus dem Boden reißen. Dann folgte ein Ruck, der in einen sanften Rauschzustand überging.“ (17) Potthoff erklomm weitere Sprossen der scientologischen Stufenleiter, wurde hauptamtlicher Mitarbeiter und stieg bis in die Führungsetagen der Scientology-Hierarchie auf. Die Erfahrungen als Manager des Hubbard-Konzerns ließen den Aufsteiger schließlich zum Aussteiger werden: „Die Ausbildung in Kopenhagen, der militärische Drill, der unbedingte Gehorsam, der mir abverlangt wurde, all das hatte mir die Scientology-Organisation von einer mir bis dahin verborgenen Seite gezeigt. Die Auseinandersetzung mit dem Management deckte Schwachstellen auf, wie ich sie nie vermutet hätte. Scientology war für mich nicht mehr das unfehlbare System. Ich fühlte mich mißbraucht, hatte meine Ideale für einen Konzern eingesetzt, der nur mehr und noch mehr Geld und Leistung wollte.“ (18) Im Rückblick schreibt Potthoff: „Ohne den Aufstieg ins scientologische Management hätte ich die totalitäre Struktur dieses Konzerns nicht begriffen, nicht verstanden, wie systematisch das Individuum zerstört wird. Möglicherweise hätte ich als einfaches Mitglied den Ausstieg nicht geschafft. Nur äußerst schwer gelang mir die Ablösung von Scientology, zumal ich jeder äußeren Einflußnahme sehr skeptisch gegenüberstand.“ (19)

Schwierigkeiten nach dem Ausstieg sind an der Tagesordnung. Wie massiv und bedrohlich diese werden können, macht der Bericht von Angelika Rieger deutlich. Sie schaffte den Absprung nach dreijähriger Scientology-Mitgliedschaft. Über die Zeit danach schreibt sie: „Ich konnte nachts nicht schlafen und litt unter Verfolgungsängsten. Ich war nicht in der Lage, eine simple

Kaufentscheidung zu treffen, und fühlte mich von allen Menschen bedroht. Ich bekam Depressionen und fühlte mich unendlich einsam. Ich war unfähig, für Stunden, Tage oder Wochen im voraus zu denken, geschweige denn zu handeln. Ein Zeitbegriff existierte für mich nicht mehr. Irgendwann wollte ich mich nur noch umbringen. Selbstmord schien mir der einzig mögliche Ausweg zu sein. Ich dachte, ich sei wahnsinnig geworden. Verzweifelt rief ich verschiedene Therapeuten an." (20)

Die Suizidgedanken der Angelika Rieger sind keine Ausnahmeerscheinung. Andere Aussteiger berichten Ähnliches (21). Die Konzepte von Winnicott und Hassan regen in diesem Zusammenhang folgende Überlegungen an: Die systematische Unterdrückung des wahren Selbst führt zu einer immer weiteren Abspaltung der primären Gefühle. Während der Sektenmitgliedschaft wird diese Abspaltung zunächst nicht als besonders problematisch erlebt: Durch die Gemeinschaft in der Gruppe und die Hoffnung auf das große Glück, den bahnbrechenden Fortschritt oder die erlösende Erleuchtung - Vorstellungen, die eine vollkommene Erfüllung der Bedürfnisse des wahren Selbst symbolisieren - erhält das wahre Selbst eine Art Überlebensration. Solange das Sektenmitglied den illusionären Erlösungshoffnungen nachhängt und das wahre Selbst sich also, wie Winnicott schreibt, auf der Suche befindet „nach Bedingungen, die es dem wahren Selbst ermöglichen, zu seinem Recht zu kommen" (186), bleibt die Psyche stabil. „Wenn solche Bedingungen nicht zu finden sind", fährt Winnicott fort, ohne dabei an spezifische Umstände zu denken, „dann muß eine neue Abwehr gegen die Ausbeutung des wahren Selbst errichtet werden, und wenn das zweifelhaft erscheint, ist die klinische Folge Selbstmord. Selbstmord in diesem Zusammenhang ist die Zerstörung des totalen Selbst, um die Vernichtung des wahren Selbst zu vermeiden. Wenn der Selbstmord die einzige Abwehr gegen einen Verrat des wahren Selbst ist, fällt es dem falschen Selbst zu, den Selbstmord zu organisieren" (ebd.).

Mit stärkerem Akzent auf der durch die Unterdrückung des wahren Selbst erzeugten Abspaltung der Gefühle ließe sich auch sagen: Sobald nach dem Ausstieg die kompensatorischen Überlebensrationen für das wahre Selbst - die stabilisierende Wirkung der Glücksillusionen etwa - wegfallen, manifestiert sich die Unterdrückung und Abspaltung des wahren Selbst in Depressions- und Angstzuständen, die zu Suizid-Gedanken bzw. -Handlungen führen können.

Die Beobachtungen eines klinischen Psychiaters können das aufgrund sektenpsychologischer und psychoanalytischer Überlegungen gewonnene und anhand einiger Aussteigerberichte profilierte Bild von den psychischen Auswirkungen einer Sektenmitgliedschaft abrunden. Norbert Nedopil sagt über Symptome von Patienten, die mit der Scientology-Organisation in Berührung gekommen waren: „Bei ambulanten Patienten, die mir von den Beratungsstellen zugeschickt wurden, beobachtete ich Symptome im Anfangsstadium der Verunsicherung, des Verlustgefühls. Sie haben den Eindruck, den Boden unter den Füßen zu verlieren." (22) Ausgeprägter, aber im Kern ähnlich, war die Symptomatik bei Patienten mit psychotischen Befunden und Scientology-Kontakt: „Als spezifische Form des Wahns beobachtete ich hier die Angst des Patienten, sich selbst zu verlieren, nicht mehr er selber zu sein, von sich selbst etwas weggenommen bekommen zu haben. Der Patient fühlt, daß er innerlich ausgelaugt und leer ist, hat die Empfindung, daß er nur noch die Hülle seiner selbst sei und seine Persönlichkeit verloren zu haben. Er erlebt sozusagen eine Exterritorialisierung des eigenen Ich, etwa von der Art 'Bei mir läuft nur noch das Fleisch herum, die Seele ist woanders'." (23)

Die Beschreibung liegt auf der Linie zitierter Aussteigeräußerungen („Man lebt nicht mehr sich selbst", „Aushöhlung .... meiner eigenen Originalität" s.o.) und trifft sich auch mit Winnicotts Charakterisierung des spezifischen Erlebens, das er dem falschen Selbst zuordnet („Gefühl des Unwirklichen oder ... der Nichtigkeit" s.o.). Alles in allem bestärken sich die verschiedenen Perspektiven wechselseitig: Aussteigerberichte und psychiatrische Anamnese unterstreichen die Plausibilität der Theorieansätze und umgekehrt. Differenzierungen erforderten umfangreichere und genauere Untersuchungen empirischen Materials.

Im Blick auf den Gesamtprozeß einer Sekten-Karriere läßt sich als Grundmuster festhalten: Die Demontage der Individualität geht Hand in Hand mit einer Zunahme konformer Denk- und Handlungsmuster. Pluralismus ist ausgeschlossen. Die eigene Ideologie gilt destruktiven Kulten und Sekten als absolute, über alle Kritik erhabene Wahrheit. Hassan schreibt: „In einer totalitären Sekte ist es grundsätzlich falsch, an sich selbst oder auch nur eigenständig zu denken. Zuerst kommt die Gruppe. Absoluter Gehorsam gegenüber Vorgesetzten ist eines der allgemeingültigsten Kennzeichen von Sekten. Individualität ist schlecht, Konformität ist gut. Der gesamte Realitätssinn eines Sektenanhängers wird außengeleitet; er lernt, sein eigenes

Selbst zu ignorieren und der externen Autoritätsfigur ganz zu vertrauen. Er lernt, Richtung und Sinn bei anderen zu suchen. Ich habe beobachtet, daß sich einfache Sektenmitglieder generell schwertun, Entscheidungen zu treffen, was in der überbetonten Außenleitung begründet sein dürfte. In diesem Zustand extremer Abhängigkeit brauchen die Mitglieder jemanden, der ihnen sagt, was sie denken, fühlen und tun sollen“ (132f.).

Die Erfahrungen von Waco (1993) und Jonestown (1978) haben gezeigt, daß Sektenanhänger sogar bereit sein können, auf Anweisung ihrer Führer in den Tod zu gehen. Besonders erschüttert hat die Weltöffentlichkeit, was 1978 in Guayana geschah: Auf Kommando des Sektenführers Jim Jones nahmen am 18. November 1978 mehr als 900 Amerikaner im Urwald von Guayana tödliches Gift. (24) Jones und die Anhänger seiner „People's Temple“-Sekte fühlten sich bedroht, als eine US-Delegation unter Führung des Kongreßabgeordneten Leo J. Ryan die „Jonestown“-Agrarkommune aufsuchen wollte, um sich ein Bild von den dortigen Verhältnissen zu machen. Über die näheren Umstände des Massensterbens gibt eine von den amerikanischen Ermittlungsbehörden veröffentlichte Tonbandaufzeichnung der letzten Minuten vor der Einnahme des Giftes Auskunft. Jones spricht zu seiner unter freiem Himmel versammelten Gemeinde und schlägt vor, Gift zu nehmen. Eine Frau namens Christine Miller wendet ein: „Aber wenn ich all die Babys ansehe, meine ich, sie haben ein Recht zu leben. Jones: Das meine ich auch. Christine Miller: Nicht wahr? Jones: Aber sie verdienen viel mehr. Sie verdienen Frieden (zustimmendes Murmeln aus der Gemeinde). Ein Mann: Es ist vorbei, Schwester, es ist vorbei. Der Tag ist gelaufen, ein schöner Tag. Laß ihn uns auch schön beenden (Zustimmung aus der Menge). Eine Frau (schluchzend): Wir sind alle bereit zu gehen. Wenn du es sagst, müssen wir unser Leben hergeben, jetzt. Wir sind bereit (zustimmende Rufe). ... Jones: ... der Tod ist millionenfach mehr vorzuziehen als zehn weitere Tage in diesem Leben. ... Hört auf, ihnen zu sagen, daß sie sterben. Ihr Erwachsenen, hört auf mit diesem Unsinn. Ich flehe euch an, hört auf, eure Kinder zu ängstigen, wo sie doch nichts anderes tun, als zur Ruhe zu gehen. ... Sie trinken doch nur etwas, was sie in Schlaf versenkt. Das ist der Tod: Schlaf. ... Nimm von uns unser Leben. Wir legten es nieder. Wir waren müde. Wir haben nicht Selbstmord begangen. Wir begingen einen revolutionären Selbstmord als Protest gegen die Bedingungen einer unmenschlichen Welt.“ (25)

Diese buchstäblich letzten Worte von Jones bringen m.E. noch einmal auf den Punkt, worum es bei destruktiven Kulten immer auch geht: um eine bestimmte Form des Protestes gegen den Zustand der Welt. Dieser Protest findet nicht als konstruktive Auseinandersetzung mit der rauhen Realität statt, sondern artikuliert sich in der Flucht in eine vermeintlich heile Gegenwelt, in der ein besseres Leben möglich sein soll. Im Fall Jonestown gipfelte er schließlich in der verzweifelten Flucht in den Tod, ausgelöst durch eine als existenzbedrohlich empfundene Störung der Sektenwelt und von Jones schmackhaft gemacht als Erreichen von „Frieden“, „Ruhe“, „Schlaf“, als endgültige Überwindung aller Konflikte eben.

Es leuchtet ein, daß auf diesem mehr oder weniger radikalen Weg der Weltflucht die Distanz zu den Konkreta der eigenen Existenz, zur Individualität des Körpers und seiner Gefühle und zur Einzigartigkeit der eigenen Lebensgeschichte, stetig zunehmen muß. Im Fall Jonestown kulminiert diese Fluchtbewegung in die symbiotische Verbundenheit einer konflikt- und differenzarmen Sektenwelt im alle gleichmachenden Tod in absoluter Konformität, Entdifferenzierung, Entkörperung, Auflösung. Dieses Extrembeispiel macht m.E. einmal mehr deutlich, daß man die Persönlichkeitsdeformation in destruktiven Kulten als Auflösungsprozeß von Individualität charakterisieren kann. Die absolute Konformität des Todes verweist auf Konformität versus Individualität (oder mehr von Gruen her gedacht: Heteronomie versus Autonomie) als Grundmuster sektentypischer Deformationsdynamik: Als „Aushöhlung ... meiner eigenen Originalität, meiner eigenen Erfahrungen und Werte“ (s.o.) hatte ein Aussteiger seine Sektenerfahrung bei den Scientologen beschrieben.

Die Frage nach Strukturmerkmalen von Wachstumsprozessen hin zu mehr Individualität und Komplexität kann diese Sichtweise noch profilieren und weitere Kontexte der Problematik andeuten. Anregung bei der Beantwortung dieser Frage nach Charakteristika des Konstruktiven vermittelt ein Blick auf die Mythologie und frühe Philosophie des Schöpferischen. Religiöse Traditionen und griechische Philosophen beschreiben den Akt der Schöpfung übereinstimmend als ein opus distinctionis. (26) Besonders deutlich wird dies in der biblischen Schöpfungserzählung, die schildert, wie durch immer weitere Scheidungen und Unterscheidungen Schritt für Schritt aus dem Tohuwabohu des Anfangs die Welt entsteht. Die Anstrengung der Differenz bringt die Komplexität ihrer Formen hervor. Verallgemeinernd läßt sich sagen: Prozesse der Schöpfung und Erzeugung sind durch fortschreitende Differenzierung gekennzeichnet, Wesensmerkmal des Schöpferischen bzw. Konstruktiven ist Differenzierung. Die Frage nach der Akzeptanz und dem Stellenwert von Differenzen ist darum im Umkehrschluß ein gutes Kriterium für die Beurteilung der Destruktivität von Sektensystemen und von sozialen Systemen überhaupt. Wieviel Differenz, individuelle Interpretation und damit Individualität und Autonomie läßt ein System zu? Wie steht es um die Freiheit zu selbstbestimmtem Denken und Handeln, das immer wieder Differenzen erzeugt? Gegen die Bedrohung dieser Freiheit hat Jean-Francois Lyotard treffend eingewandt: „Aktivieren wir die Differenzen, retten wir die Ehre des Namens." (27)

Anmerkungen

(1) Steven Hassan, Ausbruch aus dem Bann der Sekten, Psychologische Beratung für Betroffene und Angehörige, Reinbek 1993.
(2) Es geht um „destruktive Kulte" oder „totalitäre Sekten", wie die deutsche Ausgabe den amerikanischen Begriff „destruktive cults" übersetzt; vgl. dazu Hansjörg Hemminger in: Hassan, a.a.O., 9F. Als „totalitär" bzw. „destruktiv" bezeichnet Hassan „eine Gruppe, die die Rechte ihrer Mitglieder verletzt und sie durch unethische Praktiken der Bewußtseinskontrolle schädigt", a.a.O., 67. Vgl. auch ders., a.a.O., 67ff. und 173ff.
(3) A.a.O., 121ff.
(4) Donald W. Winnicott, Ich-Verzerrung in Form des wahren und des falschen Selbst, in: D.W. Winnicott, Reifungsprozesse und fördernde Umwelt, Studien zur Theorie der emotionalen Entwicklung. Frankfurt am Main <1960> 1984, 182-199.
(5) Arno Gruen, Der Verrat am Selbst. Die Angst vor Autonomie bei Mann und Frau, München 1993[8]. Gruens Buch - auf das mich Werner Gross hinwies - kann als vertiefender Kommentar zur hier zitierten Arbeit von Winnicott, auf die Gruen sich allerdings an keiner Stelle bezieht, gelesen werden. Gruen entwickelt seine Gedanken am Leitbegriff der Autonomie, die er definiert als „Zustand der Integration, in dem ein Mensch in voller Übereinstimmung mit seinen eigenen Gefühlen und Bedürfnissen ist". a.a.O., 17.
(6) Vgl. Hassan, a.a.O., 91; die folgenden Seitenangaben im Text beziehen sich auf diese Publikation.
(7) D.W. Winnicott, a.a.O.: die folgenden Seitenangaben beziehen sich auf diese Publikation.
(8) Arno Gruen, a.a.O., 20, vgl. auch 17ff.
(9) Ders., a.a.O., 20.

(10) Ders., a.a.O., vgl. bes. 26, 28, 38, 43, 45, 81ff., 105, 159f.
(11) Ders., a.a.O., 28.
(12) Arno Gruen, a.a.O., 17ff.
(13) Unveröffentlichte Interviewmitschrift, Name geändert.
(14) Unveröffentlichte Interviewmitschrift.
(15) Elke Peters (Pseudonym) in: Hassan, a.a.O., 154.
(16) Dies., a.a.O., 155.
(17) Norbert J. Potthoff, Vom Aufsteiger zum Aussteiger - Ein ehemaliger Scientology-Manager packt aus, in: Jörg Herrmann (Hg.), Mission mit allen Mitteln - Der Scientology-Konzern auf Seelenfang, Reinbek 1992, 17.
(18) A.a.O., 25.
(19) A.a.O., 28.
(20) Angelika Rieger (Pseudonym), „Ich wollte mich nur noch umbringen." Erfahrungen einer ehemaligen Scientologin, in: Herrmann, a.a.O., 38.
(21) Vgl. u.a. den von Hugo Stamm geschilderten Suizid-Fall „Brücke in den Tod. Die Geschichte des Reto T.", in: Herrmann, a.a.O., 40-50; vgl. dazu auch die Ausführungen von Werner Thiede: Die Geistesfalle. Der Hubbardsche Heilsweg, in: Herrmann, a.a.O., 80.
(22) Norbert Nedopil/Wolfgang Behnk, Scientology - Ein ideologisches System der Verblendung, in: Herrmann, a.a.O., 176.
(23) Ders., ebd.
(24) Vgl. Der Spiegel 48/1978; 12/1979.
(25) Der Spiegel 12/1979, 246f.
(26) Vgl. Hartmut Böhme, Die Elemente und die quinta essentia. Zur Geschichte ihrer symbolischen Formen, unveröffentlichtes Manuskript eines Vortrags auf dem Symposion „Materialität und Immaterialität der Elemente in der Kunst" am 25. und 26. März 1993 im Hamburger Literaturhaus, dort bes. 2, 3 und 6.
(27) Jean-Francois Lyotard. Beantwortung der Frage: Was ist postmodern? in: Peter Engelmann (Hg.), Postmoderne und Dekonstruktion. Texte französischer Philosophen der Gegenwart. Stuttgart 1990, 48.

Zur gesellschaftlichen Bedingtheit von alternativer Religiosität und Lebenshilfe

Jürgen Eiben

Die Debatten um die sogenannten „Jugendsekten" sind nun bald ein Vierteljahrhundert alt. Immer wieder wird seither auf die gefährlichen Aspekte, auf die Bedrohungen für Individuum und Gesellschaft hingewiesen, die von den alternativ-religiösen Gruppen aber auch von den neuen Formen der Lebenshilfe ausgehen. Immer wieder wird in den Medien und in Vorträgen gewarnt und aufgeklärt. Die Erfolge dieser Bemühungen sind jedoch sehr ambivalent zu beurteilen. So erstaunt der angesichts massiver Berichterstattung der Medien geringe Kenntnisstand in der Bevölkerung (z.B. Schmidtchen, 1987). Bei aller Medienwirksamkeit scheint die Aufklärung nicht so recht gelingen zu wollen. Im Gegenteil, wir können in den letzten Jahren beobachten, wie der alternative Lebenshilfemarkt sich nach einer Boomphase konsolidiert und wie aus „Sekten" starke Organisationen werden, die in vielfacher Weise versuchen, gesellschaftlichen Einfluß zu gewinnen, und denen dies immer mehr auch gelingt.

Anstatt der Säkularisierung zu verfallen, wie dies seit der Aufklärung immer wieder prognostiziert wird, wird Religion in der Moderne zunehmend weniger vorhersagbar. Von ihr nur stabilisierende Auswirkungen für Individuum und Gesellschaft zu erwarten, ist so nicht länger angebracht. Der Gegensatz von integrierenden und konfligierenden Aspekten von Religion und Lebenshilfe in ihrer Relation zu den gesellschaftlichen Rahmenbedingungen wird in diesem Aufsatz behandelt.

1. Zur Normalität des weltanschaulichen Pluralismus

Die Religions- und Weltanschauungsfreiheit ist nicht nur eine rechtliche Errungenschaft oder eine philosophische Idee, ihr entsprechen auch massive soziale Entwicklungen. Der Wandel von der traditionalen zur modernen Gesellschaft, von der industriellen zur post-industriellen Gesellschaft hat auch vor der Religion nicht haltgemacht (Beckford, 1989). Einige Stichworte, die die soziologischen Debatten seit Jahren prägen, sind Rationalisierung, Differenzierung und Säkularisierung, Enttraditionalisierung, auch Globalisierung und Individualisierung. Marx Weber (1921) hat in seiner Studie „Die protestantische Ethik und der Geist des Kapitalismus" gezeigt, wie durch religiöse Ideen ins Rollen gebracht, der Prozeß der Modernisierung einsetzte und zugleich seine religiösen Ausgangspunkte zunehmend überrollt hat. Säkularisierung und Rationalisierung der gesellschaftlichen Aspekte des sozialen Lebens haben einen religiösen Ursprung, aber die ethischen Korrelate dieser religiösen Ursprünge werden im Zuge dieser Entwicklung gesellschaftlich nachrangig.

Das Religiöse wird in der modernen Gesellschaft zu einer allgemeinen kulturellen Grundlage. Es verliert aber zunehmend den Charakter einer verbindlichen Form der Lebensführung und damit die konkrete Prägekraft für das Handeln in gesellschaftlichen Strukturen. Es verdunstet gewissermaßen in den Bereich allgemeiner, kultureller Werte und läßt die Normierungen hinter sich.

Wenn wir heute von Enttraditionalisierung reden, dann meint dies genau diesen Prozeß der Auflösung der Verbindlichkeit einer relativ einheitlichen sozialen Lebenswelt, in der eine weitgehend verbindliche Form der Lebensführung herrscht. Das ganze Leben in Familie, Gemeinde aber auch Ausbildung und Beruf war hier auch mit religiösen Regeln und Sinngehalten durchsetzt. Religiöse Regeln waren quasi allgegenwärtig. Allein, Enttraditionalisierung meint nicht, daß Traditionen verlorengehen, sondern daß sie konkurrieren (Berger, 1980). Wir haben es mit einem bunten Nebeneinander zu tun, dessen Fokus das einzelne Individuum bildet. Der oder die einzelne prägen selbst ihre unmittelbare Lebenswelt. Man braucht sich, um dies zu unterstreichen, nur einmal einige wesentliche soziodemographische Trends vor Augen führen: heute leben rund 55% der bundesrepublikanischen Bevölkerung in Städten mit mehr als einhunderttausend Einwohnern, 1975 waren es rund 40%. 1970 erst 30%. Gehen wir ein Jahrhundert zurück, so waren dies nur 5%. Oder nehmen wir die durchschnittliche Haushaltsgröße: 1990 leben im Durchschnitt der Bevölkerung rund 2,25 Personen in einem Haushalt zusammen, 1970 waren dies noch 2,7 und 1950 3 Personen. 1871 waren es 4,6 Personen pro Haushalt. Die Zahl der Einpersonenhaushalte liegt heute bei 35% mit seit Jahren steigender Tendenz. Man könnte ebenso anführen, daß der Kreis der engen Bezugspersonen (Familie, enge Freunde und Nachbarn) sich verengt. Die sogenannte Enttraditionalisierung hat also in den Veränderungen der Lebens- und Alltagswelten eine massive soziale Grundlage.

Enttraditionalisierung heißt natürlich auch Vergesellschaftung. Die sozialen Beziehungen werden durch versachlichte Strukturen bestimmt, die nach ihrer eigenen Logik konstruiert werden. Beruf, Bildung und Ausbildung, Freizeit, politische Beteiligung entfalten eigene Standards, die systembildend wirken (z.B. Luhmann, 1986). D.h. auch, daß diese Subsysteme Verhaltensregeln (Rollen) konstituieren, die das Handeln des einzelnen standardisieren (Beck, 1986). Religiöse und gemeinschaftliche Einflüsse geraten dabei immer mehr in den Hintergrund. Die Bereiche des lebensweltlichen Handelns werden enger (Habermas, 1981).

Die Prozesse der Globalisierung unterstützen diesen Trend (vgl. Robertson, 1991). Durch Medien, durch Mobilität aber auch durch zunehmend internationaler werdendes Recht (Menschenrechte), treten Gemeinschaftsformen direkt nebeneinander. Wir können an allen Ereignissen durch die Medien scheinbar direkt teilhaben, wir können aber auch in unserer direkten Umgebung oder durch Reisen andere Kulturen und Religionen und Lebenswelten erfahren. Der gemeinsame Nenner all dieser Formen wird immer allgemeiner. Es sind Prozesse der Generalisierung auf der Ebene der kulturellen, auch der religiösen Grundlagen, denen Prozesse der Partikularisierung auf der Ebene der Lebenswelten gegenüberstehen. Nur daß diese partikularistischen Gruppen in internationalen Organisationen vergesellschaftet werden. Dieser Trend zeigt sich auch bei neuen religiösen Gruppen: multinationale, starke Organisationen, denen eine mehr oder weniger große Zahl von partikularen, sich z.T. von Ort zu Ort stark unterscheidenden Untergruppen angehören, die aber alle auf eine globale Strategie verpflichtet werden. Dies kann die Mission sein, dies kann die angestrebte Weltherrschaft sein, dies kann aber auch die Erlangung einer marktbeherrschenden Position sein.

Die Gemeinschaft als Form sozialer Integration spielt dabei für die Formulierung der Ziele und die Wahl der Mittel zur Erreichung dieser Ziele immer weniger eine Rolle. Den Institutionen der Gesellschaft steht also immer mehr das Individuum gegenüber und nicht die Gemeinschaft. Oder genauer: eine

Vielzahl von Gemeinschaften, von partikularen Gruppen, deren zentraler Vermittlungspunkt die Individuen sind, die ihr Leben als vergesellschaftete Individuen führen. Max Weber sprach in diesem Zusammenhang schon am Anfang dieses Jahrhunderts vom heroischen Individualismus, der die Moderne kennzeichnen werde.

Wallis (1982) hat diesen Prozeß als De-Institutionalisierung der Identität bezeichnet. Sowohl die Vielzahl der für ein Mitglied moderner Gesellschaften erforderlichen Rollenübernahmen, als auch die geringe gesellschaftliche Reichweite der privaten Lebenswelten (Gemeinschaft), machen Identitätsfindung problematisch. Die Paradoxie der Individualisierung (Münch, 1991) besteht darin, daß die Moderne den Menschen zwar von den Zwängen der geschlossenen Gemeinschaften befreit und ihm so die Welt eröffnet hat, daß diese Öffnung aber in Form gesellschaftlicher Sachzwänge neue Verbindlichkeiten produziert. Der moderne Mensch tauscht die Abhängigkeit von der Gemeinschaft und ihre Sicherheit und Geborgenheit gegen die Abhängigkeit von der Gesellschaft und ihre scheinbare Unsicherheit, Kälte und Fremdheit. Das Individuum selbst muß sich eine Identität schaffen, das Individuum selbst muß sich eine gesellschaftliche Position erarbeiten. An die Stelle von „zugeschriebenen" Konstituenten von Identität treten „erworbene". An die Stelle von unveränderlichen durch Geburt und soziale Position zugeschriebenen Merkmalen tritt die Leistung (Parsons, 1972; Münch, 1982; vgl. auch Beck, 1986).

Dieser Entwicklung entspricht die aktuelle Betonung von Therapie und Lebenshilfe als zunehmend an Bedeutung gewinnende Themen kirchlicher wie nicht-kirchlicher Religiosität, aber auch der „Boom der Psychotherapie". Der Gegenstand ist die Erhaltung oder Herstellung von Leistungsfähigkeit. Da dies aber eine relativ neue Erscheinung ist, haben die modernen Gesellschaften nur unzureichende Reaktionsmuster ausgebildet. Für den Supermarkt der Weltanschauungen (Barker, 1991) und Lebenshilfen steckt der „Verbraucherschutz" noch in den Kinderschuhen, sei es was das Wissen um Methoden, sei es was mögliche Regreßansprüche, sei es was den Umgang mit alternativen Lebensformen betrifft.

Dieser Kataster von Entwicklungen erhebt keineswegs den Anspruch auf Vollständigkeit. Aber alle Fäden laufen in einem Punkt zusammen, der Normalität von weltanschaulichem und lebensweltlichem Pluralismus in einer modernen Gesellschaft. Und dies ist keineswegs als Defizitdiagnose zu verstehen. Man kann nicht hinter die Moderne zurückgehen. Dies ist der Ausgangspunkt, der in den Debatten um die alternativ-religiösen Gruppen und die alternativen Lebenshilfeangebote zugrundegelegt werden muß. Sie sind ein normaler Bestandteil einer jeden modernen Gesellschaft. Und sie werden an Bedeutung eher noch gewinnen. Soziale und religiöse Bewegungen können die Experimentierfelder in der modernen Gesellschaft werden, die neue Impulse angesichts nur ihrer Eigenlogik folgender Systemkontexte zu geben im Stande sind (Habermas, 1981; Beck, 1986; Hannigan, 1991). Dazu muß es den Gruppen und Bewegungen aber gelingen, den Basisbezug und eine demokratische Grundstruktur zu erhalten, sonst besteht die Gefahr des Abgleitens in totalitäre, geschlossene Strukturen (Eiben und Viehöfer, 1993), wie dies leider sowohl im religiösen wie im psychotherapeutischen Bereich zu beobachten ist. Die Modernität des Phänomens neue Religiosität und Lebenshilfe darf also auch nicht so verstanden werden, als handele es sich um eine nur positiv zu bewertende Erscheinung. Diesen Eindruck drängt uns das verengte Verständnis von Religion verstanden als Kirche auf. Es heißt nur, daß die Gesellschaft und ihre Institutionen sich auf diesen Sachverhalt einstellen, daß sie Vermittlungssysteme ausbilden müssen, die ein hinreichend harmonisches gesellschaftliches Gefüge erhalten können. Eines ist aber ganz sicher: Alle Versuche, alternative Religiosität und Lebenshilfe pauschal pathologisieren zu wollen, sind im Kern verfehlt und zum Scheitern verurteilt, da sie letztlich auf die Grundwerte der modernen Gesellschaft selbst zielen.

2. Zur soziologischen Bestimmung religiöser Gruppen

Auch heute noch orientiert sich die Definition religiöser Gruppenbildungen an klassischen Ansätzen. Ernst Troeltsch (1912) unterschied die Kirche und die Sekte als Spielarten religiöser Organisation innerhalb eines kulturellen Kontextes. Dabei tendiert die Kirche zur Übereinstimmung mit der Gesellschaft und geht dabei weitgehende Kompromisse zu Lasten der Strenge der Lehre ein, wohingegen die Sekte gerade auf dem buchstäblichen Umsetzen der Glaubenslehre besteht.

Soziologisch kann die Kirche als Idealtyp der Homogenität, der Integration der Gesellschaft durch eine gemeinsame religiöse Legitimationsbasis verstanden werden. Kirche geht einher mit einer weitgehend spannungsfreien Vermittlung von religiöser und weltlicher Sphäre oder konkreter von religiöser Gemeinschaft und gesellschaftlicher Gemeinschaft. Die Kirche ist nicht nur das Muster für Sozialformen, sie ist auch das Muster für kulturelle Legitimationen für soziale Beziehungsstrukturen. Dieses Bild scheint mir latent immer noch die Betrachtung von Religion zu bestimmen. Religion integriert Gesellschaft, weil sie eine hinreichend einheitliche gemeinsam geteilte Lebenswelt schafft, weil sie gemeinsam geteilte kulturelle Legitimationsmuster für diese Gesellschaft bereitstellt. Dagegen sprechen nun aber in zunehmendem Maße die gesellschaftlichen Entwicklungen. Denn die gemeinschaftlichen Traditionen nehmen ab bzw. werden regionalisiert und austauschbar. Religion kann also keine hinreichend ähnlichen Lebensumstände mehr als kollektive Tatbestände schaffen. Auch die religiös-kulturellen Legitimationsgrundlagen lösen sich im Zuge ihrer Generalisierung immer mehr von konkreten Normierungen ab. Die Grundrechte bedürfen der religiösen Begründung immer weniger und das, was an religiösen Bezüge verbleibt, muß allgemeiner gefaßt werden, um alle religiösen Vorstellungen mit anzusprechen.

Enttraditionalisierung und Vergesellschaftung einerseits, die Individualisierung andererseits sind weitere Gegenanzeigen gegen dieses gesellschaftlich dominante Verständnis von Religion als Integrationsfaktor Kirche. Die Religion ist gleichsam aus der Gesellschaft ausgewandert. Sie ist zu einer kulturellen Ressource geworden, die in verschiedenster Weise in Vergesellschaftungen Eingang finden kann (vgl. Beckford, 1989).

Die Sekte wurde von Troeltsch als sozialrevolutionärer Idealtyp eingeführt. Sie ist eine religiöse Gruppe, deren Vereinigungsgrund in der Pflege und Umsetzung einer religiösen Lehre in verbindliche Lebenspraxis besteht. Die Spannung zur weiteren Gesellschaft ist hoch. Eine solche Struktur kann sich in einer feindlichen sozialen Umwelt nur kurzfristig erhalten, solange z.B. das Charisma des Gründers noch direkt spürbar ist. Langfristig ist eine solche Entwicklung nur durch den Rückzug aus der Gesellschaft möglich. Die protestantischen Sekten, die die Neue Welt erschlossen haben, konnten diese Rückzugsmöglichkeiten noch finden. Die Vereinigten Staaten sind davon geprägt. Doch heute fehlen diese Möglichkeiten des Rückzugs. Der Rückzug findet also in der Gesellschaft statt. So können heute Sekten nicht mehr so leicht Gemeinschaftsstrukturen entfalten, die der Gesellschaft Impulse geben können. Die gestaltenden Kräfte, die von den protestantischen Sekten ausgingen, sind heute erlahmt. Die Spannungen bleiben dauerhaft hoch (Wallis, 1984).

Christliche Sekten, Sekten am Rande des christlichen Spektrums wie etwa die Zeugen Jehovas oder das Universelle Leben oder auch fundamentalistische Entwicklungen innerhalb der Kirchen sind in erster Linie als Gegenbewegun-

gen gegen die Moderne zu sehen. Man möchte die tradierte verbindliche und geschlossene religiöse Gemeinschaft wiederherstellen (Riesebrodt, 1991).
Je nach Ausrichtung und innerer Strenge der Gruppen entstehen ähnliche Probleme, die auch bei Kulturen und Kultbewegungen auftreten. An erster Stelle steht die soziale Entfremdung, sowohl von den Gemeinschaftsbeziehungen aus denen das Individuum kommt, als auch von der weiteren Gesellschaft. Das größte Problem besteht darin, daß die meisten Sekten und Kulte bestehen, ohne daß sie sich eine Vorstellung eines Lebens nach der Sekte oder dem Kult machen können. Es gibt kein Leben nach der Sekte und daher ist eine auf die weitere Gesellschaft bezogene Zukunftsplanung des einzelnen Mitglieds nicht möglich. Solche Vorstellungen würden die innere Stringenz der Lehre auflösen. Wenn eine Sekte (eine Kultbewegung) sich nicht etablieren kann, indem sie eigenständige soziale Muster herausbildet und sich auf diesem Wege mit der Gesellschaft zumindest „versöhnt", also quasi zur Kirche wird, bleibt das Konfliktpotential hoch. Da aber die sozialen Räume zur Etablierung einer Sekte und zur Herausbildung einer vergesellschaftungsfähigen Sozialform immer weniger zur Verfügung stehen, müssen die Impulse zur Etablierung solcher Vermittlungsmuster von außen kommen, aus der Gesellschaft, in die die weitaus meisten Mitglieder von Sekten oder Kulten irgendwann einmal zurückkehren (vgl. Barker, 1989, Wright, 1987, Galanter, 1989). Hier sind staatliche und gesellschaftliche Institutionen gefragt. Die christlichen Sekten in diesem Zusammenhang zu vernachlässigen wäre fatal, denn einerseits haben wir es hier durchaus mit den gleichen Konfliktlinien zu tun, andererseits sind die Fallzahlen hier um ein Vielfaches höher.

Troeltschs Typologie ist schon in der 20er Jahren um den Begriff des Kultes erweitert worden. Es wurde notwendig, auch über den Horizont des Christentums hinauszublicken. Es handelt sich also hier um religiöse Muster, die nicht im Kontext der vorherrschenden religiösen Kultur verankert sind: Importe oder Neuschöpfungen und Mischformen. Im Bereich der Kulte im engeren Sinne lassen sich zwei Formen unterscheiden:

Der wenig organisierte und nicht Gruppen bildende Bereich wird in der Soziologie kultisches Milieu genannt (Knoblauch, 1989). Damit ist der relativ offen strukturierte Bereich der individuellen Sinnsuche gemeint, der insbesondere außerempirische oder transzendente Mittel einbezieht. In verschiedener Hinsicht haben den alltäglichen Erfahrungsbereich überschreitende Mittel in der Lebenshilfe ihren Stellenwert erhalten und gefunden. Und dieser scheint eher noch zu wachsen in einer Zeit, die der Wissenschaft immer weniger traut.

Es beginnt bei den allgegenwärtigen Horoskopen, geht über einen ausufernden esoterischen Buch- und Zeitschriftenmarkt, über esoterische Formen der Lebensbewältigung und Lebenshilfe in Vorträgen und Kursen, bis hin zu Therapiegruppen mit starker Fluktuation und geringer Klientenbindung. Vergleiche der subjektiv geäußerten Religiosität mit der Kirchlichkeit zeigen deutlich, daß neben den Kirchen ein starkes religiöses Potential besteht. So gaben 1991 etwa 50 % der Befragten an, religiös zu sein, aber nur rund 14 % waren in irgendeiner Weise kirchlich aktiv (Quelle: Allbus, 1991).

Vom kultischen Milieu zu unterscheiden sind die Kulte oder Kultbewegungen (vgl. Stark und Bainbridge, 1985), die organisierten und beständigen Formen, die zwar im weitesten Sinne das kultische Milieu mit konstituieren, die aber höhere Grade der Organisation aufweisen. Diese organisierten Formen wie die Scientology Kirche, die Transzendentale Meditation oder die Hare Krishna Bewegung, um nur einige zu nennen, dominieren die öffentlichen Diskussionen. Bei allen z.T. sehr gravierenden Unterschieden in Lehre und Gruppenstruktur ist den Kulten gemeinsam, daß sie keinen christlichen Ursprung haben, oder aber christliche Elemente mit anderen dominanten religiösen oder kulturellen Elementen verbinden.

Sekten und Kulte werden deswegen zunehmend zum Problem, weil ihre Entfaltung sich ganz spezifischen Rahmenbedingungen anpaßt. Insbesondere die Veralltäglichung des Charisma, also die Umstellung der Legitimationsbasis einer neuen Religion vom absoluten Gehorsam gegenüber der charismatischen, mit außeralltäglichen Fähigkeiten z.B. von Gott begabten Führungsfigur, auf eine religiöse Institutionen, Ethiken und Lebensformen, folgt immer mehr spezifischen gesellschaftlichen Mustern. So passen neue religiöse Gruppen sich immer stärker den gesellschaftlichen Möglichkeiten an, sie bilden im Zuge der Veralltäglichung des Charisma keineswegs alternative Gemeinschaften oder Gemeinden, sondern eher unternehmensähnliche Strukturen, die der Logik des Marktes folgen und Individuen (Klienten) Dienstleistungen anbieten, oder auch parteiähnliche Strukturen aus. Aus dem Mitglied wird tendenziell ein Dienstleistungsnehmer und -geber. Insbesondere die Orientierung am Markt als Ordnungsform ist ein Grund für die fast unüberschaubare Vielzahl an Lehren und Gruppenformen im Bereich der Kulte.

3. Entwicklungslinien

Die Entwicklung von alternativen religiösen Gruppen hat sich in den letzten Jahrzehnten grundlegend verändert. Hier soll insbesondere auf zwei Veränderungen eingegangen werden: die Tendenz weg von eher weltablehnenden religiösen Ethiken zu weltbejahenden oder zumindest der Welt angepaßten Formen; die Tendenz weg von gemeindeförmig strukturierten Gruppen, hin zur marktförmig strukturierten Organisation. Dann wird in einem dritten Schritt die Perspektive einmal umgekehrt und gefragt, inwieweit die moderne Gesellschaft erst bestimmte Sekten- und Kultformen hervorbringt.

a) Von der Weltablehnung zur Weltbejahung (Weltanpassung)

Wenn in der öffentlichen Diskussion von neuen religiösen Bewegungen oder Sekten die Rede ist, dann sind zumeist weltablehnende auffällige Formen gemeint. Man denkt spontan an die Hare Krishna Bewegung, die Kinder Gottes oder die Mun-Bewegung. Weniger bekannt sind dagegen die Scientology Kirche oder die Transzendentale Meditation, obgleich diese Gruppen weitaus größer sind (vgl. Schmidtchen, 1987). Beide letztgenannten Gruppen haben eines gemeinsam: Sie haben eine weltbejahende Lehre. D.h., sie sehen das spirituelle Heil als etwas Immanentes an.

Weltflüchtige Gruppen, die sich aus der Gesellschaft zurückziehen, die das klassische Sektenbild geprägt haben, spielen dagegen heute eine untergeordnete Rolle. Und Gruppen, die eher weltablehnende Lehren vertreten, wie die Vereinigungskirche oder die Hare Krishna Bewegung aber auch viele christliche Gruppen bewegen sich, je mehr sie sich etablieren, auf die Welt bzw. sie Gesellschaft zu (Wallis, 1984). D.h., sie passen sich der Gesellschaft teilweise an. Es sind aber nicht die Anpassungsprozesse der klassischen Sekten, die sich im Laufe der Etablierung funktionierender Gemeinden gleichsam verkirchlichten, sondern es ist eher zu beobachten, daß hier Organisationen die gesellschaftlichen Strukturen für ihren eigenen Bestand nutzen. Sie passen sich also partiell an, indem sie z.B. Rechts- und PR-Abteilungen bilden, indem sie gesellschaftliche Modetrends gezielt ansprechen und dafür Suborganisationen gründen. Die Herausbildung von eigenständigen, dauerhaften Lebenszusammenhängen ist offensichtlich bislang nicht von besonderem Erfolg gekrönt. Sonst wären die Ausstiegsraten nicht so hoch (Barker, 1984, 1989; Wright, 1987; Galanter, 1989; Roderigo in diesem Band). Man kann sagen, daß die Anpassungsstrategien eher dem Erhalt einer Organisation als dem der

Etablierung einer Gemeinschaft entsprechen. Dies ist um so problematischer, als diese Gruppen trotzdem zumeist kein Leben nach der „Sekte" kennen.

b) Von der Gemeinde zum Markt

Das implizite Modell der Organisation ist bei den meisten erfolgreichen Gruppen immer weniger die Gemeinschaft der Gläubigen und die Gemeinde, als vielmehr das florierende Wirtschaftsunternehmen bzw. eine starke „überlebensfähige" Organisation (Wallis, 1984; 1976). Überspitzt formuliert tritt an die Stelle der Gemeinde der Markt. Damit reagieren diese Gruppen auf die Individualisierungsprozesse und die veränderte Stellung des einzelnen, der nicht mehr der direkten Kontrolle einer geteilten sozialen Lebenswelt unterliegt, sondern im Grunde als einzelner Nachfrager einer Dienstleistung auf den weltanschaulichen Markt tritt. Daher ist es auch ungenau von Mitgliedern zu reden, denn es handelt sich um Dienstleistungen, die eine gewisse Zeit, und vielleicht sogar mit dem subjekten Ziel, ein Leben lang der Gruppe anzugehören, in Anspruch genommen werden. Dies trifft aber, wie die empirische Forschung zeigt, für die meisten keineswegs dauerhaft zu. Der häufige Wechsel wird zur Regel.

Hier entsteht ein massives Problem. Da die Kontrolle der religiösen Gruppe durch die Gemeinde zunehmend entfällt und an ihre Stelle die Dynamik eines Weltanschauungs- und Lebenshilfemarktes tritt, gilt zunehmend anything goes, alles, was ökonomischen Erfolg sichert, geht. Nur hat diese Form der Lebenshilfe häufig Folgen, die das Individuum noch lange tragen muß: soziale Isolierung, wirtschaftliche Nachteile durch fehlende Ausbildung, fehlende Renten- und Sozialversicherung und psychische Probleme. Von den Auswirkungen auf das soziale Umfeld ganz zu schweigen (vgl. Barker, 1989).

Bislang sind die Ansätze zu einer Kontrolle dieses Weltanschauungs- und Lebenshilfebereichs nicht von Erfolg gekrönt gewesen. Dies hat zwei Gründe. Zum einen werden die Ziele falsch formuliert. Denn es kann nicht um Verbote religiöser Gruppen oder die Abschaffung oder Einschränkung der Religions- und Weltanschauungsfreiheit gehen. Dies käme der Abschaffung der Moderne ebenso nahe wie die inneren Strukturen so mancher Sekte. Es kann hier nur um sachliche Aufklärung gehen, weniger über die Etikettierung einzelner Gruppen, wie dies bisher in der Bundesrepublik die vorherrschende Praxis ist (vgl. Usarski, 1988), als vielmehr über die Methoden der psychischen und sozialen Kontrolle und Manipulation. Ebenso wichtig ist die

Schaffung von gesellschaftlichen Vermittlungssystemen, die die Risiken für das Individuum tragbar machen.

Zum anderen beruht die Erfolglosigkeit aber auch auf der Unterschätzung der damit zusammenhängenden sozialen Probleme. Immer noch verdeckt die Assoziation von Religion mit Kirche und damit die Unterstellung gesellschaftlicher Integration die Problemsichten. Ich denke, daß man hier um die Präzisierung rechtlicher Regelungen nicht herumkommt: z.B. zur Qualität der Angebote (Regreßpflichten), zum Kinder- und Jugendrecht, zur Sicherstellung der sozialen Absicherung auch der Ehemaligen, u.v.m. Dazu ist es auch erforderlich, eine zentrale verläßliche Informationsstelle zu haben, die wissenschaftlich abgesicherte, sachliche Grundlageninformation zur Verfügung stellen kann, die dann auch zur Grundlage von Maßnahmen werden muß. Man kann die davon ausgehende Versachlichung in ihrer Wirkung nicht überschätzen. Eileen Barkers (1991) Forderung zu wissen, was in den Regeln des weltanschaulichen Supermarktes steht, kann gar nicht ernst genug genommen werden. Auf alle Fälle muß das Wissen um die Formen der alternativen Religiosität aus dem Spielraum der öffentlichen Mutmaßungen herausgeholt und auf ein solideres Fundament gestellt werden (Usarski, 1988).

c) Zur Deformierung alternativ-religiöser Gruppen

Ein wichtiger Aspekt wird in den öffentlichen Debatten um neue religiöse Bewegungen nicht berücksichtigt. Was passiert eigentlich mit religiösen Gruppen in der modernen Gesellschaft? Viele der Probleme sind gleichsam hausgemacht. Denn bei aller Ablehnung und vehementer Bekämpfung von alternativen Formen der Religion und Lebenshilfe wird zumeist übersehen, welche Spielräume die Gesellschaft zur Bildung von religiösen Organisationen eigentlich läßt. Ich möchte dies nicht nur mit Bezug auf den Schutz des Individuums gegen schädliche Einfüße verstanden wissen. Auch für die alternativ religiösen Gruppen ist der momentane Stand der Thematisierung alles andere als positiv zu sehen. Man kann hier von einer systematischen Deformierung religiöser Neugründungen durch die moderne Gesellschaft sprechen (Richardson, 1985).

Der Begriff der Deformierung kennzeichnet die Folgen der Anpassung einer religiösen Gruppe an die Bedingungen ihrer Existenz in der Gesellschaft. Dabei sind zwei Aspekte besonders zu betonen: einmal das Problem der Erhaltung des Charisma des religiösen Führers, zum anderen die nicht mehr vorhandenen Rückzugsmöglichkeiten.

Der Ausgangspunkt alternativer Religionen und Weltanschauungen sind, wie Max Weber, 1922, S. 142ff.) gezeigt hat neue Lehren oder strengere Auslegungen bestehender Lehren durch charismatische Persönlichkeiten. Ordnungen, die auf dem persönlichen Charisma beruhen, sind grundsätzlich prekär. Gruppen, die auf persönlichen Charisma beruhen, müssen ihre Stabilität im Laufe der Zeit aus ihrer Struktur heraus gewinnen. D.h., sie müssen Formen der Zugehörigkeit und Devotion herausbilden, die die Gefolgschaft auch nach dem Tode des religiösen Führers oder aber für den Fall sichern, daß seine Prognosen des öfteren nicht eintreffen. Dies geschieht herkömmlicher Weise durch die Herausbildung einer engen sozialen Gemeinschaft, die eine religiösen Prinzipien entsprechende soziale Ethik institutionalisiert und den Nachkommen vermittelt. In Gemeinschaften ist der eine für den anderen Vorbild. Da dies in modernen Gesellschaften, wegen der Unabgeschiedenheit solcher Gemeinden in aller Regel nicht gelingt, läuft die Gruppe Gefahr, zu einer Art Durchlauferhitzer für immer neue, kurzzeitige Mitgliedschaften zu werden. Dieser Prozeß allein würde aber in kurzer Zeit zum Ende der Gruppe führen, da ihre innere Legitimation durch diese Erfolglosigkeit mit der Zeit aufgelöst würde.

Aus diesem Grund müssen die meisten Gruppen schon kurz nach ihre Gründung, in der zweiten oder dritten Generation von Mitgliedern, intern in zwei Weisen reagieren: erstens verstärken sie ihre Missionsbemühungen, um den dauernden Mitgliederverlust kontinuierlich auszugleichen und versuchen, effektive Methoden der Bindung an die Gruppe zu nutzen, um zumindest eine mittlere Verweildauer zu erzielen. Zweitens bilden sie ein Elitebewußtsein aus, ein höherer Auftrag, der die scheiternde Gemeindebildung erklärt. Auch apokalyptische Ideen erfüllen diesen Zweck. Intensive Betreuung und Einbeziehung des einzelnen, Isolierung, einseitige Ernährung, Verschickung in fremde Länder, aber natürlich auch Einsatz von psychologischen und sozialen Formen der Bindung sind dafür Anzeichen (vgl. Gross, in diesem Band). Es gibt kaum ein neue religiöse Gruppe, die eine solche Praxis qua ihrer religiösen Lehre fordern würde. Es sind weitgehend nachträglich installierte Praxen, die den Bestand der Gruppe in einer gemeinschaftsabträglichen Umwelt sichern sollen. Hierbei von Gehirnwäsche zu reden, verkürzt das Problem der Konversion. Die Rolle des Individuums, das aus bestimmten Gründen in eine Gruppe eintritt und für ihre Botschaft ansprechbar ist, muß dagegen viel stärker werden (vgl. Wiesberger, 1990). Nicht nur die Angebotsseite, auch die Nachfrageseite muß berücksichtigt werden.

Externe Anpassungen spielen eine ebenso große Rolle. Man muß sich vor Augen führen, daß der Rückzug in soziale Enklaven in der modernen Gesellschaft kaum geduldet wird. Die verbindliche Religiosität, mit all ihren Konfliktlinien zur gesellschaftlichen Normalität, muß sich inmitten der Gesellschaft etablieren. Dabei passen sich Sekten und Kulte in verschiedener Weise an. Ihre ökonomischen Probleme können sie durch Partizipation am ausgedehnten Kult- und Esoterikmarkt lösen. Der Verkauf von Produkten und Dienstleistungen gehört ebenso dazu wie der Erwerb größerer Unternehmungen. Das Problem des schlechten gesellschaftlichen Ansehens versuchen sie durch den Einsatz in verschiedensten gesellschaftlichen Problemfeldern zu umgehen. Drogenhilfe, Hungerhilfe, Erziehungsberatung, Studienberatung, allgemein: Lebenshilfe wird von unterschiedlichsten Unterorganisationen angeboten. Meist fehlt diesen Aktionen allerdings die professionelle Grundlage. Dies wird auch nicht benötigt, da die gesellschaftlichen Probleme, für die Lösung angeboten werden, zumeist Mittel zur Stabilisierung der Gruppe und nicht Zwecke sind. Auch Versuche, durch die Gewinnung oder Beeinflussung von Einflußträgern in Politik und Wirtschaft (vgl. Conrad; Poweleit beide in diesem Band) den Ruf zu verbessern gehören dazu. Die Deformierung zeigt sich auch im politisch-rechtlichen Bereich. Die Versuche, Kritik weitgehend auf dem Rechtswege und nicht durch Argumente zu entkräften, gehören ebenso dazu wie die Schaffung von sogenannten „Geheimdiensten" oder „Kriegskassen".

Die Gruppen stehen in einer starken Spannung zur weiteren Gesellschaft. Diese Spannung wird durch die genannten Anpassungen allerdings nicht verringert, sondern erhalten, so daß eine Entfaltung eigenständiger und außerhalb der abgelehnten Gesellschaft bestandsfähigen Gemeinschaftsstruktur ausbleiben muß. Ron Hubbard hat mit der Gründung der Church of Scientology wohl als einer der Ersten diese Spannung erkannt und systematisch in seine Lehre eingebaut. Scientology lebt von der Spannung zur weiteren Gesellschaft und wäre ohne den Druck, den die moderne Gesellschaft notwendiger Weise entgegenbringt, gar nicht lebensfähig, weil der innere Druck zu groß würde (vgl. Wallis, 1976; Chagnon, 1985; Thiede, 1992).

Der starke äußere Druck, der in Form von Kritik, Behinderungen und Verboten auf die Gruppen einwirkt, hat eines sicher bewirkt: die Herausbildung starker Organisationen, die die Auseinandersetzung mit der Gesellschaft überstehen können. Viele Gruppen haben solche organisatorischen Überbauten entwickelt, die fast nichts mehr mit der ursprünglichen Lehre zu tun haben, sondern ganz und gar auf die Kontrolle der sozialen Umwelt der Gruppe angelegt sind (Beispiele bei Minhoff & Lösch, 1988). Die Deformierung äußert sich in einem starken Apparat, der seine eigenen Ziele, in erster Linie den Bestand bzw. das Wachstum der Gruppe verfolgt und die ursprünglichen religiösen Ziele überwuchert. Aus diesem Grund ist es häufig gerechtfertigt, von Wirtschaftsunternehmen anstatt von religiösen Organisationen zu sprechen, allerdings bleibt der religiöse Kern der Lehre natürlich trotzdem erhalten. Es sind deformierte Formen religiöser Organisationen entstanden.

Diese Deformierungen werden ermöglicht und verstärkt durch die Unentschlossenheit und Indifferenz, mit der moderne Gesellschaften auf die Phänomene Religion, Weltanschauung und Lebenshilfe zugehen. Weder Rechte noch Pflichten scheinen bestimmbar zu sein.

Literatur

BARKER, E., *The Making of a Moonie,* Oxford: Blackwell, 1984.

BARKER, E., *New Religious Movements. A Practical Introduction,* London: HMSO, 1989.

BARKER, E., „New Lines in the Supra-Market. How Much Can We Buy?", in: Ian Hamnett (Hg.), *Religious Pluralism and Unbelief,* London: Routledge, 1980, S. 31 - 42.

BECK, U., *Risikogesellschaft*, Frankfurt: Suhrkamp, 1986.

BECKFORD, J., *Religion in Advanced Industrial Society*, 1989.

BERGER, P.L., *Der Zwang zur Häresie*, Frankfurt: S. Fischer, 1980.

CHAGNON, R., *La Scientologie: une nouvelle religion de la puissance*, Toronto, 1985.

EIBEN, J. & VIEHÖVER, W., „Religion und soziale Bewegungen - Zur Diskussion des Konzepts der 'Neuen religiösen Bewegungen'", in : *Forschungsjournal: Neue Soziale Bewegungen 6*, 1993, S. 51 - 75.

GALANTER, M., *Cults. Faith, Healing and Coercion*, New York: Oxford University Press, 1989.

HABERMAS, J., *Theorie des kommunikativen Handelns*, 2 Bde., Frankfurt: Suhrkamp, 1981.

HANNIGAN, J., „Social Movements Theory and the Sociology of Religion : Toward an New Synthesis, in: *Sociological Analysis 52*, 1991, S. 311-31.

KNOBLAUCH, H., „Das unsichtbare neue Zeitalter. 'New Age', privatisierte Religion und kultisches Milieu", in: *Kölner Zeitschrift für Soziologie und Sozialpsychologie* 41, 1989, S. 504 - 25.

LUHMANN, N., *Ökologische Kommunikation*, Opladen: Westdeutscher Verlag, 1986.

MINHOFF, C. UND LÖSCH, H., *Neureligiöse Bewegungen*, München, 1988.

MÜNCH, R., *Theorie des Handelns*, Frankfurt: Suhrkamp 1982.

MÜNCH, R., *Dialektik der Kommunikationsgesellschaft*, Frankfurt: SUHRKAMP, 1991.

PARSONS, T., *Das System moderner Gesellschaften*, München: Juventa, 1972.

RICHARDSON, J.T., „The 'Deformation' of New Religions: Impacts of Societal and Organizational Factors", in: Thomas Robbins et al. (Hg.), *Cults, Culture, and the Law*, Chico, Cal.: Scholars Press, 1985, S. 163 - 75.

RIESEBRODT, M., *Fundamentalismus als patriarchalische Protestbewegung*, Berlin 1991.

ROBERTSON, R., „The Relativization of Societies, Modern Religion, and Globalization", in: Thomas Robbins et al. (Hg.), *Cults, Culture, and the Law*, Chico, Cal.: Scholars Press, 1985, S. 31 - 42.

ROBERTSON, R., „Globality; Global Culture and Images of World Order", in: H. Haferkamp, N. Smelser (Hg.), *Social Change and Modernity*, Berkeley: UCLA Press, 1991.

SCHMIDTCHEN, G., *Sekten und Psychokultur*, Freiburg: Herder, 1987.

STARK, R. UND BAINBRIDGE, W.S., *The Future of Religion*, Berkeley: University of California Press, 1985.

THIEDE, W., *Scientology - Religion oder Geistesmagie?*, Konstanz: Bahn, 1992.

TROELTSCH, E., *Die Soziallehren der christlichen Kirchen und Gruppen*, Tübingen: Mohr, 1912.

USARSKI, F. ,*Die Stigmatisierung Neuer Spiritueller Bewegungen in der Bundesrepublik Deutschland*, Köln: Böhlau, 1988.

WALLIS, R., *The Elementary Forms of New Religions Life*, London: Routledge, 1984.

WALLIS, R., „The New Religions as Social Indicators", in: Eileen Barker (Hg.), *New Religious Movements. A Perspective for Understanding Society*, New York: Mellen, 1982, S. 216 - 31.

WALLIS, R., *The Road to Total Freedom*, London: Heineman, 1976.

WEBER, M., *Gesammelte Aufsätze zur Religionssoziologie*, Bd. 1, Tübingen: Mohr, 1921.

WEBER, M., *Wirtschaft und Gesellschaft*, Tübingen: Mohr, 1922.

WILSON, B., *Religiöse Sekten*, München: Kindler, 1970.

WRIGHT, S.A., *Leaving Cults: The Dynamics of Defection*, Washington, D.C.: Society for the Scientific Study of Religion, 1987.

Reichen die Gesetze aus, um den Konsumenten auf dem Psychomarkt zu schützen?

Zur Notwendigkeit der Schaffung eines Rechts der gewerblichen Lebenshilfe zum Schutz des Hilfesuchenden vor mißbräuchlicher Anwendung riskanter Psychotechniken, aufgezeigt am Beispiel Scientology

Jürgen Keltsch

I.

1. Will der Bürger in unserer multikulturellen Gesellschaft sich für seine Lebensbewältigung Rat holen oder braucht er in Lebenskrisen seelische oder psychotherapeutische Hilfe, so steht er heute einem unübersehbaren Angebot von Seelsorge- und Therapieleistungen der unterschiedlichsten religiösen und weltlichen Anbieter gegenüber. Angesichts der ständig wachsenden Vielfalt von Lebenshilfeangeboten - dies wird bekanntlich auch als Therapieinflation kritisiert (KREFTING, S. 1116) - spricht man vom „Psychomarkt", auf dem der Hilfesuchende als potentieller „Konsument" die Qual der Wahl hat.

Es entspricht unserem traditionellen Kulturverständnis, zwischen religiösen und weltlichen Anbietern von Lebenshilfe zu unterscheiden, zumal religiöse und weltliche Lebenshelfer normalerweise ein unterschiedliches Selbstverständnis haben und verschiedene Lebenshilfesprachen haben. Auch in ihren Zielen scheinen sie sich grundlegend zu unterscheiden. Nach traditionellem Verständnis streben die weltlichen Lebenshelfer Heilung in dieser Welt, die religiösen Heil im Jenseits an.

Zur genaueren Kennzeichnung der Dienstleistungsangebote auf dem Psychomarkt scheint es daher notwendig zu sein, den Heilslehremarkt vom weltlichen Marktgeschehen zu trennen. Versucht man jedoch mittels dieser plausibel erscheinenden Definition die Anbieter auf dem Psychomarkt tatsächlich voneinander zu sondern, so stößt man auf große Schwierigkeiten. Mag auch der theoretische Ansatz (Weltanschauung) des religiösen Lebenshelfers, des Seelsorgers, noch so sehr mit dem theoretischen Ansatz des weltlichen Lebenshelfers, des Psychotherapeuten, in Widerspruch stehen, so gibt es trotz ihres grundsätzlichen Prinzipienwiderstreits in den Weltanschauungen und Menschenbildern eine wesentliche Gemeinsamkeit. Sie sind in ihrem Engagement, einem seelisch Leidenden helfen zu müssen, einig. Im praktischen Vollzug der Lebenshilfe verblassen in der Regel die theoretischen Divergenzen. In lebensweltlicher Praxis gibt es daher ein einheitliches Handlungsfeld, das wir Lebenshilfe nennen können. Die Grenzen zwischen religiöser und weltlicher Lebenshilfe, zwischen Kult und Therapie lösen sich hier auf (Hofstätter, S. 150 ff). So wenden die religiösen und säkularen Lebenshelfer trotz unterschiedlicher Terminologie und Theorie oft gleiche oder ähnliche mentale Hilfstechniken (Psychotechniken) zur Veränderung des Hilfesuchenden an und erzielen damit Einstellungsänderungen, Entspannung, Erregung, Angst, Lust, Trance und nicht selten Weltanschauungswechsel. Unter dem Aspekt der Praxis ist es daher sinnvoll, trotz des Unterschiedes in der Theorie über Behandlungsmethoden und Veränderungsziele die religiösen und weltlichen Seelenhelfer als eine Gruppe zu betrachten. Unter soziologischem Blickwinkel ist daher auch die Rede von **einem** Markt berechtigt. Ob man ihn Psycho-, Heils- oder Lebenshilfemarkt nennt, ist dann lediglich eine Frage der Bezeichnung.

Unter den neuen Lebenshelfern, die seit etwa 20 Jahren auf den Psychomarkt drängen und Anhänger sammeln, sind einige, deren Dienstleistungen und gesellschaftliche Aktivitäten erheblich Anstoß erregen. Man wirft ihnen vor, durch Einsatz bewußtseinsverändernder Psychotechniken die Hilfesuchenden abhängig zu machen und sie wirtschaftlich auszubeuten. Problematisch ist auch ihre Einordnung. Gehören sie in den Bereich der religiösen oder in den der säkularen Lebenshilfe? Da der Staat sich wegen Art. 4 GG nicht in Heilsaktivitäten seiner Bürger, sofern hierdurch nicht Rechtsgüter von Verfassungsrang verletzt werden, einmischen darf, besteht ein Anreiz, säkulare Lebenshilfe umzuetikettieren und diese als religiöse Lebenshilfe auszugeben. Angesichts der oft ähnlichen Praxis zwischen säkularer und religiöser Lebenshilfe ist es möglich, durch die Wahl einer religiösen Sprache und eines passenden Mythos einer säkularen Lebenshilfepraxis einen pseudoreligiösen Deckmantel zu schneidern und sich so staatliche Privilegien zu erschleichen.

Bevor ein Definitionsversuch für pseudoreligiöse Lebenshilfe vorgeschlagen wird, muß noch darauf eingegangen werden, wie die etablierten Lebenshelfer mit der neuen (alternativen) Konkurrenz umgehen. Im Hinblick auf die von der herrschenden klinischen Psychologie abgelehnten theoretischen Konzepte der alternativen Lebenshelfer, die transpersonale Bewußtseinszustände für möglich und aufgrund des Einsatzes östlicher, schamanischer und ähnlicher Trancetechniken für erreichbar halten (S. Grof & Chr. Grof, S. 33), gehören diese Dienstleistungen und Psychotechniken derzeit noch nicht in den Bereich anerkannter wissenschaftlich begründeter Psychotherapie, zumal das persönliche Tranceerlebnis sich der Überprüfbarkeit durch Außenstehende entzieht. Von einem positivistischen Standpunkt aus geht hier Psychotherapie unmittelbar in religiösen Kult über. Hat man aber damit die neuen Lebenshelfer und ihre Anhänger aus der etablierten Seelenheilkunde ausgeklammert, bleibt in Ermangelung eines passenden Begriffs - „New Age-Therapien" (Zygowski, S. 208) ist nur eine Verlegenheitsbezeichnung - wohl nichts anderes übrig, als zur Beschreibung der neuen Lebenshilfe sich einer religionswissenschaftlichen Terminologie zu bedienen. So ist es üblich geworden, auch Lebenshilferichtungen, deren Anhänger zu therapeutischen Zwecken Meditations- und Trancetechniken benutzen, selbst wenn sie sich nicht als Religion verstehen, als „Sekte", „Jugendsekte" oder als „Religion" zu bezeichnen.

Bei dieser Namensgebung wird jedoch völlig übersehen, daß der Gebrauch des Etiketts Religion nicht nur eine mehr oder weniger willkürliche Kennzeichnung ist, sondern auch unmittelbare Auswirkungen für die Behandlung der so benannten Gruppe in der Gesellschaft besitzt. Denn es verändert sich regelmäßig die Beurteilung einer Sache nach ihrem Namen, auch wenn dieser falsch gewählt ist. Deshalb ist auch therapeutisch ausgerichteten Lebenshilfegruppen, die den Namen Jugendreligion oder Jugendsekte erhalten haben, zwischenzeitlich ein faktischer Religionsstatus mehr und mehr zugewachsen. Es bedarf daher erheblicher Anstrengung, sich von den verfestigten falschen Sprech-, Denk- und Wertungsgewohnheiten zu lösen.

Angesichts der aus Art. 4 GG folgenden Notwendigkeit, die Heilsaktivitäten der Bürger anders als die Heilungsaktivitäten rechtlich zu behandeln, wirkt sich die falsche Namensgebung hier besonders fatal aus, da hierdurch Gruppen zu rechtlichen Privilegien gekommen sind, in deren Genuß sie bei richtiger Etikettierung niemals gekommen wären. Um so wichtiger ist es, daß der Staat über sichere Kriterien verfügt, mit deren Hilfe er pseudoreligiöse von religiöser Lebenshilfe unterscheiden kann.

Die Einordnung von Lebenshilfeeinrichtungen in den Kreis der Religion ist dann nicht möglich, wenn die wesentlichen Beziehungen der Anhänger untereinander nicht korporativ strukturiert sind, wie wir es von den Hochreligionen her gewohnt sind, sondern die Form eines entgeltlichen Dienstleistungsverhältnisses haben, durch das Lebenshilfe zur Ware gemacht wird. Es besteht dann die Vermutung, daß die Gewährung solcher Lebenshilfe eine Erfindung der instrumentalen Vernunft und nicht die Frucht von Mitleid oder spiritueller Erleuchtung ist, auch wenn zur Beschreibung von Lehre und Praxis eine religiöse Sprache benutzt wird. Es handelt sich dann um eine Pseudoreligion. Bei einer derartigen Kommerzialisierung von Lebenshilfe besteht immer die Gefahr, daß die Lebenshilfegewährung zu Macht- und Profitstreben mißbraucht wird.

Der hilfesuchende Bürger ist bei der Annahme eines alternativen Lebenshilfeangebots nicht selten einem erheblichen Risiko ausgesetzt. Er kann infolge der rasch erlernbaren und auch von Laien einsetzbaren Psychotechniken und Trainingsmethoden, die meist auf eine Einschränkung der Ich-Kontrolle abzielen, seine Fähigkeit zur freien Selbstbestimmung verlieren und in persönliche und wirtschaftliche Abhängigkeit von einem Lebenshelfer geraten.

Ungelöst ist bis heute die Frage, wie der Staat unseriöse Lebenshilfe unterbinden und den Bürger vor der Anwendung riskanter Psychotechniken schützen kann, ohne in die durch Art. 4 GG gewährleistete Religions- und Weltanschauungsfreiheit des einzelnen einzugreifen.

Am Beispiel der Scientology-Church, der Marktführerin unter den alternativen Lebenshelfern, soll das Gefahrenpotential, das von Lebenshilfe totalitären Zuschnitts für Staat und Gesellschaft ausgeht, aufgezeigt werden. Wollen wir unsere demokratische Ordnung erhalten, muß der Staat möglichst rasch den Psychomarkt ordnen, um den einzelnen vor unseriösen Lebenshelfern zu schützen, aber auch um die Unterwanderung des

Staates und der Gesellschaft durch totalitäre Lebenshelfer und deren freiheitsbedrohende Ideologie zu verhindern.

2. Die Expansion von Scientology in Deutschland ist ungebrochen. Trotz immer lauter werdender Kritik in der Öffentlichkeit an dieser Organisation scheinen Staat und Gesellschaft bisher kein Rezept gefunden zu haben, die Entwicklung von Scientology zu stoppen.

   Worin liegt die Gefahr, die von Scientology ausgeht? Die Organisation betreibt totalitäre Umerziehung mittels verhaltenspsychologischer Beeinflussung auf der Basis einer totalitären Ideologie.

   Würde die von Scientology angestrebte vollständige Scientologisierung unserer Gesellschaft erreicht, wäre dies das Ende unserer Demokratie. Scientology bestreitet zwar den Versuch, die Welt beherrschen zu wollen (Was ist Scientology? 1993, S. 571). Der ideologische Weltbeherrschungsanspruch ergibt sich jedoch aus den bereits 1950 von L. Ron Hubbard formulierten Zielen: „Eine Zivilisation ohne Geisteskrankheit, ohne Verbrecher und ohne Krieg, in der der Fähige erfolgreich sein kann und ehrliche Wesen Recht haben können, und in der der Mensch die Freiheit hat, zu größeren Höhen aufzusteigen - das sind die Ziele der Scientology" (a.a.O. S. 572). Aus den ideologischen und technischen Schriften von Scientology und der nach diesen Schriften vollzogenen Trainingspraxis läßt sich das angestrebte Ziel unschwer entnehmen: die gänzliche Gleichschaltung der Menschen nach dem scientologischen Menschen- und Weltbild. Dieses Ziel läßt sich durch die scientologische Übungspraxis relativ rasch erreichen. Durch den Gebrauch des E-Meters, eines Lügendetektors, wird nämlich ständiger Zwang zur Offenlegung des Innersten des Hilfesuchenden ausgeübt (**gläserner Mensch**) und diesem durch verhaltenspsychologisches Training und Gruppendruck nach und nach eine neue Sprache, neue Wertvorstellungen utilitaristischen und sozialdarwinistischen Zuschnitts, neue Verhaltensmuster und ein mechanistisches Menschenbild anerzogen (scientologische Weltanschauung).

II.

Die Ursachen für die Verzögerung staatlicher Schutzmaßnahmen

Die Notwendigkeit eines Tätigwerdens des Staates gegen weltanschauliche Bewegungen totalitären Charakters wie Scientology wurde zwar auf der politischen Ebene erkannt. Es besteht jedoch ein auffälliges legislatives und exekutives Vollzugsdefizit. Grund hierfür ist die nach wie vor bestehende Unsicherheit, ob Art. 4 GG ein Vorgehen gegen Scientology überhaupt erlaubt. Staat und Gesellschaft tun sich bis heute schwer, die Aktivitäten dieser Organisation einzuordnen. Handelt es sich beim scientologischen Training um religiöse oder um dilettantische psychotherapeutische, gewerbliche oder nichtgewerbliche, die psychischen und geistigen Fähigkeiten fördernde oder beeinträchtigende Dienstleistungen? Problematisch ist jeder Versuch der Einordnung allein deshalb, weil die Wahl des Platzes und des Etiketts der Einordnung immer als eine der eigenen Weltanschauung verpflichtete subjektive Wertung interpretiert werden kann. Wer darf die scientologischen Dienstleistungen in einer Demokratie überhaupt definieren und nach welchen Prämissen ist zu definieren? Müssen wir die Selbsteinschätzung von Scientology, es handle sich um eine religiöse Philosophie, hinnehmen? Jedem Experten, der dem Selbstverständnis von Scientology nicht folgt, könnte nämlich vorgehalten werden, er definiere vom Boden der eigenen Ideologie und die Wahl der Prämissen sei bereits ein Kampfmittel der Manipulation, um die eigene Weltsicht und die eigene ablehnende Haltung gegenüber Scientology in Staat und Gesellschaft durchzusetzen. Es handelt sich hier um ein heute noch in der Wissenschaftstheorie und den Sozialwissenschaften unter dem Begriff „Werturteilsstreit" diskutiertes Grundlagenproblem menschlichen Erkennens, Ordnens und Redens, das anscheinend nicht lösbar ist (HABERMAS[1], S. 243; WEBER, S. 582-613).

Als Ausweg aus dieser Aporie bietet sich an, das Definitionsproblem dahingestellt sein zu lassen und lediglich die Aktivitäten der Organisation daraufhin zu überprüfen, ob sie mit unserer Rechtsordnung und deren Grundwertesystem in Einklang stehen. Um dies festzustellen, bedarf es jedoch auch zuerst einer klassifizierenden Bestimmung des Tuns von Scientology im Rahmen einer Theorie. Wir drehen uns demnach hier im Kreis. Würden die Dienstleistungen der Organisation der Heilbehandlung zugeordnet, müßten Auditoren zumindest eine Zulassung als Heilpraktiker besitzen. Betrachtet man Auditing dagegen als religiöse Dienstleistung, benötigen Auditoren keine Zulassung nach dem Heilpraktikergesetz. Der Staat muß also - so schwer es auch fallen mag - eine Bestimmung darüber treffen, wie das Handeln von Scientology zu qualifizieren ist. Experten können ihm hier Hilfe leisten, ihm aber die Entscheidung letztlich nicht abnehmen. Denn jede Einordnung durch den Staat, seine Parlamente, seine Gerichte und Behörden ist letztlich eine Wertentscheidung. Diese muß allerdings dem Forschungsstand der Humanwissenschaften entsprechen und in Einklang mit der durch unsere Verfassung grundgelegten Rechts- und Werteordnung stehen. Um aus dem derzeit leider noch bestehenden Dunsthauch ideologischen Sprechens und Wertens zu gelangen, bedarf es zunächst präziser Tatsachenfeststellung und sauberer begrifflicher Analyse. Hieran hat es bisher leider weitgehend gemangelt.

1. Das Klassifizierungsproblem

a) Die Scientology-Bewegung wurde als soziale Erscheinung zu Beginn der siebziger Jahre zuerst von dem Sektenbeauftragten der Ev.-lutherischen Kirche in Bayern F.-W. Haack in das Bewußtsein der Öffentlichkeit gehoben und unter den von ihm geprägten Begriff Jugendreligion eingeordnet. Mit dieser Begriffsvorgabe hat Haack seinem Anliegen, Staat und Gesellschaft vor Scientology zu warnen (Scientology - Magie des 20. Jahrhunderts, 1982), keinen guten Dienst erwiesen (zur Kritik im einzelnen: Keltsch, S. 179 ff). Durch die Einordnung von Scientology als Religion wurde die Organisation in den freien Bereich gerückt, der durch Art. 4, 140 GG den Religionen und Weltanschauungsgemeinschaften in unserem Staatswesen eingeräumt ist.

b) Die Staatsanwaltschaft München I hat in ihrer Einstellungsverfügung vom 24.4.1986 gegen Kritiker von Scientology im Verfahren 115 Js 4298/84 aufgrund der Tatsache, daß fast sämtliche scientologischen Dienstleistungen gegen teures Entgelt gewährt werden, dagegen von einer Organisation gesprochen, die das Ziel hat, hörig gewordene Kunden auszubeuten, die selbst wieder zur Kundengewinnung und Kundenausbeutung eingesetzt werden (a.a.O.). Die Staatsanwaltschaft München I belegte diese Behauptung durch Urkunden, aus denen sich ergibt, daß die Dienstleistungen von Scientology im Rahmen von

Dienstleistungs- und Franchising-Verträgen vertrieben werden, es sich rechtlich also um eine **gewerbliche** Tätigkeit handelt.

Mit dem Urteil vom 6.7.1993 (Az. Bf VI 12/91) hat das Hamburgische Oberverwaltungsgericht im Rechtsstreit Scientology-Kirche gegen Freie und Hansestadt Hamburg entschieden, daß die Scientology-Kirche in Hamburg beim Verkauf von Büchern sowie bei der entgeltlichen Durchführung von Kursen **gewerblich** tätig ist und deshalb gemäß § 14 Abs. 1 GewO ein Gewerbe anzumelden hat. Auch die Finanzverwaltungen stufen, soweit bekannt, die scientologischen Dienstleistungen als umsatzsteuerpflichtig ein (FG Hamburg, EFG 1985, 525).

c) Damit ist die Klassifizierungsproblematik jedoch nicht erledigt. Aus der Tatsache, daß Scientology Dienstleistungen verkauft, erhält dieses Rechtsgeschäft nach BVerwG nicht automatisch das Gepräge eines Geschäfts, das dem Schutzbereich von Art. 4 GG entzogen ist (NJW 1992, 2496/2497). Wäre diese Wertung des BVerwG richtig, stünden wir einem dem abendländischen Religionsverständnis fremden sozialen Phänomen gegenüber: einem echten Verkauf religiöser Dienstleistungen. Folgt man dieser Theorie, ergeben sich für die rechtliche Ordnung eines solchen Religions- oder Weltanschauungsverkaufs erhebliche Probleme. Wegen der Schutzwirkung von Art. 4 GG wäre der die Seelsorge betreffende Teil des gerade zum Zwecke der Seelsorge abgeschlossenen gegenseitigen Vertrages staatlicher Regelungsmacht gänzlich entzogen. Ein Eingriff des Staates wäre in diesem Fall nur dann möglich, wenn, wie die Jugendsektenkritiker behaupten, gesundheitliche Schäden durch die Seelsorgehandlung beim Klienten aufträten oder andere Rechtsgüter von Verfassungsrang betroffen wären.

3. Machen die sogenannten Jugendreligionen ihre Anhänger wirklich krank?

Das Einschreiten des Staates gegen die sogenannten Jugendreligionen wurde bisher damit legitimiert, sie würden durch ihre Praxis psychische Schäden bei labilen Personen hervorrufen. Dies ist bisher in Anlehnung an die Theorie von Haack geschehen. Dieser spricht von „Psychomutation" der Anhänger von Jugendsekten, zu denen er auch Scientology zählt (Sektenreport, S. 16 ff.). Die Jugendsektenkritiker haben dieses Modell übernommen, aber auch der Staat (BVerfG NJW 1989, 3269; BVerwG NJW 1989, 2272; NJW 1991, 1770; 1992, 2496) und das juristische Schrifttum sind dem gefolgt (Fehlau, JuS 1993, 441 ff m.w.N.). Das Modell von Haack weist jedoch eine erhebliche Schwäche auf. Denn der Begriff „Psychomutation" ist in der wissenschaftlichen Psychologie und Psychiatrie nicht bekannt (U. Müller, S. 169 ff). Die Verhaltensänderungen von Mitgliedern einer Gruppe im Denken, in Sprechweise und sozialen Gewohnheiten gehören - von Ausnahmefällen abgesehen - nach sozialpsychologischer Auffassung in den Bereich der Veränderung durch Sozialisation. Diese ist der Prozeß der Aneignung von Werten, Normen und Handlungsmustern einer Gruppe, in der ein Individuum lebt. Es handelt sich bei dem Anpassungsvorgang um einen im Rahmen der phylogenetisch vorgegebenen Anpassungsfähigkeit des Menschen mehr oder weniger automatisch ablaufenden - teils bewußten, teils unbewußten - Prozeß. Bei harter Kontrolle, z.B. durch Drill und/oder Demoralisierung oder nach Ausschaltung der Ichkontrolle in veränderten Wachbewußtseinszuständen (Dittrich), läuft der Anpassungsprozeß rascher ab. Wegen der Umkehrbarkeit des neu erworbenen Verhaltens und Denkens zu früheren Mustern liegt hier keine krankhafte Erscheinung im medizinischen Sinn vor. Entsprechend werden derartige „Psychomutanten" trotz bisweilen erheblicher psychischer Auffälligkeit von der Rechtsordnung als geschäftsfähig und zurechnungsfähig angesehen.

Bei dem Haack'schen Modell besteht die Gefahr einer Diskriminierung Andersdenkender durch eine psychiatrische Etikettierung. Ein Etikettenmißbrauch, wie ihn der kommunistische Ostblock übte, der Dissidenten als psychiatrische Fälle behandelt hat, läßt sich nach diesem Modell kaum verhindern.

Der Staat hat sich durch die Übernahme des Haack'schen Jugendreligionsmodells selbst die Möglichkeit genommen, das Problem Scientology einer Lösung zuzuführen. Erst das Fallenlassen dieses Modells wird es ermöglichen, den Psychomarkt zu regeln und damit Scientology die erforderlichen Grenzen zu setzen.

III.

Scientology, ein nichtreligiöses Trainingssystem, das das Selbstbestimmungsrecht des Hilfesuchenden negiert

Ausgangspunkt für den hier vorgeschlagenen Paradigmenwechsel, der Scientology aus der Gruppe der Jugendreligionen herauslöst, ist der irritierende Umstand, daß eine angeblich religiöse Gemeinschaft ihre sogenannten seelsorgerlichen Leistungen verkauft. Religion und Geschäft vertragen sich jedoch schlecht und haben regelmäßig in der Geschichte zu religiösen Revolten gegen das Geschäftliche geführt (vgl. Vertreibung der Händler aus dem Tempel, Ablaßverkauf als Ausgangspunkt der Reformation). Eine Einordnung von Scientology unter die Religionsgemeinschaften würde deshalb den herkömmlichen Religionsbegriff sprengen, an den Art. 4 GG anknüpft. Zudem handelt es sich auch nach dem Selbstverständnis der Scientologen bei Scientology nicht um eine Religion. Im Dianetic Auditor's Bulletin, Vol. I, Nr. 4 v. Okt. 1950 heißt es zu Dianetik: „Dianetic is a science, it has no opinion about religion, for sciences are based on material laws, not opinions". Durch die Verwendung des Etiketts „Church" wird Scientology jedenfalls nicht zur Religion.

Wenn Scientology nicht unter die Religionsgemeinschaften eingeordnet werden kann, was dann? Handelt es sich vielleicht um eine Gemeinschaft, die Psychotherapie verkauft? Nun versteht sich Scientology weder selbst als psychotherapeutische Schule, noch wird Scientology von der psychologischen Wissenschaft als solches anerkannt. Stehen wir unter diesen Umständen vor einem neuartigen sozialen Phänomen, für das ein gänzlich neues Etikett geschrieben werden muß? Wie noch zu zeigen ist, gehört Scientology tatsächlich in einen neu entstandenen sozialen Bereich, der zwischen der medizinischen Psychotherapie und der Religion liegt. Nach sozialwissenschaftlicher Betrachtungsweise ist Scientology eine Anbieterin alternativer Lebenshilfe auf dem Psychomarkt. Für diesen in den letzten 20 Jahren entstandenen Dienstleistungsbereich, der bald zur Religion, bald zur Psychotherapie gerechnet wird, obwohl er weder typisch religiös noch typisch medizinisch geprägt ist, fehlen derzeit allgemein anerkannte sozialwissenschaftliche Theorien, ethische Standards und rechtliche Regelungen.

Nach unserer verfassungsrechtlichen Kartierung der Lebenswelt und unserem derzeitigen Rechtsverständnis bleibt, damit das Phänomen Scientology nicht in ein Niemandsland zwischen Psychotherapie einerseits und Religion bzw. Weltanschauung andererseits fällt, nichts anderes übrig, als ihm den Status eines kommerziellen Dienstleistungsbetriebes, der Weltanschauung vertreibt und bei dem Kunden Weltanschauung erzeugt, zuzugestehen. Damit haben wir Scientology aber wieder in den Anwendungsbereich von Art. 4 GG gerückt. Um den Bürger vor den Aktivitäten von Scientology schützen zu können, muß man sich demnach auf die Suche machen, um ein Rechtsgut von Verfassungsrang zu finden, das von Scientology nachhaltig verletzt wird. Denn nur die Verletzung eines solchen Rechtsgutes kann es rechtfertigen, daß der Staat die Aktivitäten der Scientology-Organisationen, die für sich zunächst grundsätzlich den Rechtsschutz aus Art. 4, 140 GG beanspruchen dürfen, einschränken kann. Daß die Behauptung, Scientology mache die Kunden für dauernd krank, nicht recht greift, wurde bereits ausgeführt (zur Gefährdung vorgeschädigter Personen vgl. Mende & Nedopil und Kind).

Es gibt jedoch außer der psychischen Gesundheit ein Rechtsgut von Verfassungsrang, das durch die scientologische Theorie und Praxis systembedingt ständig verletzt, ja gänzlich negiert wird. Bei genauerer Durchsicht der Einstellungsverfügung der Staatsanwaltschaft München I läßt sich die Verletzung eines solchen Schutzgutes durch Scientology unschwer entdecken. Der rote Faden, der durch die Einstellungsverfügung läuft, ist die **Praxis der totalen Kontrolle** über den Hilfesuchenden durch die Organisation. So läßt sich das gesamte scientologische Training als Veränderungstechnologie eines gigantischern Machtapparates begreifen, der den einzelnen in all seinen Lebensbereichen ständig kontrolliert, seelisch beeinflußt und ihn ständig zur seelischen Selbstentblößung anhält. Die Möglichkeit einer persönlichen Selbstbestimmung ist trotz des propagierten Zieles von Befreiung und von größerer Fähigkeit zur Selbstbestimmung deshalb im scientologischen System nicht gegeben. Dieses zielt gerade durch seine Kontrollpraxis darauf ab, die persönliche Selbstbestimmung im Sinne unseres Grundgesetzes zu unterdrücken. Der scientologisch trainierte Kunde übernimmt seinerseits die scientologische Kontrollhaltung gegenüber seinen Mitmenschen und gibt sie durch sein Beispiel weiter. Es handelt sich um Verhaltensmuster und Wertvorstellungen, die dem freiheitlichen Menschenbild unserer gesellschaftlichen und staatlichen Ordnung gänzlich widersprechen. Das Kontroll- und Trainingssystem von Scientology - sollte es sich in Staat und Gesellschaft weiter verbreiten - ist geeignet, unsere freiheitliche Demokratie erneut in einen Weltanschauungsstaat zu verwandeln. Am Ende stünde eine **Psychodiktatur** behavioristischen Zuschnitts.

Der Behaviorismus sieht im Menschen eine biologische Funktionseinheit, die sich selbst der Welt anpaßt, aber auch durch Fremdkontrolle und Verhaltenssteuerung in seine Lebenswelt eingepaßt werden kann. Ein Vordenker für das scientologische Menschen- und Weltbild ist B. F. Skinner. Er ist einer der Väter der Lerntechnologie und hat aufgrund seiner im Tierexperiment festgestellten Lerngesetze die Möglichkeit einer Lebenswelt „Jenseits von Freiheit und Würde“ (deutsch 1973) postuliert und die Idee einer total gesteuerten menschlichen Gemeinschaft in seinem aus dem Jahr 1948 stammenden Buch „Futurum Zwei“ durchgespielt. Im Vorwort einer Neuauflage dieses Buches im Jahr 1976 hat er dieses Modell als Rezept zur Lösung der Weltprobleme weiterhin verteidigt. Der Vergleich von „Futurum Zwei“ mit der scientologischen Menschenführungspraxis zeigt deutlich die Parallelität der Konzepte der totalen Manipulation des Menschen durch die Anwendung von Lerntechnologie.

Die scientologische Idee des „Operierenden Thetan“ steht dem nicht entgegen. Denn dieser ist nicht Seele oder Geist nach dem traditionellen abendländischen Begriffsverständnis, sondern eine das Universum beherrschende operierende Wirkeinheit, die den Körper und das Gehirn des Menschen, das mit einer Schalttafel verglichen wird, als Kommunikationszentrum benutzt.

Hubbard hat die Grundlagen seiner technizistisch-darwinistischen Lehre in quasiwissenschaftlicher Manier 1951 in Axiome gefaßt. Er konstruiert dort ein Bild vom Übermenschen. Dem in diesem System definierten Menschenbild fehlen gänzlich Mitleid und Gewissen (a.a.O. S. 601):

Axiom 37:	Das höchste Ziel von LAMDA (= lebender Organismus) ist unendliches Überleben.
Axiom 38:	Tod ist das Aufgeben eines Lebensorganismus oder einer Rasse oder Spezies durch THETA, wenn diese dem THETA bei seinen Zielen des unendlichen Überlebens nicht mehr dienlich sein können.
Axiom 39:	Die Belohnung für einen Organismus, der sich mit Überlebenstätigkeit beschäftigt, ist Vergnügen.
Axiom 40:	Die Strafe für einen Organismus, der es versäumt, sich mit Überlebenstätigkeit zu beschäftigen, oder sich mit Nicht-Überlebenstätigkeit beschäftigt, ist Schmerz.

Daß Erziehung und Training auf dieses Menschenbild hin, das Rücksichtslosigkeit zum eigentlichen Wesenszug des Menschen erhoben hat, den gefühllosen Ellbogenmenschen mit kaltem Herz erzeugt, bedarf wohl keiner näheren Begründung.

Nicht überraschend ist es deshalb, daß die Gesamtwertung der Staatsanwaltschaft München I über Scientology in ihrer Einstellungsverfügung von 1986 auch heute noch Gültigkeit hat (a.a.O. S. 68):

> „Die Gesamtbetrachtung der ausgewerteten Unterlagen begründet nach alldem den Verdacht, daß es sich bei dem System Scientology, das über die Scientologen, denen absolute Freiheit versprochen wird, absolute Kontrolle ausübt, um eine Ideologie mit ausgeprägten totalitären Grundprinzipien handelt."

Diese von der Staatsanwaltschaft München I aufgestellte und mit Urkunden belegte Behauptung und Wertung läßt sich weiter konkretisieren.

IV.

Die Machtgewinnungstechnik von Scientology über den einzelnen, den Staat und die Gesellschaft

1. Interpersonales Erklärungskonzept

In der bisherigen Diskussion über Scientology wurde die sozialwissenschaftliche Perspektive vernachlässigt. Mit der bisher angewandten psychologisch-psychiatrischen Betrachtungsweise wird der Grund, warum Scientology auf dem Psychomarkt eindeutig der Marktführer ist und sich bei Unterbleiben staatlicher Gegenmaßnahmen weiter ausbreiten wird, nur unzureichend erklärt. Wendet man sich von der intrapersonalen zu der in den Sozialwissenschaften angewandten **interpersonalen** Betrachtungsweise, erhält man einen besseren Erklärungsansatz.

2. Der Kontrollapparat

Es handelt sich bei Scientology um ein riesiges multinationales Beziehungsgeflecht, das nach Art eines durch Franchising-Verträge verbundenen Wirtschaftskonzerns seine Dienstleistungen vertreibt. Wenn auch Scientology unter dem Dachverband ABLE (= Association for Better Living and Education) sich angeblich um humanitäre Ziele zu kümmern scheint (Narconon: Drogenrehabilitierung; Criminon: Rehabilitation von Straftätern; Applied Scholastics: Lösungen in der Ausbildung; Stiftung „Der Weg zum Glücklichsein“: Verbesserung der Moral in der heutigen Welt) ist das eigentliche strategische Ziel von Scientology Machtgewinnung durch Kommerz. Diese Zielsetzung wurde von Hubbard 1983 wie folgt beschrieben:

> „Der einzige Grund, aus dem es Orgs (= Organisationen) gibt, ist die Aufgabe, Materialien und Dienstleistungen an die Öffentlichkeit zu verkaufen und zu liefern und Leute aus der Öffentlichkeit hereinzuholen, an die man verkaufen und liefern kann. Die Zielsetzung ist total befreite Kunden (HCO PL 31.1.1983).“

Die Staatsanwaltschaft München I hat deshalb Scientology 1986 wie folgt bewertet:

> „Aufgrund der Beweismittel besteht weiterhin der Verdacht, daß das Ziel der Organisation die wirtschaftliche Ausbeutung hörig gewordener Kunden ist, die selbst wieder zur Kundengewinnung und Kundenausbeutung eingesetzt werden“ (a.a.O. S. 68).

Die vertragliche Bindung schafft eine wegen der hohen Preise der Dienstleistungen oftmals existenzbedrohende Abhängigkeit des Hilfesuchenden und damit eine effektive Kontrollmöglichkeit durch die Organisation (StA München I, S. 36). Die Eingehung von Anschlußverträgen, zu deren Abschluß die Hilfesuchenden nicht selten mit Druck und Tricks bewogen werden (StA München I, S. 40), ist allein deshalb problematisch, da der Kunde oft bereits nach dem ersten Training seine Kritikfähigkeit verloren hat.

Wesentliche Ursache für das in alle Lebensbereiche (Wirtschaft, Ausbildung, Therapie usf.) krebsartige Vordringen des Systems von Scientology ist die vollständige Merkantilisierung der seelischen Hilfe und psychischen Beeinflussung. Seelsorgerliche Hilfsbeziehungen standen nach dem bisher geltenden abendländischen Kulturverständnis grundsätzlich extra commercium und sollten dies weiterhin bleiben. Eine staatliche Preiskontrolle auf dem Psychomarkt ist deshalb unbedingt erforderlich. Die Organisation nimmt sogar Immaterialgüterrechtsschutz für ihre Technik in Anspruch. Psychotherapeutische bzw. seelsorgerliche Techniken sind gemeinsames Kulturgut der Menschheit. Ein Immaterialgüterrechtsschutz an solchen Techniken sollte vom Staat nicht gewährt werden.

Das Beziehungsgeflecht von Scientology ist im Sinne eines totalitären Staatswesens hierarchisch strukturiert. Sämtliche internen, aber auch externen Beziehungen sind minuziös durch Hunderte von Vorschriften geregelt. Die Einhaltung der Regeln unterliegt einer ständigen strengen Überwachung. Hierbei wird die **Intimsphäre** des einzelnen **gänzlich** mißachtet. Er hat nicht nur im sogenannten therapeutischen Dienstleistungsbereich (Auditing, Training, Kurse), sondern auch im nichttherapeutischen Bereich sich jederzeit durch den E-Meter (= Lügendetektor) auf Linientreue überprüfen zu lassen und steht unter ständiger Gruppenkontrolle. Die Staatsanwaltschaft München I wertet diese Praxis deshalb auch als **Angriff auf die Menschenwürde** (a.a.O. S. 26, 55). Zu berücksichtigen ist, daß allein der Glaube an die Wirksamkeit des E-Meters so hohen Druck ausüben kann, daß der so Kontrollierte sich öffnet. In der Bundesrepublik ist der Einsatz des Lügendetektors bei Vernehmungen im Strafverfahren deshalb verboten (BGH St 5, 332). Wenig bekannt ist, daß der Einsatz von Lügendetektoren in den USA seit den fünfziger Jahren trotz Kritik sich immer mehr - auch im privaten Bereich - durchgesetzt hat (Wiesendanger). Einer solchen Entwicklung in Deutschland sollte bereits in den Anfängen Einhalt geboten werden.

Die mit Hilfe des E-Meters gewonnen Daten werden protokolliert. Der Inhalt wird nach Bedarf gegen den so Kontrollierten trotz behaupteter Wahrung des „Beichtgeheimnisses" verwendet (StA München I Anl. 17 S. 3). Wenn es um das „Überleben" der Organisation geht, ist der Gebrauch dieser Daten selbstverständlich (StA München I, S. 27). Der Hilfesuchende ist hierdurch erpreßbar. Abweichung vom Reglement wird rücksichtslos bis zu einem Rehabilitationstraining im Straflager (Rehabilitation Projekt Force) im Rahmen einer eigenen Gerichtsbarkeit geahndet (Minhoff/Müller, S. 97). Systemimmanent ist es, daß Aussteiger und Kritiker zur Strafe mit Rufmord und Telefonterror etc. drangsaliert werden (StA München I, S. 28-31). Scientology beginnt sich allmählich zum Staat im Staat zu entwickeln. Unter dem Vorwand therapeutischer Nützlichkeit wird das Grundrecht auf Selbstbestimmung systematisch mißachtet und der Hilfesuchende diszipliniert. Bei Scientology handelt es sich um eine therapeutische Disziplinarmacht, wie sie Foucault beschrieben und definiert hat (1976). Der Bruch demokratischer Spielregeln ist hierbei systemimmanent.

3. Technologie

Die Technologie, d.h. die Lernpraxis von Scientology ist im Gegensatz zur bizarren Science-Fiction-Mythologie, die Hubbard um den Thetan gesponnen hat, durchaus rational, wenn man den E-Meter als "Gedankenlese-Instrument" akzeptiert. Die Technologie ist, wie die Verbreitung von Scientology ausweist, auch effektiv. Das Studium der 131 Seiten starken 'Fachwortsammlung für Dianetics und Scientology' zeigen die Schlüssigkeit des Systems von Scientology. Die Autoren verfügen über ein erhebliches Wissen über moderne Lerntechnologie behavioristischen Zuschnitts, Psychotechniken und Managementmethoden. Wer sich im Management- und Personalentwicklungstraining auskennt, stößt hier auf durchaus vertraute Konzepte. Scientology stammt hiernach von behavioristisch geschulten Machern, die von Personalführung und Menschenlenkung etwas verstehen.

4. Verhaltensänderung

Die Veränderung im Verhalten des Hilfesuchenden aufgrund des scientologischen Trainings (sog. Prozessing) geschieht durch **Lernen** in verändertem Wachbewußtsein im Rahmen des Auditing, das in Form, Ablauf und Zielsetzung einer psychotherapeutischen Einzelbehandlung gleicht. Durch den Einsatz des E-Meters als begrenzt wirksames Biofeedback-Instrument (Wiesendanger) findet beim Auditing scheinbar eine Persönlichkeitserforschung statt, in Wirklichkeit werden durch eine Art konditioniertes Lernen in kleinen Programmschritten dem Hilfesuchenden die Sprache, das Reglement und schließlich die Glaubenspostulate und Lehre von Scientology antrainiert und hierbei die alten Lebensgewohnheiten und Wertvorstellungen gleichzeitig abtrainiert.

Für einen so Trainierten entsteht ein hoher Grad von Plausibilität. Er erlebt die schrittweise Veränderung seiner Denk-, Fühl-, Sprach- und Wertungsgewohnheiten nicht als Akt einer Glaubensübernahme. Die Behauptung der Organisation, man müsse in Scientology nur das akzeptieren, was einem wahr erscheine, niemandem werde ein Glauben aufgedrängt (a.a.O. S. 139), knüpft an diese subjektive Lernerfahrung an. Verschwiegen wird hierbei, daß diese Erfahrung Produkt eines der Selbstwahrnehmung weitgehend entzogenen Formungsprozesses ist, der in der vom Auditor gesteuerten Trainingsroutine selbst liegt.

Verstärkt wird dieser Effekt durch die Veränderung des Wachbewußtseins während des Auditing. Scientology weist zwar entschieden von sich, mit Hypnosetechniken zu arbeiten (a.a.O. S. 156, 163, 544). Diese Behauptung ist jedoch wissenschaftlich nicht haltbar und durch zahlreiche Untersuchungen widerlegt (Nedopil & Mende; Kind; weitere Nachweise bei Thiede). Es besteht der Verdacht, daß Scientology die Öffentlichkeit bewußt täuscht. Denn Dreh- und Angelpunkt für die Beweisführung der Existenz der vom Körper unabhängig operierenden geistigen Entität Thetan ist die beim OT-Training gezielt herbeigeführte Exteriorisation a.a.O. S. 147, 222). Dieses in den Bereich der Body-Image-Change-Erfahrung gehörende Phänomen setzt aber eine vorherige Veränderung des Wachbewußtseins voraus (Dittrich, S. 202). Die Deutung von außerkörperlicher Erfahrung (AKE) ist theorieabhängig (Materialismus vs. Immaterialismus) und keinesfalls an eine religiöse Kultpraxis gebunden. Es gibt eine Fülle von Berichten über AKE, wo Menschen nach einem schweren Unfall (sog. Nahtoderleben), im Schlaf, während einer Krankheit, im Drogenrausch neben oder über sich standen und sich von außen gesehen haben (Gauger, S. 109 ff m.w.N.). Die Entscheidung, der Immaterialismustheorie zu folgen, ist nicht notwendig ein Akt religiösen oder magischen Glaubens. Sie kann auch ein Akt der wissenschaftlichen Vernunft sein (Eccles). Scientology erklärt das Phänomen ebenfalls aus der Sicht empirischer Forschung (a.a.O. S. 147):

> „Für L. Ron Hubbards Forschung wurde jetzt die Untersuchung jener Phänomene besonders relevant, die als Exteriorisation bekannt sind. Obwohl verschiedene religiöse Texte Exteriorisation erwähnen, hat niemand zuvor diese Phänomene so sorgfältig untersucht. Aus seinen Studien folgerte L. Ron Hubbard, daß der Thetan den Körper verlassen und unabhängig von allem

> Körperlichen existieren kann ... in Scientology kann man die Exteriorisation erreichen und dadurch die Gewißheit erlangen, man selbst zu sein und nicht sein Körper."

Der Thetan ist demnach bei Scientology ein Kontrukt der instrumentalen Vernunft, die für eine Ausnahmeerfahrung eine Begründung liefert. Dieses Seelenbild steht somit nicht in der Tradition der Hochreligionen, sondern gehört in den Bereich der parapsychologischen Theoriebildung.

5. Verhaltenssteuerung über Statistik

Ein weiteres geschickt benutztes Disziplinierungsinstrument von Scientology ist das Messen des Erfolges mittels Statistik. Die Statistiklehre ist das Herzstück der sogenannten Verwaltungstechnologie. Da Datensammlung und (computergestützter) Datenvergleich in die Heilslehre eingebaut sind, genießt das Statistikwesen fetischhafte Wertschätzung (a.a.O. S. 453-491). Es ist als „Werkzeug, um Überlebenspotential zu messen" (a.a.O. S. 243) und als Lehre, „wie man die Ursachen guter und schlechter Situationen innerhalb von Gruppen und Organisationen entdeckt und beseitigt" (a.a.O. S. 811 Datenserie), vor jeglicher Brandmarkung als ausbeuterische Sozialtechnologie gefeit und wird daher rücksichtslos benutzt, um den einzelnen und Organisationen zur „Produktion" anzutreiben. Scientology ist stolz auf dieses Führungsinstrument und bekennt sich offen zu ihm (a.a.O. S. 343):

> „Dieses Prinzip allein ermöglicht es, die Gebiete oder Funktionen, die besondere Aufmerksamkeit erfordern, genau einzukreisen, und allein die Anwendung dieses Prinzips hat den Erfolg vieler Organisationen drastisch erhöht. Das gesamte Gebiet der Technologie von Statistiken ist eng mit der Anwendung der Prinzipien der Daseinszustände verbunden - denn Statistiken führen zur Anwendung des richtigen Zustandes".

Seit 1979 verkauft Scientology dieses bis dahin nur intern benutzte Führungs-Know-how als „Verwaltungstechnologie" und damit gleichzeitig die scientologische Ideologie weltweit in der Form von Managementtrainings an Unternehmer, die durch den Dachverband WISE (World Institute of Scientology Enterprises) kontrolliert werden (a.a.O. S. 443 ff). Scientology hat mit diesem Einstieg in die Wirtschaft erheblich an Expansionskraft gewonnen und beginnt jetzt zu einer gesellschaftlichen Kraft zu werden.

Unter dem Dachverband WISE ist derzeit ein globales, von außen nicht mehr kontrollierbares Netzwerk im Entstehen, durch das bei weiterem Wachsen nicht nur die Wirtschaft, sondern auch die Politik beeinflußbar sind.

Erste Auswirkungen zeigten sich bereits in den USA. So hat dort im Oktober 1993 die Steuerbehörde nach jahrzehntelangem Widerstand nachgegeben und sämtliche Scientology-Organisationen, auch das Hubbard-College für Verwaltung, das Managementtrainings verkauft, für steuerfrei erklärt. Die Macht, die Scientology in den USA auf Regierungskreise bereits gewonnen hat, zeigt sich auch daran, daß auf der letzten KSZE-Konferenz der Bundesregierung von Vertretern der US-Regierung vorgehalten wurde, Scientology werde in der Bundesrepublik als religiöse Minderheit verfolgt.

6. Verknüpfung von Technologie und Lehre (sog. „religiöse Philosophie“)

Wie passen die um den Thetan entwickelte Science-Fiction-Mythologie einerseits mit der Rationalität der Technologie andererseits zusammen? Die Klammer, die beide vereint, ist das **Spielkonzept**, an das Hubbard bewußt anknüpft. So hat er 1956 eine Theorie der Spielbedingungen geschrieben, in dem er die scientologische Theorie und Praxis am Spielmodell erklärt (PAB Nr. 87, PAB Nr. 101). Das Science-Fiction-Konzept erweist sich damit als Drehbuch für ein riesiges Macht-Monopoly mit dem Ziel der ideologischen Weltherrschaft, das mittels der scientologischen Spielregeln in die Tat umgesetzt wird. Die aus einer vielstufigen Skala bestehende Brückenkarte, die graphische Darstellung aller Kurse und Prozessings mit dem Endziel: Völlige Freiheit (= Zustand eines Operierenden Thetan) ist vergleichbar mit dem Spielplan eines hindernisreichen Fantasy-Spieles, bei welchem der Spieler, um allmählich zum Heroen oder Superman mit magischen Kräften zu werden, Prüfungen bestehen und Opfer erbringen muß. Als Belohnung nimmt er nach Bestehen der jeweiligen Zwischen-Prüfung an Kraft zu. Erst nach Absolvierung aller Prüfungen und nach schweren (Geld-)Opfern erreicht man das Ziel: Superman. Absicht von Scientology ist es, alle Menschen der Welt in dieses Spiel einzubeziehen. Aus den Spieleinsätzen wird derzeit das Weltimperium in Form eines Beziehungsgeflechts erbaut, das von den Spielleitern nach Prinzipien eines Wirtschaftskonzerns gesteuert wird. Wer das Spiel stört, ist als sogenannte antisoziale Persönlichkeit Feind und wird deshalb auch mit unfairen Methoden bekämpft (StA München I, S. 28-31). Aufgabe der Spieler ist es, im Wege des Schneeball-Systems immer mehr Mitspieler zu gewinnen (StA München I, S. 10, 11). Die Anwerbung eines neuen Mitgliedes wird belohnt. Das nächste Training verbilligt sich (Spielgewinn). Die aus einfachen Spielern alsbald zu Unterspielleitern aufgestiegenen Mitwirkenden an diesem Macht-Spiel sind **Rollenträger**, die sich im Spielverlauf immer mehr mit ihrer Rolle identifizieren, bis sie ihnen in Fleisch und Blut übergegangen ist. Wer den Spielwitz durchschaut, gelangt in die Führungsetage bei Scientology. Das Erleben, daß das Spiel läuft, motiviert offensichtlich die meisten Anhänger und überzeugt sie nach und nach auch von der Richtigkeit des bizarren Science-Fiction-Konzepts. Wie virulant das Spielkonzept auch heute noch bei Scientology ist, zeigt die Kampagne "Kreuzzugsbewegung 1991", mit der vor dem Jugendsektenhearing 1991 durch das Aussetzen von Belohnungen Bundestagsabgeordnete eingeschüchtert wurden und Beobachter in das nichtöffentliche Hearing eingeschleust werden sollten.

Die totale Kontrolle, die das System Scientology über den einzelnen ausübt, gleich in welcher Funktion er tätig ist, gibt diesem keine Chance, sich anders als "scientologisch" zu verhalten. Denn jedes Abweichen wird nach E-Meter-Überprüfung je nach Belieben geheilt oder geahndet (StA München I, S. 23 ff, 46 ff). Es bedarf nicht vieler Phantasie sich auszumalen, was mit Abweichlern in einem scientologischen Staat geschähe, wenn bereits in freien Gesellschaften die Möglichkeit für Scientology besteht, Disziplinierungslager für Abweichler zu errichten. Hierzu noch einmal Hubbard:

> „Die Planung für Scientology ist so angelegt, daß die Fähigen fähiger gemacht werden, während die Unfähigen vorerst sich selbst überlassen bleiben, bis wir richtige Anstalten für sie gebaut haben. Wenn wir das machen, wachsen wir. Wenn wir, wie das einige unkluge Leute tun, uns die Unfähigen, die Hilflosen und die Zurückgebliebenen aufhalsen, werden wir nicht in der Lage sein, schnell genug hoch genug voranzuschreiten." (FSM Newsletter, 1992, S. 3).

7. Der Mensch als Objekt fremder Verfügungsmacht

Nach dem Selbstverständnis von Scientology, wie es in Propagandaschriften dargestellt wird, führt das Training zum glücklichen Menschen (a.a.O. S. 146):

> „Das Leben ist nicht viel wert, wenn man sich nicht daran freuen kann, und der Clear genießt das Leben in vollem Ausmaß. Er kann Situationen die Stirn bieten, die ihn, bevor er geklärt war, völlig aus der Fassung gebracht hätten. Die Fähigkeit, ein gutes und erfülltes Leben zu leben, ist die Gabe des Clears."

Diese Selbstbeschreibung steht, wie oben bereits gezeigt wurde, zum unterdrückerischen Kontrollverhalten, das Scientologen innerhalb der Hierarchie untereinander zeigen, in diametralem Gegensatz. Das naheliegende Urteil, die Glücksverheißung sei lediglich ein billiger Reklametrick, wird Scientology nicht gelten lassen. Die Organisation kann zur Verteidigung auf das Basisaxiom aller Heils- und Heilungsbringer verweisen, nämlich ihren Glauben, den Menschen vom Homo vetus zum Homo novus, vom Sünder zum Heiligen, vom Kranken zum Gesunden, vom Unglücklichen zum Glücklichen usf. verändern zu können. Je nach Einschätzung, ob das Heils-/Heilungsziel für erreichbar gehalten wird, wird hiernach ein Veränderungswilliger auf dem Weg zum Homo novus auch schmerzhafte Erfahrungen in Kauf nehmen. Was aus Sicht des Kritikers menschenunwürdiges Kontrollverhalten ist, könnte aus der Sicht des Überzeugten eine hilfreiche, wenn auch schmerzhafte Kur sein.

Scientology verläßt bei dieser Kur jedoch gänzlich den Rahmen, den bisher Seelsorge und Psychotherapie eingehalten haben. Der hilfesuchende Mensch wird beim Auditing zu einem Datenobjekt, das über den Nadelausschlag am E-Meter nach den Technikanweisungen HUBBARDS kontrolliert und bearbeitet wird. Es fehlt jeglicher personale Bezug. KIND spricht daher mit Recht von einer „Unmenschlichen Prozedur" (a.a.O. S. 12). Der auf ein zu bearbeitendes Datenprogramm reduzierte Mensch hat hierbei nur noch einen Zahlenwert, aber nicht mehr einen Menschenwert, d.h. Menschenwürde. Die Wertkategorie, in die Scientology den Menschen beim Auditing, aber auch sonst einordnet, ist deshalb nicht die der wertschätzenden Achtung, sondern die der technischen Verfügbarkeit. Bei Scientology ist der Mensch, der ein Selbstzweck ist (KANT), nur noch

Mittel zum Zweck. Er hat nur noch einen Preis, aber keine Würde mehr. Die von Scientology praktizierte Sozialtechnologie mißachtet daher eklatant die Menschenwürde.

Computerexperten haben darauf hingewiesen, daß die Theorie und Technik der Menschenveränderung bei Scientology bewußt an das *Paradigma eines Computers* anknüpft: „Dein Gehirn ist ein Computer, der nicht richtig funktioniert. Wir machen, daß er funktioniert" (zit. nach KAUSS & WANKE, 1993). Bei diesem Anspruch geht es nicht etwa nur um „Neuprogrammierung" des Gehirns, sondern um noch mehr, nämlich die „Reparatur der Hardware". Im Gegensatz zum theoretischen Überbau des Thetan-Mythos steht die Praxis von Scientology offenbar ganz in der Tradition eines technischen Menschenbildes, das im 18. Jahrhundert mit der Uhrwerkmethapher (l'homme machine) begonnen und sich zum heute herrschenden kybernetischen Paradigma der Steuerung und Kommunikation in Tier und Maschine (WIENER, 1948) fortentwickelt hat. Auf die Freiheitsgefährdung bei einer Ausrichtung am Menschenbild „l'homme machine" hat O. MAYR unlängst zutreffend aufmerksam gemacht (Uhrwerk und Waage, Autorität, Freiheit und technische Systeme in der frühen Neuzeit, 1987).

Ein weiterer Einwand gegen das Menschenbild von Scientology ist vorzubringen. Das Fundament, auf dem die beiden Hochreligionen Christentum und Buddhismus beruhen, ist Mitleid und Nächstenliebe. SCHOPENHAUER hat bekanntlich in seiner „Preisschrift über die Grundlage der Moral" (1849) diese auf die angeborene „Grund-Triebfeder" Mitleid zurückgeführt. Auf der 41 „Emotionen" umfassenden „Tonskala", mit welcher Scientology auf emotionale Einstellungen und damit auch auf das „Überlebenspotential" schließt, befindet sich Mitleid an der gering bewerteten Stelle von 0,9 bis 40 Maßeinheiten (a.a.O. S. 150). Idealbild von Scientology ist anscheinend der gefühlskalte Egoist. Praktisches Ziel ist die Erschaffung des Machtmenschen. Der Hinweis von Scientology, die Lehre stehe in der Tradition des Buddhismus ist demnach eine weitere propagandistische Irreführung der Öffentlichkeit.

8. Betriebsblindheit der Anhänger

Die Frage erhebt sich, warum Scientology-Anhänger dieses Kontroll- und Reglementierungssystem nicht erkennen, obwohl die Organisation sich doch vehement gegen angebliche Mißbräuche in der Psychiatrie wendet. Zwei Gründe sind hierfür anzuführen.

a) **Der sogenannte Fischreuseneffekt:**

Solange der Fisch auf dem erlaubten Weg schwimmt, ist er völlig frei. Die Unfreiheit wird für ihn erst dann spürbar, wenn er vom vorgeschriebenen Weg abweichen möchte und die Reuse ihn am Fortschwimmen hindert.

b) **Das Double-bind Phänomen:**

Jede moderne Diktatur bediente sich bisher zur Tarnung ihres freiheitsbeschränkenden Charakters einer Freiheitsideologie in Form eines **Wegemythos**, an dessen Ende die Freiheit, d.h. das menschliche Glück steht. Auch Scientology arbeitet mit diesem Mythos (vgl. Brükkenkarte). Nach Gewinnung des Glaubens an diesen Mythos - dieser Glauben wird durch das Training erzeugt - blendet der Hilfesuchende das Erleben der realen Unfreiheit und der menschenunwürdigen Behandlung aus. Diese Phänomen kann, wie die psychologische Forschung gezeigt hat, jederzeit durch Suggestion und durch Motivierung nach dem Muster „per aspera ad astra" bei den meisten Menschen hergestellt werden.

Skrupellose Psychotherapeuten und Managertrainer auch außerhalb von Scientology bedienen sich - leider auch in der Bundesrepublik - dieser Methoden (LUKAS; management & seminar 10/93 S. 38 ff; Forbes 10/93 S. 70 ff). So nehmen die Klienten derartiger Trainer auch menschenunwürdige Trainingsmethoden als notwendiges Opfer auf dem Weg zur Befreiung in Kauf. Im Lager der seriösen Managertrainer wird derzeit deshalb die Frage ventiliert, ob es wegen solcher schwarzer Schafe, die die Klienten auch in psychische Krankheiten treiben können, nicht eines 'Trainer-TÜV' bedarf. Bekanntlich ist der Bereich der Personalentwickler und Managertrainer bereits von Scientologen durchsetzt. Die um sich greifenden harten Methoden des Managementtrainings hängen wahrscheinlich nicht allein mit dem allgemeinen Paradigmenwechsel von der Tiefen- zur Verhaltenspsychologie, sondern auch mit dem Eindringen scientologischer Trainer und scientologischer Trainingstechniken, die oft auch von Abtrünnigen noch weiterpraktiziert werden, zusammen. Mit der völligen Beherrschung dieser Trainingsszene würde Scientology' auf den Weg zur Macht eine wichtige Schlüsselposition erreicht haben. Das ohnehin harte Wirtschaftsklima in Deutschland würde noch härter werden.

9. Der Marsch durch die Institution

Wie weit es Scientology bereits gelungen ist, den Marsch durch die Institutionen in der Bundesrepublik zu schaffen, ist wegen des Fehlens von Observation durch den Verfassungsschutz unbekannt. In Frankreich soll Scientology jedenfalls schon den Marsch bis ins Herz staatlicher Macht geschafft haben (Evenement v. 25.2.93, S. 14/20). In den USA agiert Scientology, wie ober gezeigt wurde, ebenfalls bereits in den Vorhöfen der politischen Macht.

10. Der scientologische Staatsdiener

Das Problem des scientologischen Staatsdieners besteht darin, daß dieser am Gängelband des Machtapparates von Scientology seinen Loyalitätspflichten gegenüber dem Staat nicht mehr nachkommen wird, wenn ihn die Organisation unter Druck setzt. Bereits schon jetzt ist es nicht mehr möglich, in unserem Staatsbereich Schriftverkehr geheim zu halten, der Abwehrmaßnahmen gegen Scientology betrifft. Breitet sich das Beziehungsgeflecht Scientology über den Staatsapparat aus, werden wir einen Nepotismus schlimmsten Ausmaßes haben. Die „Psychotech-Mafia" Scientology würde sich dann voraussichtlich vor allem in staatlichen Stellen festsetzen, die mit pädagogischen und sozialtherapeutischen Aufgaben zu tun haben, um dort ihre Lern- und Trainingstechniken als Allheilmittel zu propagieren und mit Multiplikationseffekt durchzusetzen.

V.

Die Notwendigkeit der Schaffung eines Lebenshilferechts

1. Warum ist Scientology so erfolgreich?

Der derzeitige Erfolg von Scientology hängt mit der Psychologiegläubigkeit in unserer Gesellschaft zusammen. Man ist überzeugt, durch die modernen Psychotechniken wie z.B. neurolinguistisches Programmieren, Transaktionsanalyse, Psychodrama, Suggestopädie, Gruppentherapie, mentales Training, Hypnotherapie, Yoga, Brainmachines etc. geistig und seelisch fitter zu werden, d.h. die eigenen Fähigkeiten verbessern zu können. 50% des sogenannten Managementtrainings, durch das sich die Elite unserer Gesellschaft schulen läßt, hat derartige Ziele.

Entsprechend hat sich ein riesiger, gesetzlich bisher ungeregelter Psychomarkt mit Millionenumsätzen gebildet, der dieses neue Interesse an Selbstverwirklichung durch mentales und körperliches Training (sog. Körpertherapie) gewerbsmäßig befriedigt, aber auch durch unseriöse Werbung und eine Unmasse von Büchern anheizt. Von einfachen Entspannungskursen bis zu Kursen zur Erlernung des Levitierens (so die Transzendentale Meditation) gibt es ein unerschöpfliches Angebot seriöser, halbseriöser und betrügerischer, gesundheitsfördernder und gesundheitsschädigender Dienstleistungen dieser Art.

2. Lebenshilfe, ein neuer sozialer Bereich zwischen religiöser Seelsorge und wissenschaftlich begründeter Psychotherapie

Diese Dienstleistungen fallen sowohl aus dem Bereich von Religion, definiert nach dem abendländischen Verständnis, welches auf eine transzendente, die Immanenz der Erfahrungswelt übersteigende Orientierung des Menschen abstellt, als auch aus dem Bereich herkömmlicher medizinischer, d.h. wissenschaftlich begründeter Psychotherapie. Diese neuen Dienstleistungen liegen wegen ihrer Zielrichtung, die Kunden nicht zu heilen, sondern gesunde Kunden fähiger, glücklicher und leistungsfähiger zu machen, auch außerhalb des Bereichs des Heilpraktikergesetzes und des neu zu schaffenden Psychotherapeutengesetzes.

Für die Art dieser neuen Dienstleistungen gibt es noch nicht einmal einen Namen, geschweige denn einen Kundenschutz vor Mißbräuchen. Nach dem Szenensprachgebrauch handelt es sich allerdings auch hier um „Therapie". Zur Unterscheidung von der medizinischen Psychotherapie und religiöser Seelsorge bietet es sich an, diese neuen menschlichen Interaktionsformen, die der Selbstverwirklichung und Sinnfindung dienen, **„Lebenshilfe"** zu nennen. In diesen Bereich gehört auch Scientology, eine Ausformung des von POSTMAN unlängst zutreffend kritisierten 'Technopols' (1992).

Zum Schutz des Bürgers vor Mißbräuchen in diesem Bereich ist es dringen geboten, ein Lebenshilferecht zur Regelung **gewerblich** gewährter Lebenshilfe zu schaffen. Denn mit den von der Psychologie entwickelten und aus den Religionen entlehnten Psychotechniken, die sowohl zum Guten als auch zum Bösen durch Jedermann eingesetzt werden können, hat der Einzelne und/oder eine Gruppe, wenn sie sich dieser leicht zu erlernenden Techniken bedient, gegenüber einem Hilfesuchenden, der sich den Lebenshelfern anvertraut, eine Veränderungsmacht in Händen, die bei Mißbrauch Abhängigkeit, Ausbeutung und bei Vorgeschädigten auch psychische Krankheit bewirken kann (GIESE & KLEIBER, 1989; SCHMIDBAUER, 1992).

Als erste Maßnahme ist es daher geboten, Art. 2 GG dahingehend zu ergänzen, daß jeder nicht nur das Recht auf körperliche, sondern auch auf **geistig-seelische** Unversehrtheit hat.

Wer die Bewußtseins- und Gehirnforschung verfolgt, wird feststellen, daß das psychophysische Zusammenspiel von körperlicher Außenwelt (res extensa) und geistig-seelischer Innenwelt (res cogitans) immer besser verstanden, erklärt und beeinflußt werden kann. Damit wächst allerdings auch die Manipulierbarkeit des Menschen in einer bisher nicht für möglich gehaltenen Weise. Nicht nur durch raffinierte (Bewußtseins-) Kontrolltechniken (HASSAN, 1993) und psychotrope Substanzen wie künstliche Drogen und euphorisierende Medikamente, sondern auch durch interaktionsfähige Maschinen wie Simulatoren, Brainmachines, Cyberspacemachines, Biofeedbackgeräte, therapeutische Computer etc. sind sehr effiziente Mittel gegeben, den Menschen in seinem Bewußtsein und Verhalten nachhaltig zu verändern.

Die Staatsrechtslehre hat von dieser Entwicklung bisher keinerlei Notiz genommen und wacht mit Art. 4 GG und einer anthropologischen Sicht aus dem vorigen Jahrhundert als blinde Wächterin über den heiligen religiösen Raum. Sie vermag derzeit nicht wahrzunehmen, daß dieser Raum längst profaniert, nämlich wissenschaftlich vermessen, psychologisch erklärt und weitgehend kommerzialisiert ist. Der Staat ist aufgerufen, sehende Wächter zu suchen und das Fanum, das im säkularen Staat die Intimsphäre des Einzelnen und seine Fähigkeit zur Selbstbestimmung ist, gegen die Macht unseriöser Therapeuten, Lebenshelfer, Verhaltenstrainer und Personalentwickler, aber auch gegen fundamentalistische Religiosität entschieden zu verteidigen. Das Wissen über die Veränderbarkeit des Menschen gibt Macht. Diese Veränderungsmacht muß der Staat zum Schutze des einzelnen gegen Mißbräuche kontrollieren, ohne ihm selbst Wege der Selbstfindung und Selbsterfahrung vorzuschreiben.

In einem deshalb zu schaffenden **Lebenshilferecht** müßte, ähnlich wie im Heilpraktikergesetz, die Ausübung der gewerblichen Lebenshilfe an eine gewisse Mindestausbildung geknüpft sein. Außerdem sollten die Grenzen der Anwendung von Lebenshilfetechniken beschrieben werden. Bei Mißbräuchen sollten Sanktionen bis hin zum Verbot möglich sein. Ob ein solcher Mißbrauch vorliegt, sollte durch staatliche Ethikkommissionen vorentschieden werden. Der Verkauf von Lebenshilfe sollte aus dem Schutzbereich von Art. 4 GG genommen werden. Der Homo oeconomicus bedarf als Verkäufer des Schutzes von Art. 4 GG nicht. Wer Seelsorge verkauft, verläßt den Bereich des Religiösen (Pseudoreligion).

Ob ein Verbot der scientologischen Organisationen nach Art. 9 Abs. 2 GG heute schon möglich ist (BVerfGE 5, 85/139; 25, 88/100; 80, 244/253), erscheint zweifelhaft. Eine minuziöse Auswertung der Technologieunterlagen würde wohl, wie es die Einstellungsverfügung der Staatsanwaltschaft München I bereits zum Teil geleistet hat, das die Selbstbestimmung mißachtende diktatorische Kontrollsystem, insbesondere auch die kämpferisch-aggressive Ideologie noch deutlicher werden lassen und möglicherweise die Grundlage für ein Verbot bilden können. Hinzu müßte jedoch eine genaue Datenerhebung und Datensammlung treten. Ließen wir Scientology salonfähig werden, würden wir uns alsbald in einer Psychodiktatur wiederfinden.

3. Das Grundrecht des einzelnen auf Widerstand gegen Heilungs- und Verbesserungsmächte

Greift man Scientology aus den unseriösen Anbietern des Psychomarktes als idealtypisches Beispiel heraus, mag die Schaffung eines Gesetzes der gewerblichen Lebenshilfe notwendig erscheinen. Würde ein solches Gesetz erlassen, handelte es sich dann aber nicht um ein unzulässiges Maßnahmegesetz? Diese Bedenken lassen sich jedoch rasch entkräften.

Der wissenschaftliche Fortschritt scheint aus dem Kultur- und Geisteswesen Mensch, der nach dem Menschenbild der Aufklärung die Fähigkeit besitzen soll, in freier Entscheidung seinem Leben selbst eine sittliche Grundorientierung zu geben, ein beliebig manipulierbares Naturwesen gemacht zu haben, dessen geistig-seelische Lebensorientierung lediglich das Produkt von Veranlagung, nämlich „egoistischen" Genen, und von gesellschaftlichen Anpassungszwängen sein soll (GRIFFEL). Pädagogen, Seelsorger und Psychotherapeuten wären nach diesem Paradigma lediglich die verkappten Agenten der Gesellschaft, die das Bewußtsein des Individuums programmieren und bei Bedarf umprogrammieren, um es für die Gesellschaft passend zu machen. Die jeweilige Weltanschauung des Individuums wäre hiernach das Produkt einer Bewußtseinserzeugungstechnik, die von der neuen Bewußtseinsindustrie hergestellt und gegen Entgelt geliefert wird.

Daß es sich hier nicht nur um Science Fiction handelt, zeigt ein Blick in das Arbeitsleben, wo allenthalben unter der freundlichen Verpackung der Karrierenützlichkeit, oft aber unter erheblichem Druck die Arbeitnehmer veranlaßt werden, zur „Verbesserung der Persönlichkeit" an gruppendynamischen Veranstaltungen teilzunehmen. Die Bewußtseinsindustrie boomt, unsere auf Effizienz ausgerichtete Gesellschaft trainiert sich zur Leistungssteigerung heute mental.

Von den psychischen Krisen, die durch solche Veranstaltungen nicht selten verursacht werden können, pflegt man derzeit nur hinter vorgehaltener Hand zu erzählen. Die Bewußtseinsindustrie verschweigt oder bagatellisiert aus Geschäftsgründen die Gefahren dieser Trainings. Einem derart psychisch Verletzten ist oft deshalb gar nicht bewußt, daß die beim Psychotraining erlittene Demoralisierung einen Eingriff in sein Persönlichkeitsrecht darstellt, gegen den er sich hätte zur Wehr setzen dürfen.

In unserer mehr und mehr sozialtechnologisch ausgerichteten Gesellschaft wird die Erhaltung der Selbstbestimmungsfähigkeit des Individuums maßgeblich davon abhängen, ob und in welchem Umfang diesem ein **Widerstandsrecht** gegen die neuen Heilungs- und Verbesserungsmächte eingeräumt wird. Ein solches Widerstandsrecht kann aus der sogenannten negativen Weltanschauungsfreiheit, wie sie auch durch Art. 4 GG geschützt wird (BADURA, S. 32), abgeleitet werden. Aufgabe des demokratischen Rechtsstaates muß es sein, den einzelnen vor erschlichener oder aufgezwungener Persönlichkeitsveränderung aufgrund des Einsatzes von Psychotechniken zu schützen. Dies wird allerdings nur dann möglich sein, wenn das in der Staatsrechtslehre derzeit alleinherrschende sogenannte **subjekt-philosophische Paradigma,** mit dem man Religion und Weltanschauung beschreibt und erklärt, durch das die Theorie und Praxis der Menschenführung und -veränderung heute bestimmende **Interaktionsparadigma** ergänzt wird (HABERMAS[2], S. 313; WATZLAWICK U.A.; LORENZER; LAY). Denn der Blick auf den Psychomarkt und die dort angebotene Dienstleistung, Lebenshilfe wird erst im Rahmen der Kommunikations- und Interaktionstheorie frei.

Literatur

BADURA, P., Der Schutz von Religion und Weltanschauung durch das Grundgesetz, Tübingen 1989.

BUNDESVERWALTUNGSAMT (Hg.), Die Scientology-Organisation. Ziele, Praktiken und Gefahren, 1996.

CHRIST, A., GOLDNER, S., Scientology im Management, Düsseldorf 1996.

DITTRICH, A., Ätiologie-unabhängige Strukturen veränderter Wachbewußtseinszustände, Stuttgart 1985.

ECCLES, J.C., Das Gehirn des Menschen, München 1975.

FOUCAULT, M., Mikrophysik der Macht, Berlin 1976.

Gauger, W., in: Grubitzsch, S., Rexilius, G. (Hg.), Psychologische Grundbegriffe, Reinbek b. Hamburg 1990.

GIESE, E., KLEIBER, D. (Hg.), Das Risiko Therapie, Weinheim/Basel 1989.

GOODMAN, F.D., Trance - der uralte Weg zum religiösen Erleben, Gütersloh 1992.

GRIFFEL, A., Der Mensch - Wesen ohne Verantwortung?, Regensburg 1975.

GROF, S., GROF, CH. (Hg.), Spirituelle Krisen, München 1990.

HAACK, F.-W., Scientology-Magie des 20. Jahrhunderts, München 1982.

HABERMAS, J., Theorie und Praxis, Neuwied/Berlin 1963.

HABERMAS, J., Der philosophische Diskurs der Moderne, Frankfurt/M. 1985.

HASSAN, S., Ausbruch aus dem Bann der Sekten, Reinbek b. Hamburg 1993.

HOFSTÄTTER, P.R., Psychologie zwischen Kenntnis und Kult, München 1984.

JASCHKE, G., Auswirkungen der Anwendung scientologischen Gedankenguts auf eine pluralistische Gesellschaft oder Teile von ihr in einem freiheitlich demokratisch verfaßten Rechtsstaat, in: Innenministerium Nordrhein-Westfalen (Hg.), Scientology - eine Gefahr für die Demokratie. Eine Aufgabe für den Verfassungsschutz? 1996.

JUNGE UNION BAYERN (Hg.), Sektenreport, München 1993.

KAUSS, U., WANKE, O., in: Chip Nr. 3: Learn LRH Technology on Computers. 1993.

KELTSCH, J., in: Protokoll Nr. 11 des Ausschusses für Frauen und Jugend vom 09.10.1991 zum Thema Jugendsekten, Bonn.

KELTSCH, J., Konzept für eine gesetzliche Regelung der Dienstleistungen gewerblicher Lebensbewältigungsangebote (Psychomarktrecht) in: JU Rheinland-Pfalz (Hg.), Das 2. Wormser Scientology Tribunal 17. und 18. September 1994, 1995.

KIND, H., Medizinisch-psychiaterisches Gutachten vom 19.04.1989 zu den Wirkungen der Auditing, unveröffentlicht, Materialdienst der AGPF Bonn.

KREFTING, A., in: Grubitzsch, S., Rexilius, G. (Hg.), Psychologische Grundbegriffe, Reinbek b. Hamburg 1990.

LAY, R., Philosophie für Manager, Düsseldorf/Wien/New York 1991.

LORENZER, A., Sprachspiel und Interaktionsformen, Frankfurt/M. 1977.

LUKAS, E., Psychologische Seelsorge, Freiburg 1985.

MAYR, O., Uhrwerk und Waage, München 1987.

MENDE, W., NEDOPIL, N., Nervenärztliches Gutachten zu den Wirkungen des Auditing vom 21.12.1984, unveröffentlicht, Materialdienst der AGPF Bonn.

MINHOFF, CH., MÜLLER, M., Scientology, Irrgarten der Illusion, München/Dillingen 1993.

MÜLLER, U., Herrmann, J. (Hg.), Mission mit allen Mitteln, Der Scientology-Konzern auf Seelenfang, Reinbek b. Hamburg 1992.

NEW ERA PUBLICATIONS INTERNATIONAL APS (Hg.), Was ist Scientology? 1993.

POSTMAN, N., Das Technopol, Frankfurt a. Main 1992.

POTTHOFF, N.J., Scientology und Wirtschaft. Der WISE-Report, Krefeld 1994.

SCHMIDBAUER, W., Wie Gruppen uns verändern, München 1992.

SKINNER, B.F., Jenseits von Freiheit und Würde, Reinbek b. Hamburg 1973 Futurum Zwei „Walden Two“, Reinbek b. Hamburg 1972.

STAATSANWALTSCHAFT MÜNCHEN I 115 Js 4298/84, Einstellungsverfügung vom 24.04.1986, unveröffentlicht, Materialdienst der AGPF Bonn.

THIEDE, W., Scientology - Religion oder Geistermagie? Konstanz 1992.

VOLTZ, T., Scientology und (k)ein Ende, Solothurn, Düsseldorf 1995.

WATZLAWICK, P., BEAVIN, J.H., JACKSON, D.D., Menschliche Kommunikation[8], Bern/Stuttgart/Toronto 1993.

WEBER, M., Gesammelte Aufsätze zur Wissenschaftslehre, Tübingen 1973 (darin: Wissenschaft als Beruf).

WIENER, N., Kybernetik, Reinbek b. Hamburg 1986.

WIENER, N., Mensch und Menschmaschine, Berlin 1958.

WIESENDANGER, H., Zwischen Wissenschaft und Aberglaube, Frankfurt/M. 1989.

Zygowski, H., in: Hörmann, G., Körner, W. (Hg.), Klinische Psychologie, Reinbek b. Hamburg 1991.

Seriosität und Unseriosität von Angeboten auf dem Markt der Lebenshilfe am Beispiel eines Vergleichs von Neuen Religiösen Bewegungen und Psychotherapie

Daniel Kraus

Einleitung

Anliegen des vorliegenden Artikels ist, aus psychologischer Sicht zu diskutieren, an welchen Kriterien sich die Seriosität von Angeboten auf dem „Markt der Lebenshilfe" messen läßt. Die Forderung nach einer Regelung des sogenannten „Psychomarkts" wurde jüngst von Politikern (Bürgerschaft der Freien und Hansestadt Hamburg, 1995, Deutscher Bundestag, 1996) und Juristen (Keltsch, in diesem Band) vorgebracht. Auch der Berufsstand der Psychologen hat offensichtlich die Notwendigkeit einer Auseinandersetzung mit der ganzen Breite des „Psychomarkts" erkannt, was sich an der Gründung eines Arbeitskreises „Psychomarkt - Sekten - Destruktive Kulte" des Berufsverbandes Deutscher Psychologinnen und Psychologen zeigt (vgl. Baier, 1994). Nicht zuletzt das vom Bundestag angestrebte „Psychotherapeutengesetz" ist ein Versuch, psychotherapeutische Verfahren, deren Wirksamkeit empirisch bewiesen ist, von noch auf dem Prüfstand stehenden Methoden und unseriösen Psychotherapieformen auch für den Laien unterscheidbar zu machen.

Der „Markt der Lebenshilfe" umfaßt eine inzwischen kaum noch überschaubare Anzahl von Angeboten und kann an dieser Stelle nicht umfassend diskutiert werden. Im Hinblick auf die Frage nach Kriterien zur Beurteilung der Seriosität von Angeboten auf dem „Psychomarkt" bietet sich ein Vergleich von Psychotherapie und Neuen Religiösen Bewegungen an, weil diese in gewisser Hinsicht als Endpunkte eines Kontinuums von Hilfsangeboten betrachtet werden können: Auf der einen Seite stehen empirisch überprüfte oder langfristig bewährte Therapieformen wie die psychoanalytischen Verfahren, die Verhaltenstherapie und die Gesprächspsychotherapie mit fließenden Grenzen zu in der Regel ebenfalls als seriös eingeschätzten Verfahren, wie z.B. die Gestalttherapie und das Psychodrama, deren Wirksamkeit bisher noch nicht ausreichend empirisch überprüft ist (vgl. Grawe, Donati & Bernauer, 1994). Diese bewährten und noch auf dem Prüfstand stehenden Psychotherapieformen werden von zum Teil fragwürdigen Anbietern aufgegriffen, die der New Age-Bewegung nahestehen. Ihr Angebot reicht von Rebirthing über Reiki bis zur Reinkarnationstherapie. Auf diesem „Psychomarkt" wiederum treten Phänomene der „Versektung" und „Entsektung" auf. Therapeuten werden zu Gurus (z.B. Günther Ammon, der Begründer der Deutschen Akademie für Psychoanalyse, guruistische Bewegungen verschmelzen mit dem „Psychomarkt" (z.B. die Bewegung um Bhagwan bzw. Osho nach dem Tod ihres Gründers).

Daß Psychotherapeuten und Neue Religiöse Bewegungen in gewisser Weise Konkurrenten auf einem gemeinsamen Markt sind, zeigt sich auch an Hinweisen darauf, daß ihre Zielgruppen sich trotz der Unterschiedlichkeit der Angebote weitgehend überschneiden. Von Neuen Religiösen Bewegungen fühlen sich überwiegend Menschen angesprochen, die sich einsam und unakzeptiert fühlen und Identitätsprobleme haben (vgl. Petermann, 1983). Solche Selbstwert-, Sinn-, und Identitätsprobleme legen die Prüfung einer Indikation zur Psychotherapie nahe. Ferner gibt es Hinweise darauf, daß ein großer Teil der Mitglieder bestimmter Neuer Religiöser Bewegungen psychotherapieerfahren ist (vgl. Klosinski, 1986).

Im folgenden soll in einem ersten Schritt der Frage nachgegangen werden, warum die Zugehörigkeit zu einer Neuen Religiösen Bewegung als Lebenshilfe bzw. die Einflußnahme der Gruppe auf das Mitglied als heilend erlebt werden kann. Zu diesem Zweck wird eine Überlegung von Klosinski (1986) aufgegriffen, der die „psychologischen Angebote" einer bestimmten Neuen Religiösen Bewegung den Wirkfaktoren gegenüberstellt, die nach Frank (1971) allen Formen der heilsamen Einflußnahme gemein sind.

In einem zweiten Schritt werden die „psychologischen Angebote" Neuer Religiöser Bewegungen mit den Beziehungsangeboten verglichen, die Psychotherapeuten derjenigen Schulen ihren Klienten machen, deren Wirksamkeit als hinreichend gut belegt angesehen werden kann (psychoanalytische Verfahren, Gesprächspsychotherapie und Verhaltenstherapie). Vor diesem Hintergrund werden dann Kriterien vorgeschlagen, die zur Unterscheidung von seriösen und unseriösen „Lebenshilfeangeboten" herangezogen werden können.

In einem weiteren Abschnitt wird diskutiert, welche psychischen Veränderungen durch die Annahme der „psychologischen Angebote" Neuer Religiöser Bewegungen, also der Internalisierung und Umsetzung des jeweiligen Glaubenssystems in das tägliche Leben, bewirkt werden können. Diese möglichen psychischen Veränderungen werden wiederum vor dem Hintergrund psychotherapeutischer Konzepte bewertet.

Abschließend werden einige Überlegungen zur Frage der Rehabilitation von Aussteigern mitgeteilt.

Grundlage der Diskussion sind neben empirischen Ergebnissen in erster Linie unsystematische Beobachtungen des Autors bei verschiedenen Neuen Religiösen Bewegungen[1]. Auf eine Berücksichtigung der zum Teil wesentlichen Unterschiede zwischen einzelnen Neuen Religiösen Bewegungen muß aus Platzgründen verzichtet werden. Unterschiede zwischen den verschiedenen Psychotherapieschulen werden nur insoweit berücksichtigt, als diese getrennt mit Neuen Religiösen Bewegungen verglichen werden.

Lebenshilfe durch Neue Religiöse Bewegungen?

Frank[2] (a.a.O.) hat sechs Faktoren formuliert, die allen Formen heilsamer Einflußnahme gemein seien. Schenkt man Berichten von Mitgliedern Neuer Religiöser Bewegungen Glauben und betrachtet darüber hinaus die Strukturen dieser Gruppen erscheint die Mitgliedschaft in einer Neuen Religiösen Bewegung vor dem Hintergrund der von Frank angenommenen Wirkfaktoren als brauchbare Alternative zu einer Psychotherapie.

Frank beschreibt die wirksame therapeutische Beziehung als „eine intensive emotionale und vertrauensvolle Beziehung zu einer helfenden Person, häufig im Kontext einer Gruppe" (S.355). Diese Beschreibung entspricht weitgehend Berichten von Mitgliedern Neuer Religiöser Bewegungen über ihre Bezie-

---

[1] Ananda Marga, Hare Krishna, Vereinigungskirche, Kinder Gottes, Universelles Leben, Scientology, Sahaja Yoga, Bewegungen um Bhagwan bzw. Osho, Sri Chinmoy, Mata Amritananda Mayee, Swami Ganapathi und Swami Maheshwarananda.

[2] Alle folgenden Zitate von Frank wurden vom Autor ins Deutsche übersetzt

hung zu ihren jeweiligen Sektenführern bzw. deren Repräsentanten. Wenn eine persönliche Beziehung zum Sektenführer aufgrund der Größe der Gruppe nicht mehr oder nur bedingt möglich ist, wird die Botschaft des Sektenführers z.B. durch Bücher und audiovisuelle Medien vermittelt. Wenngleich eine reale Beziehung unter solchen Umständen nicht mehr möglich ist, berichten viele Mitglieder, sich mit ihrem jeweiligen Sektenführer innerlich verbunden zu fühlen und phantasieren ihn als perfekten Heiler. In jedem Fall ist die Figur des Gurus, Propheten oder Messias emotional hoch besetzt (vgl. Kraus und Eckert, im Druck). Der Gruppe kommt als „Familie" des Sektenoberhaupts bei der Verwirklichung der Heilsbotschaft wahrscheinlich bei allen Neuen Religiösen Bewegungen eine besondere Bedeutung zu (vgl. Klosinski, 1996).

„Ein rationales Modell oder ein Mythos, welcher eine Erklärung der Ursachen der Beschwerden des Patienten und deren Linderung beinhaltet" (S.355), ist eine der zentralen Botschaften Neuer Religiöser Bewegungen. Je nachdem, ob die betreffende Gruppe eher einen christlichen oder hinduistischen Hintergrund hat, werden die Ursachen für psychisches und häufig auch körperliches Leid eher in Sünde oder Illusion gesehen. Fast immer gibt es Mythen über die Abwendung des Menschen von Gott bzw. vom eigenen (göttlichen) Ursprung. Ein Beispiel ist die Interpretation des Sündenfalls durch den Gründer der Vereinigungskirche. Diese Interpretation ist die Grundlage aller Glaubenssätze und Heilsversprechen dieser Gruppierung. Andere Gruppen, wie z.B. die Bewegung um Bhagwan bzw. Osho, sehen die Ursache für psychische Probleme ähnlich wie viele Psychotherapieschulen auch in ungünstigen Beziehungserfahrungen in der Kindheit.
Die Anwendung der Methoden zur Beseitigung dieser Ursachen nehmen im Leben der Mitglieder einen breiten Raum ein. Die Praktiken reichen von religiösen Ritualen (z.B. Hare Krishna) über bestimmte Meditationspraktiken (z.B. Ananda Marga, Hare Krishna, Bhagwan-Bewegung) und psychotherapieähnliche Methoden (z.B. Bhagwan, Scientology) bis hin zu missionarischen Tätigkeiten, die von vielen Bewegungen auch im Hinblick auf das eigene Heil als unumgänglich betrachtet werden.

Auch die „Bereitstellung neuer Informationen über Wesen und Ursprünge der Probleme des Patienten und alternative Bewältigungsstrategien" (S.356) ist ein wesentlicher Aspekt des „psychologischen Angebots" Neuer Religiöser Bewegungen. Dies zeigt sich an einem veränderten Lebensstil der Mitglieder,

der neue Bewältigungsstrategien, Denk- und Handlungsmuster umfaßt (vgl. Petermann, 1983).

Das „Stärken der Hoffnung des Patienten auf Hilfe durch die persönlichen Qualitäten des Therapeuten, die durch seinen gesellschaftlichen Status und das Setting, in dem er arbeitet, unterstrichen werden“ (S.356), ist ein Prozeß, der in Neuen Religiösen Bewegungen permanent gefördert wird, und zwar durch die Selbstdarstellung des Propheten oder Gurus selbst, durch die Verehrung des Sektenführers und die andauernde gegenseitige Suggestion der Mitglieder, in ihm einem Retter oder zumindest idealen Helfer gefunden zu haben.

„Erfolgserlebnisse, die die Hoffnungen des Patienten und sein Kompetenzerleben weiter stärken“ (S.357), werden in Neuen Religiösen Bewegungen ebenfalls vermittelt. Eine besondere Bedeutung kommt intensiven Glückserlebnissen zu, die häufig gerade zu Beginn der Mitgliedschaft durch religiöse oder psychotherapieähnliche Praktiken ausgelöst werden. Beispiele für solche Praktiken sind ekstatisches Singen und Tanzen bei Hare Krishna und Ananda Marga, „Love-Bombing“ bei der Vereinigungskirche und kathartische Meditationsformen bei der Bewegung um Bhagwan bzw. Osho. Interpretiert werden solche Glückserlebnisse häufig als Beweis für die Richtigkeit des eingeschlagenen Weges und können ausschlaggebend für den formalen Beitritt sein (vgl. Klosinski, 1986).

Die „Aktivierung des Gefühlslebens, die eine Grundvoraussetzung für Einstellungs- und Verhaltensänderungen zu sein scheint“ (S.357), wird in Neuen Religiösen Bewegungen dadurch gewährleistet, daß es häufig keine Möglichkeit zum sozialen Rückzug gibt und die Vielzahl von neuen und ungewohnten Eindrücken anfangs kaum so schnell verarbeitet werden kann wie sie aufgenommen wird. Zusätzlich werden religiöse und psychotherapieähnliche Praktiken angewandt, die zu einem großen Teil gefühlsaktivierend sind. Beispiele sind die Dynamische Meditation der Bewegung um Bhagwan bzw. Osho und der Kommunikationskurs bei Scientology.

Die bisherigen Überlegungen stimmen mit dem Ergebnis überein, daß Mitglieder Neuer Religiöser Bewegungen sich durch den Beitritt zur jeweiligen Gruppe in der Regel psychisch stabilisiert fühlen (vgl. z.B. Berger und Hexel, 1981, Klosinski, 1986). Ungeklärt bleibt der Befund, daß Aussteiger häufig psychische Probleme entwickeln (oder vor dem Austritt entwickelt haben), so daß sie einer psychologischen Beratung oder Psychotherapie bedürfen (vgl. Roderigo, in diesem Band).

Eine mögliche Erklärung hierfür wäre, daß durch die Internalisierung der Glaubenssätze einer Neuen Religiösen Bewegung und dem Leben in der Gruppe eine Abwehr ermöglicht wird, die zu einem Heilungserleben führt, unter Umständen aber nur für einen begrenzten Zeitraum aufrechterhalten werden kann[3]. Diese Abwehr kann einen eher hysterischen, narzißtischen oder zwanghaften Charakter haben. Mentzos (1992) meint in diesem Zusammenhang, daß „die Teilnahme an manchen ‘Bewegungen’, ‘neuen Therapien’, die mit irrationalen, ekstatischen, exotischen diffusen Erlebens- und Verhaltensweisen einhergehen ... als eine Art institutionalisierter Form psychosozialem Arrangements“ (S. 21) aufgefaßt werden könnte, in der „durch kollektive gegenseitige Suggestion, Legitimation und Ermunterung eine sozial akzeptierte Form hysterischer Dramatisierung möglich wird“ (S. 21). Klosinski (1986) weist neben „hysterischen Tendenzen“ („erotisch aufgeladene Übertragungen auf den ‘Meister’“) bei Mitgliedern der Bewegung um Osho bzw. Bhagwan verschiedene narzißtische Übertragungsmuster nach. Er unterscheidet Spiegelübertragungen und idealisierende Übertragungen auf den Guru und idealisierende Mutterübertragungen auf Therapeutinnen der Gruppe. Eine eigene Untersuchung zeigt, daß die Mitgliedschaft in der Hare-Krishna-Bewegung ebenfalls idealisierende Übertragungen ermöglicht (Kraus & Ekkert, im Druck). Eine eher zwanghafte Abwehr könnte durch das stark ritualisierte Leben in einigen Gruppen ermöglicht werden und zwar im Sinne von

---

[3] Interessant ist in diesem Zusammenhang Klosinskis Unterscheidung unspezifischer und spezifischer Faktoren, die dem Erleben einer psychischen Stabilisierung durch das Leben in Neuen Religiösen Bewegungen zugrunde liegen können (1986): Während alle Gruppen ihren Mitgliedern idealisierende Übertragungen auf die gesamte Gruppe als idealisierte Familie ermöglichen könnten, die zum Erleben tiefer Geborgenheit führten, seien andere Übertragungsformen sektenspezifisch. Aus psychologischer Sicht könnten Neue Religiöse Bewegungen demnach hinsichtlich der Abwehrmodi unterschieden werden, die sie ihren Mitgliedern ermöglichen. Tatsächlich fand Klosinski (1985) bei einem Vergleich von psychisch auffälligen Mitgliedern der Bewegung um Bhagwan bzw. Osho (N=ca. 20) und der Transzendentalen Meditation (N=ca. 20) auf der Grundlage biographischer Interviews unterschiedliche Häufungen von Personen mit hysterischen (7 bzw. 2) und zwanghaften (0 bzw. 7) Zügen. Die Gesamtstichprobe umfaßte 60 Probanden, von denen jeweils 30 der Bewegung um Bhagwan bzw. Osho und der Transzendentalen Meditation angehörten oder angehört hatten (beide Vergleichsgruppen enthielten 5 ehemalige Mitglieder). Insgesamt wurden in beiden Vergleichsgruppen zwei Drittel der (ehemaligen) Mitglieder als psychisch auffällig eingeschätzt.

Freuds Vorstellungen über Zusammenhänge zwischen Religion und Zwangsneurose (Freud, 1975). Hinweise auf überzufällig häufig vorkommende zwanghafte Züge bei Mitgliedern der Hare-Krishna-Bewegung, in der komplexen Ritualen eine vergleichsweise besondere Bedeutung zukommt, ergibt eine Studie von Weiss und Comrey (1987).
Im folgenden wird davon ausgegangen, daß die von Frank (a.a.O.) beschriebenen Wirkfaktoren psychische Veränderungen ermöglichen, jedoch nicht die Art der Veränderungen bedingen. Vermutet wird, daß sich die durch die Mitgliedschaft in Neuen Religiösen Bewegungen und Psychotherapie ausgelösten psychischen Veränderungen grundlegend unterscheiden: Während die Mitgliedschaft in Neuen Religiösen Bewegungen den Aufbau einer (institutionalisierten) Abwehr fördert, führt Psychotherapie eher zur Aufhebung von Abwehr und zur Lösung unbewußter Konflikte. Psychotherapie fördert Ich-Stärke. Mit der Zugehörigkeit zu Neuen Religiösen Bewegungen wird Ich-Schwäche eher kompensiert.

Angebote von Psychotherapeuten und Neuen Religiösen Bewegungen im Vergleich

Der Psychoanalytiker bietet sich seinem Patienten als Übertragungsobjekt an. Darin unterscheidet er sich nicht vom Guru oder Propheten. Während der Psychoanalytiker aber offen für die seinem Patienten eigenen Übertragungsmuster ist, bietet sich der Sektenführer als ideales Selbstobjekt an und fordert von seinem Anhänger somit in gewisser Weise eine idealisierende Übertragung.
Der Psychoanalytiker faßt die Übertragung als Relikt der Lebensgeschichte seines Patienten auf und bietet ihm an, die zur Übertragung führenden unbewußten Konflikte in der Übertragungsbeziehung durchzuarbeiten. Der Sektenführer gilt im Rahmen des jeweiligen Glaubenssystems als göttlich oder von Gott ermächtigt, seine Anhänger gelten als angewiesen auf seine Führung. Was der Psychoanalytiker als Idealisierung betrachtet, die es zu überwinden gilt, ist demnach im Rahmen neureligiöser Glaubenssysteme eine notwendige und hilfreiche Beziehungsgestaltung, mit der die Weiter- bzw. Höherentwicklung steht und fällt.
Auch wenn häufig betont wird, daß die Beziehung zwischen Guru und Schüler der Erhebung des Schülers auf die Stufe des Gurus dienen soll, ist das Ziel im Alltag des Lebens in einer Neuen Religiösen Bewegung nicht die Aufhe-

bung dieser Übertragung. Eine solche Aufhebung wird häufig als Verlassen des einzig richtigen Weges, mitunter sogar als Sünde betrachtet[4].
Der Gesprächspsychotherapeut bietet seinem Patienten an, ihm zuzuhören und seine emotionalen Erlebnisinhalte zu verstehen und zwar insbesondere solche, die früher von wichtigen Bezugspersonen nicht verstanden oder nicht wertgeschätzt wurden. Er strebt dabei an, eine bedingungslose Wertschätzung aufrechtzuerhalten.
Der Sektenführer ist dagegen in der Regel der Überzeugung, er habe die für die weitere Entwicklung seines Anhängers relevanten Aspekte bereits verstanden. Psychische Probleme werden unabhängig von ihrer Art immer auf die gleichen grundlegenden Ursachen zurückgeführt und auch das Heilmittel ist fast immer das Gleiche. Die individuelle Lebensgeschichte wird in der Regel nicht beachtet.
Wertschätzung ist an die Unterwerfung unter den Sektenführer, die Einhaltung der Regeln und die Einsatzbereitschaft für die Gruppe geknüpft.
Verliert der Gesprächspsychotherapeut die Wertschätzung für seinen Klienten, fragt er sich, an welcher Stelle er seinen Patienten nicht verstanden hat (gleiches gilt für den Psychoanalytiker, der seine Gegenübertragungsgefühle reflektiert). Kann er diesen Verstehensprozeß nachholen, stellt sich die Wertschätzung wieder ein. Der Sektenführer dagegen ist zu dieser Selbstreflexion nicht bereit. Er kann aufgrund seines Welt- und Menschenbildes bestimmte Verhaltensweisen nicht akzeptieren, ohne mit seinen Überzeugungen und seiner sozialen Rolle zu brechen. Dies impliziert auch, daß der Gesprächspsychotherapeut sich nicht anmaßt, das wahre Selbst seines Patienten zu kennen. Er ist offen für alle Persönlichkeitsanteile, die während des psychotherapeutischen Prozesses zum Vorschein kommen. Der Sektenführer dagegen setzt voraus, was wahr ist und was nicht bzw. was zur Person gehört. Das Selbstkonzept des Mitglieds muß unter allen Umständen mit den Glaubenssätzen der jeweiligen Neuen Religiösen Bewegungen kompatibel bleiben.

Ein weiterer Unterschied zwischen den Angeboten Neuer Religiöser Bewegungen und Psychotherapie wird vor dem Hintergrund verhaltenstherapeutischen Handelns besonders deutlich: Im Vergleich mit dem Psychoanalytiker

[4] In diesem Zusammenhang stellt sich die Frage, ob sich ich-stärkere Mitglieder Neuer Religiöser Bewegungen durch eine langsam zunehmende Frustration der auf den Sektenführer gerichteten Heilserwartungen langsam von der Gruppe und ihrem Führer lösen können. Im Rahmen einer Übertragungsbeziehung zu einem Sektenführer würde sich dieser Prozeß in der zunehmenden Einsicht widerspiegeln, daß die Gefühle zum Sektenführer in erster Linie der eigenen Phantasie entspringen und dem Erleben der mit dieser Einsicht einhergehenden Enttäuschung.

und dem Gesprächspsychotherapeuten ist das Handeln des Verhaltenstherapeuten offensichtlicher differentiell: Er versucht, seine Behandlung individuell auf Probleme und Symptome seines Patienten abzustellen. Die Art der Intervention kann bei verschiedenen Patienten erheblich variieren. In Neuen Religiösen Bewegungen kommen in aller Regel „Patentrezepte“ zur Anwendung, die in jedem Fall als angemessen betrachtet werden.

Ein genereller Unterschied zwischen Neuen Religiösen Bewegungen und Psychotherapeuten liegt in den ihren Angeboten zugrundeliegenden Zielen bzw. Werten. Ein primäres oder sekundäres Ziel der genannten Psychotherapieformen ist eine bessere Integration des Patienten in die Gesellschaft und Bewältigung der damit verbundenen Anforderungen. In Neuen Religiösen Bewegungen wird dagegen häufig eine innere und zum Teil auch äußere Distanz zu nicht der jeweiligen Bewegung angehörenden Menschen angestrebt[5]. Diese Distanzierung kann so weit gehen, daß „Ungläubige“ massiv entwertet werden.

Ein weiterer genereller Unterschied zwischen seriösen Psychotherapieschulen und Neuen Religiösen Bewegungen ist die Bereitschaft, die Wirksamkeit der jeweiligen Interventionen empirisch zu überprüfen. Während eine solche Überprüfung seriösen Psychotherapeuten ein Anliegen ist, berufen Neue Religiöse Bewegungen sich auf unfehlbare Quellen, und zwar auch, was die Wirksamkeit ihrer Praktiken im Hinblick auf psychische Probleme angeht. In diesen Zusammenhang fällt auch die Frage nach der Indikation. Während ein seriöser Psychotherapeut sich fragt, ob ein Patient sein spezifisches psychotherapeutisches Beziehungsangebot annehmen kann (selektive Indikation) und gegebenenfalls überlegt, wie er seinem Patienten im Rahmen seiner Möglichkeiten am besten helfen kann (adaptive Indikation), kennt der Sektenführer in aller Regel weder Indikation noch Kontraindikation.

Kriterien zur Unterscheidung seriöser und unseriöser Angebote auf dem „Psychomarkt“

Kriterien, die zur Unterscheidung von Angeboten Neuer Religiöser Bewegungen und Psychotherapie dienen und auch zur Beurteilung von anderen Ange-

---

[5] Eine denkbare Kritik an der Psychotherapie wäre in diesem Zusammenhang, daß sie ihre Patienten wieder funktionsfähig mache und damit krankmachende gesellschaftliche Strukturen eher aufrecht erhalte. Neue Religiöse Bewegungen, so könnte man argumentieren, böten konsequentere Alternativen an.

boten des „Psychomarkts“ herangezogen werden können, lassen sich auf der Grundlage der bisherigen Überlegungen wie folgt formulieren:

- Die Flexibilität der Beziehungsgestaltung zwischen Mitglied bzw. Patient und „Heiler“.
- Das Ausmaß an Loslösung und Individuation, das im Rahmen der Beziehung zwischen Mitglied bzw. Patient und „Heiler“ möglich ist.
- Das Spektrum von Gedanken und Gefühlen, das mit dem jeweiligen Werte-System vereinbar ist.
- Das Ausmaß, in dem das Werte-System der jeweiligen Psychotherapieschule oder Neuen Religiösen Bewegung Veränderungen im Denken und Fühlen zuläßt.
- Die Differenziertheit der Erklärungsansätze im Hinblick auf psychische Probleme.
- Das Ausmaß, in dem Wertschätzung an die Erfüllung bestimmter Rollenvorschriften gebunden ist.
- Das Ausmaß, in dem der „Heiler“ bereit ist, sich zu hinterfragen.
- Die Variabilität und Bezogenheit des Verhaltens bzw. der Interventionen des „Heilers“ auf den Heilung Suchenden.
- Die Berücksichtigung von Indikation und Kontraindikation der jeweiligen religiösen, psychotherapieähnlichen oder psychotherapeutischen Praktiken.
- Die Bereitschaft, die (propagierte) Wirksamkeit der angewandten Methoden einer empirischen Prüfung zu unterziehen.
- Das Ausmaß, in dem eine bessere Integration in die Gesellschaft, Leistungs- und Liebesfähigkeit angestrebt (und erreicht) werden.

Psychische Veränderungen durch das Leben in Neuen Religiösen Bewegungen und Psychotherapie

Psychoanalytisch denkende Autoren charakterisieren den Verlauf der Mitgliedschaft in Neuen Religiösen Bewegungen häufig als einen Teufelskreislauf (z.B. Gascard, 1984, Fauteux, 1981): Durch die Idealisierung des Sektenführers stürze sich das Mitglied in eine Abhängigkeit, in der die Fähigkeit zu selbständigem Denken und Handeln weitgehend verlorengehe. Aggressive Impulse, die aufgrund der Unterdrückung von autonomen Bestrebungen immer stärker würden, müßten abgewehrt werden. Dies wiederum geschehe dadurch, daß die Idealisierung aufrechterhalten oder sogar noch verstärkt werde. Gipfelpunkt dieser Dynamik sei häufig eine psychische Dekompensation.

Empirische Ergebnisse stützen diese Auffassung nicht. Mitglieder Neuer Religiöser Bewegungen geben in aller Regel an, sich durch ihre Mitgliedschaft psychisch stabilisiert zu fühlen (vgl. z.B. Weiss & Mendoza, 1990; Berger & Hexel, 1981; Klosinski, 1986). Eine psychometrische Untersuchung von 42 Mitgliedern der Hare-Krishna-Bewegung in Australien (Ross, 1983) ergab Hinweise darauf, daß die psychische Verfassung während der Mitgliedschaft in dieser Gruppe häufig einen umgekehrt U-förmigen Verlauf nimmt. Nach anfänglicher Begeisterung und einer damit verbundenen Hochstimmung erreichten die untersuchten Mitglieder nach etwa eineinhalb Jahren einen Tiefpunkt. Blieben sie in der Bewegung, führe die weitere Entwicklung eher zu einer zunehmenden Stabilisierung der psychischen Verfassung. Viele „Ehemalige", die sich eigenständig von der jeweiligen Gruppe gelöst haben, erleben ihre Mitgliedschaft im Nachhinein als Erfahrung, die (auch) bereichernd war (vgl. Roderigo, in diesem Band). Drastische Negativberichte stammen in aller Regel von deprogrammierten Ex-Mitgliedern, also solchen, die in der Regel unter Zwang von der Gruppe getrennt und einer „Indoktrinationstherapie" (Petermann, 1983, S. 183) unterzogen wurden.

Problematisch ist, daß die offensichtlich häufig vorkommende psychische Stabilisierung nach dem Eintritt in eine Neue Religiöse Bewegung an eine Einschränkung des „erlaubten" Erlebens und dadurch eine Einengung des Selbstkonzepts gebunden ist, die sich insbesondere in dem „Verbot" von Zweifeln und „weltlichen" Bedürfnissen zeigt. Diese Einengung des Selbstkonzepts wird dann zur Gefahr, wenn die Abwehr nicht mehr gelingt, die ursprünglich durch die Internalisierung des jeweiligen Glaubenssystems und das Leben in der Gruppe möglich wurde. Daß es, wie einige Autoren meinen (vgl. Gascard, a.a.O.; Fauteux, a.a.O.), fast zwangsläufig zu einer Dekompensation kommen müsse, wird aufgrund eigener Beobachtungen bezweifelt. Zu diskutieren wären in diesem Zusammenhang Risikofaktoren.

Betrachtet man die kognitiven Umstrukturierungen, die mit der Verinnerlichung des Glaubenssystems einer Neuen Religiösen Bewegung einhergehen, so ist ferner zu befürchten, daß Realitätsprüfung zumindest erschwert wird. Besonders deutlich wird dies vor dem Hintergrund der gesprächspsychotherapeutischen Theorie des psychotherapeutischen Prozesses:

Ziel der Gesprächspsychotherapie ist, daß der Patient seine Affekte zunehmend in ihre eigentlichen Sinnzusammenhänge einzuordnen lernt, sich und seine Gefühlsreaktionen also besser verstehen und vor allen Dingen in ihren eigentlichen Bezügen als sinnvoll verstehen lernt. Aus der Sicht der Gesprächspsychotherapie ordnen Sektenmitglieder ihre Gefühle in gewisser Weise in „Unsinnzusammenhänge“ ein, wodurch Affekte zum Teil ihre Signalfunktion verlieren. Wut wird z.B. häufig als Unreinheit des Geistes, die es zu überwinden gilt, Zweifel als Versuchung und Angst als Ausdruck von Widerstand gegen die angestrebte Aufgabe von nicht-altruistischen und materialistischen Neigungen aufgefaßt. Fast immer geht es darum, „negative“ Affekte zu überwinden statt sie zu verstehen.

Daß Mitglieder Neuer Religiöser Bewegungen fragwürdige Einschätzungen ihres eigenen Verhaltens und Erlebens entwickeln, wird in einer eigenen Studie deutlich, für die 222 Mitglieder der Hare-Krishna-Bewegung unter anderem mit dem Inventar zur Erfassung interpersonaler Probleme (Horowitz, Strauß & Kordy, 1994) untersucht wurden (Kraus, 1994). Die Ergebnisse zeigen, daß die Hare Krishnas im interpersonalen Erleben und Verhalten relativ gesehen die meisten Probleme damit haben, daß sie sich als „zu autokratisch/dominant“ erleben. Betrachtet man den missionarischen Eifer der Mitglieder dieser Gruppe, erscheint diese Einschätzung in gewisser Weise angemessen. Bedenkt man jedoch die an Demut und Unterwürfigkeit orientierten Ideale, nach denen die Mitglieder dieser Religionsgemeinschaft leben, wirkt diese Einschätzung der eigenen interpersonalen Probleme zugleich verständlich und befremdend: „Der Schüler sollte dem spirituellen Meister mit Herz und Seele folgen und sich als den ewigen Diener seines spirituellen Meisters betrachten. Er sollte die Mission seines spirituellen Meisters zu seiner Mission machen und sich hart bemühen, sie zum Erfolg zu führen. Er sollte in dieser Hinsicht alle persönlichen Überlegungen zurückstellen und nur aus Liebe und Respekt für seinen Guru handeln“ (Harikesha Swami Vishnupada, 1985, S. 1f.).

Abschließende Bemerkungen

Die bisherigen Ausführungen werden zum Anlaß genommen, einige Überlegungen zur Bedeutung von Psychotherapie bei der Rehabilitation von Aussteigern aus Neuen Religiösen Bewegungen mitzuteilen.

Die Frage nach einer Psychotherapie-Indikation dürfte insbesondere bei solchen Aussteigern von Bedeutung sein, für die der Ausstieg nicht nur ein umfassendes Trennungserlebnis ist, sondern zudem ein gescheiterter Versuch, dem eigenen Leben Sinn zu geben und Identität zu erwerben.

Bedenkt man, daß die Vermittlung von Werten generell ein wesentlicher Wirkfaktor im psychotherapeutischen Prozeß ist (vgl. Eckert & Biermann-Ratjen, 1990), sollte man bei ehemaligen Sektenmitgliedern erst recht darauf achten, daß dieser Aspekt in der therapeutischen Beziehung zum Tragen kommt. Gefragt wäre demnach ein Psychotherapeut, der auf der Grundlage eines Welt- und Menschenbildes agiert, mit dem er sich identifizieren kann, das er glaubwürdig vertreten kann und von dem sich der Aussteiger angesprochen fühlt.

Eine besondere Bedeutung kommt der Freiwilligkeit zu, mit der der Patient sich auf die therapeutische Beziehung einläßt. Der Psychotherapeut sollte seinem Patienten eine Beziehungserfahrung ermöglichen, die sich deutlich von den in der Neuen Religiösen Bewegung erlebten Beziehungen unterscheidet und zwar im Sinne der oben genannten Kriterien.

Als psychotherapeutische Orientierungen bieten sich psychoanalytische und klientenzentrierte Verfahren an. In psychoanalytischen Verfahren können idealisierende Übertragungen aufgearbeitet werden. Der Gesprächspsychotherapeut kann dem Aussteiger vielleicht am ehesten eine Korrektur der in der Regel von Unterwerfung geprägten, in der Neuen Religiösen Bewegung möglicherweise reinszenierten Beziehungserfahrungen ermöglichen, und zwar aufgrund seines Glaubens an „die dem Organismus innewohnende Tendenz zur Entwicklung all seiner Möglichkeiten; und zwar so, daß sie der Erhaltung oder Förderung des Organismus dienen“ (Rogers, 1987, S. 21).

Trainings zum Erwerb sozialer Kompetenzen bieten sich an, wenn soziale Fertigkeiten während der Mitgliedschaft in einer Neuen Religiösen Bewegung „abtrainiert“ (Petermann, 1983) wurden oder nicht altersgerecht entwickelt werden konnten (vgl. Petermann, 1983).

Literatur

BAIER, S., Psychomarkt - Sekten - Destruktive Kulte, BDP-Fachtagung stieß auf große Resonanz, Report Psychologie, 19, 1994, 8 - 12

BERGER, H., HEXEL, P.C., Ursachen und Wirkungen gesellschaftlicher Verweigerung junger Menschen unter besonderer Berücksichtigung der 'Jugendreligionen', Wien: European Center for Social Welfare Training and Research, 1981

BÜRGERSCHAFT DER FREIEN UND HANSESTADT HAMBURG, Drucksache 15/4059, 1995

DEUTSCHER BUNDESTAG, Drucksache 13/4477, 1996

ECKERT, J., BIERMANN-RATJEN, E.-M., Ein heimlicher Wirkfaktor: Die „Theorie" des Therapeuten, in: V. Tschuschke, D. Czogalik (Hrsg.), Psychotherapie - Welche Effekte verändern?, Berlin: Springer, 1990

FAUTEUX, K., Good/Bad Splitting in the Religious Experience, The American Journal of Psychoanalysis, 41, 1981, 261 - 267

FRANK, J.D., Therapeutic factors in psychotherapy, American Journal of psychotherapy, 39, 1971, 350 - 361

FREUD, S., Zwangshandlungen und Religionsübungen, in: S. Freud: Der Mann Moses und die monotheistische Religion, Schriften über die Religion, Frankfurt: Fischer, 1975, verfaßt 1907

GASCARD, J.R., Neue Jugendreligionen. Zwischen Sehnsucht und Sucht, Freiburg i.B.: Herder, 1984

GRAWE, K., DONATI, R., BERNAUER, F., Psychotherapie im Wandel, von der Konfession zur Profession, Göttingen: Hogrefe, 1994

HARIKESHA SWAMI VISHNUPADA, Handbuch des Krishna-Bewußtseins, Hare-Krishna-Bewegung

HOROWITZ, L.M., STRAUß, B., KORDY, H., Inventar zur Erfassung interpersonaler Probleme, Deutsche Version, Manual, Weinheim: Beltz, 1994

KELTSCH, J., Reichen die Gesetze aus, um den Konsumenten auf dem Psychomarkt zu schützen?, in diesem Band

KLOSINSKI, G., Psychokulte: Was Sekten für Jugendliche so attraktiv macht, München: Beck, 1996

KLOSINSKI, G., Der 'Rajneeshismus' oder die 'Psychologie der Buddhas' als Psychotherapiealternative für akademische Aussteiger?, Psychotherapie und medizinische Psychologie, 36, 1986, 205 - 211

KLOSINSKI, G., Warum Bhagwan?: Auf der Suche nach Heimat, Geborgenheit und Liebe, München: Kösel, 1985

KRAUS, D., Neue Religiöse Bewegungen und Narzißmus: Zusammenhänge zwischen der Mitgliedschaft in der Hare-Krishna-Bewegung, der Regulation des sogenannten Selbst-Systems und interpersonalem Erleben, Eine empirische Studie, unveröffentlichte Diplomarbeit, Universität Hamburg, 1994

KRAUS, D., ECKERT, J., Die Bedeutung der Mitgliedschaft in Neuen Religiösen Bewegungen für die Regulation des Selbsterlebens am Beispiel der Hare-Krishna-Bewegung, erscheint in: Psychotherapie, Psychosomatik und medizinische Psychologie

MENTZOS, S., Hysterie zur Inszenierung unbewußter Kraftakte, Frankfurt: Fischer, 1992

PETERMANN, F., Überblick über psychotherapeutische Angebote bei psychischen Problemen ehemaliger Sektenmitglieder, in: S. Messner, W.-K. Pfeifer, M. Weber: Beratung im Umfeld von Jugendreligionen, Göttingen: Vandenhoeck und Ruprecht, 1983

RODERIGO, B., Der Ausstieg aus einer Sekte - Strategien zur Problembewältigung: Beratung und Therapie, in diesem Band

ROGERS, C.R., Eine Theorie der Psychotherapie, der Persönlichkeit und der zwischenmenschlichen Beziehungen, Köln: GwG-Verlag, 1991

ROSS, M.W., Clinical Profiles of Hare Krishna Devotees, American Journal of Psychiatry, 140, 1983, 416 - 420

WEISS, A.S., COMREY, A.L., Personality characteristics of Hare Krishnas, Journal of Personality Assessment, 51, 1994, 399 - 403

WEISS, A.S., MENDOZA, R.H., Effects of acculturation into the Hare Krishna Movement on mental health and personality, Journal for the Scientific Study of Religion, 29, 1990, 173 - 184

„... raus aus der FDJ, rein in die nächstbeste Sekte?"

Sekten und religiöse Randgruppen in den neuen Bundesländern

Andreas Fincke

In den ersten Jahren nach dem Ende der DDR hatten Sekten- und Weltanschauungsexperten befürchtet, daß die östlichen Bundesländer von Sekten und weltanschaulichen Extremgruppen regelrecht überflutet werden könnten. Vieles schien diese Sorge zu begründen: Kaum war am 9. November 1989 in Berlin die Mauer durchlässig geworden, da standen auch schon die Scientologen mit ihren Bücherständen am Übergang Bornholmer Straße. Folgen wir den Darstellungen dieser Organisation, so hat man allein am ersten Wochenende nach Maueröffnung mehrere tausend Exemplare des Buches „Dianetik" gegen Ostgeld verkaufen können.

Stürmisch verlief auch die Entwicklung in den nächsten Jahren. Viele Gruppen und Gemeinschaften waren ständig aktiv: Auf dem Ostberliner Alexanderplatz traf man bei Wind und Wetter Missionsteams unterschiedlichster charismatischer Gruppen, Vertreter islamischer Sekten aber auch Missionare christlicher und neureligiöser Sekten. In Halle/S. konnte man nahezu täglich zwei Missionaren der Mormonen begegnen, die unweit des Marktplatzes ihre idyllischen Plakate aufgestellt hatten und die Passanten ansprachen.

Das Schlagwort von einer „Invasion der Seelenfänger" wurde damals gefunden. Es diente 1991 als Titel für eine Tagung der Konrad-Adenauer-Stiftung in Leipzig und erreichte ein beachtliches Maß an Plausibilität: Denn die Missionare glichen Invasoren, die das Land erobern, Menschen ansprechen, ihre Claims abstecken, Immobilien erwerben und nach Ländereien Ausschau halten. In Brandenburg beispielsweise gibt es keinen Landkreis, der damals nicht von wenigstens einem Vertreter der „Transzendentalen Meditation" zwecks Landerwerb aufgesucht wurde.

Plausibel erschien das Bild von einer „Invasion“ auch mit Blick auf die (vermeintliche) psychische Wirklichkeit vieler Menschen in Ostdeutschland: Nach dem Zusammenbruch einer geschlossenen Gesellschaft und einer sie beherrschenden Ideologie müßte doch der Bedarf an neuen Ordnungen und verbindlichen Strukturen, wie sie Sekten und sektenähnliche Gemeinschaften in einem besonderen Maß bieten können, merklich zunehmen.
Der SPIEGEL meinte im Sommer 1990 sogar einen gewissen „Drehtüreffekt“ ausgemacht zu haben: „... raus aus der Parteijugend FDJ, rein in die nächstbeste Glaubensgruppe“[1]. Die Frage ist nur, ob dieser Befund zutrifft, oder ob nicht weitere Faktoren, wie die weitgehende Verdiesseitigung der ostdeutschen Gesellschaft und die Tiefe Entfremdung vieler Menschen aus der ehemaligen DDR von allen religiösen Fragestellungen den Bedarf an religiös begründeter Orientierung überlagern.

Die ersten Jahre nach Maueröffnung

Vorerst dachten die Angehörigen verschiedener sektenähnlicher Gruppierungen und Weltanschauungsgemeinschaften jedoch ähnlich wie der SPIEGEL: In den ersten zwei bis drei Jahren nach 1989 waren überwiegend extensive Missionsbemühungen zu beobachten. Dazu gehören Auftritte des hinduistischen Guru Sri Chinmoy vor 8000 Teilnehmern in der Berliner Deutschlandhalle ebenso, wie hunderttausende Handzettel, welche die „Kinder Gottes“ 1990/91 verteilt haben wollen. Wohl wegen des Nimbus, den die Stadt Leipzig Dank der Montagsdemonstrationen bekommen hatte, ließen sich hier binnen weniger Monate fast alle der sogenannten „Jugendreligionen“, aber auch andere Weltanschauungsgemeinschaften nieder. Obwohl die Örtlichkeiten im Einzelfall bescheiden waren, der Leipziger Hare-Krishna-Tempel war beispielsweise nichts anderes als eine Altbauwohnung im Hinterhaus, konnten damit Kontaktadressen und Versammlungsräume in Ostdeutschland benannt werden.
Ein entscheidender psychologischer Fehler unterlief jedoch fast allen Gruppen: Sie haben westdeutsche Mitglieder und Freude als Missionare in die ostdeutschen Dependancen geschickt und dabei übersehen, daß viele Ostdeutsche die sprichwörtlichen „Besserwessies“, also jenen Mitmenschen, der den Ostdeutschen endlich klar sagt, wo's langgeht, schon Mitte/Ende 1990 nur noch

[1] Der Spiegel, 36/1990,97

schwer ertragen mochten. Es wäre geschickter gewesen, ostdeutsche Sympathisanten für den Außendienst zu schulen.
Diese hätten nicht nur die gleiche Sprache gesprochen, sondern auch auf bewährte „DDR-Kommunikationswege“ zurückgreifen können: Nämlich Mund zu Mund Werbung. Ostdeutsche sind eher bereit, zu hören, wovon ihnen ein Bekannter vorschwärmt, als einem Hochglanzprospekt zu vertrauen. Das galt um so mehr in einer Zeit, als Ostdeutschland mit Werbeprospekten geradezu überschüttet wurde. Mir sind jedenfalls aus den Jahren 1990 bis 1992 mehrere Gespräche mit Vertretern von kleineren Gemeinschaften im Ohr, bei welchen diese über Kommunikationsprobleme mit Ostdeutschen geklagt haben.
Einzig die Zeugen Jehovas dürften hier die richtige Strategie genutzt haben, indem sie Mitglieder aus der jeweiligen Region von Haus zu Haus gehen lassen.

Zielgruppenorientierte Mission

Seit etwa 1992/93 sind viele der Gemeinschaften zu einer zielgruppenorientierten Missionsstrategie übergegangen. Das heißt, sie verteilen kaum mehr flächendeckend Informationsmaterial oder stehen regelmäßig auf dem Berliner Alexanderplatz, sondern sie sprechen gezielt jene Klientel an, für die ihre Ideologie besonders attraktiv sein dürfte: Das heißt, die „Transzendentale Meditation“ wendet sich an karriereorientierte Personen im sogenannten „besten Alter“, die im wirtschaftlichen Aufschwung stehen und deshalb „Stressbewältigung durch Tiefenentspannung“ suchen. Das sind nach meiner Erfahrung häufig Lehrer und Ärzte. Diese Zielgruppe ist auch deshalb interessant, weil es sich um Multiplikatoren handelt, die gegebenenfalls die „guten Erfahrungen“ fruchtbringend weitergeben können.
Die Scientologen sind auf dem Markt der Immobilien und Vermögensberatung aktiv. Hier finden sie eine Klientel, die klar erfolgs- und machtorientiert denkt und den scientologischen Geschäftspraktiken nur wenig Skrupel entgegen bringt.
Diese zielgruppenorientierte Arbeit ist meines Erachtens auch die Erklärung dafür, daß viele der Gruppen derzeit nicht flächendeckend in Erscheinung treten. Hier hat der häufig geäußerte Eindruck, wonach „mit den Sekten nicht viel los“ wäre, seinen Wahrheitskern. In der Tat sind in Kleinstädten wie Naumburg, Güstrow oder Annaberg die Werber vieler Gruppen und Gemeinschaften kaum anzutreffen. Das Bild ändert sich jedoch, wenn man sich den einzelnen Zielgruppen zuwendet. So habe ich die Erfahrung gemacht, daß bei jeder Weiterbildung für Lehrer einige Lehrer dabei sind, die mit den Angebo-

ten der „Transzendentale Meditation“ zumindest geliebäugelt haben; und bei Gemeindeveranstaltungen hat der gebildete Mittelstand häufig Post von Scientology erhalten.
Mit dieser Strategie sind die Gruppen auch dem DDR-Kommunikationsweg wieder näher: So werden die Angebote aus dem Bruno-Gröning-Freundeskreis nicht mittels Handzettel hinter den Scheibenwischer geklemmt, sondern man empfiehlt im Freundes- und Bekanntenkreis, wovon man jüngst gehört hat.
Ein Beispiel: Die „Transzendentale Meditation“ (TM) hat 1992 in Halle ein sogenanntes „Veda-Institut“ in der Richard-Wagner-Str. 48 eröffnet. Nach anfänglichen Schwierigkeiten läuft der Kursbetrieb inzwischen recht gut, obwohl die breitgestreute Werbung nach wie vor in den Auslagen verstaubt. Die TM-Lehrerin hat bereits mehr als 400 Hallenser in die TM eingeführt, darunter überwiegend Lehrer und Ärzte.
Bei der Bewertung dieser auf den ersten Blick vergleichsweise geringen Zahl sollte nicht übersehen werden, daß es damit in der Universitätsstadt mehr TM-erfahrene Einwohner als SPD-Mitglieder gibt! Anzumerken bleibt jedoch, daß nicht jeder, der einen TM-Einführungskurs besucht, sich mittels des Puja-Rituals hat initiieren lassen.

Eine wichtige Ausnahme: Die Zeugen Jehovas

Eine gewisse Ausnahme von dieser Regel des zielgruppenorientierten Arbeitens bilden die Zeugen Jehovas. Diese sind nahezu flächendeckend aktiv. Arbeitslose Zeugen nutzen die verfügbare Zeit intensiv für den Predigtdienst. Häufig wird davon berichtet, daß Jehovas Zeugen am Wochenende mit Bussen in die entlegensten Winkel fahren und auf den Dörfern von Haus zu Haus gehen. Dabei ist ihre Argumentationsweise vergleichsweise simpel: Unter Hinweis auf das Verbot der Zeugen in der DDR bezeichnen sie sich als die wahren (= verfolgten) Christen, während alle anderen Kirchen in der DDR aufgrund ihrer (vermeintlichen) Nähe zu SED und Stasi ihre Glaubwürdigkeit verloren haben. Selbst wenn man festhalten muß, daß die Zeugen Jehovas keine spezielle Zielgruppe vor Augen haben, so stoßen sie jedoch bei drei relativ genau abgrenzbaren Zielgruppen auf offene Ohren: Das sind zum einen Christen, die von ihrer Kirche enttäuscht sind und sich nur unzureichend geborgen oder vernachlässigt fühlen. Das sind zweitens Menschen, die sich sozial deklassiert fühlen, sei es als Ostdeutsche, als Arbeitslose oder auch als Vorruheständler, Rentner oder Asylbewerber. Schon aus dem einfachen Grund, daß Jehovas Zeugen weltliche Statussymbole geringschätzen, werden

sie auch in den nächsten Jahren eine besondere Rolle in Ostdeutschland spielen: Wer sich knapp sieben Jahre nach der Wiedervereinigung hinsichtlich Lebensqualität, Gehaltsgefüge und Ruhestandsabsicherung nach wie vor als Deutscher zweiter Klasse fühlen muß, ist in der Gemeinschaft derer, die materielle Werte geringschätzen, allemal gut aufgehoben.
Eine dritte Zielgruppe ergibt sich aus gewissen strukturellen Ähnlichkeiten, die es zwischen der Wachtturmgesellschaft und der DDR gibt: Ähnlich wie die DDR ist die Wachtturmgesellschaft ein geschlossenes ideologisches System, welches dem einzelnen Halt, Verläßlichkeit und Orientierung anbietet. Das galt für die DDR in besonderem Maße und zwar unbeschadet der Frage, ob jemand eher für oder gegen das politische System eingestellt war: Selbst der oppositionelle Friedhofsgärtner hatte seinen Ort und die Verläßlichkeit der Postüberwachung, der Parteisekretär die Verläßlichkeit des „Du" unter Genossen und der wiederkehrenden Agitprop-Veranstaltungen. Jene Ostdeutschen, bei denen der Zusammenbruch der DDR ein Vakuum an ideologischer Verbindlichkeit hinterlassen hat, dürften eine besonders interessante Zielgruppe für die Zeugen Jehovas sein. Diese Überlegungen werden durch den Alltag bestätigt: Uns erreichen immer häufiger Hilferufe von Pastoren oder Gemeindemitgliedern, denen die Probleme mit den Gemeinden missionierenden Zeugen Jehovas über den Kopf zu wachsen drohen. Die zielgruppenorientierte Werbung hat noch einen weiteren, häufig übersehenen Effekt: Fast alle für unser Thema relevanten Gruppen sind an den Universitäten aktiv. Hier treffen sie nicht nur auf eine Klientel, die in einigen Jahren lukrative Posten beziehen wird, hier stoßen sie auch auf junge Menschen, die für die Verheißung von Geborgenheit, Freundschaft und Zugehörigkeit häufig recht empfänglich sind. Das gilt um so mehr, je größer und anonymer die Hochschule ist und besonders für Studenten, die aus überschaubaren, häufig ländlich geprägten Gebieten kommen. Es dürfte kein Zufall sein, daß wir in Berlin mehrere Fälle kennen, in denen Studenten nach dem Wechsel aus der württembergischen Heimat an eine Berliner Universität bei der fundamentalistischen „Gemeinde Jesu Christ" („Boston-Church") gelandet sind.

Gibt es einen „Sektenboom" in den neuen Bundesländern?

Fälle wie die eben angedeuteten können im Einzelfall für die betroffenen Familien schwerwiegend und belastend sein. Ihre Bedeutung und soziale Dynamik sollte deshalb nicht unterschätzt werden. Aber dennoch lautet die entscheidende Frage: Welche Relevanz haben Sekten und sektenähnliche Gruppen in den neuen Bundesländern knapp sieben Jahre nach dem Fall der Mauer? Kann man von einem „Sektenboom“ sprechen? Hat sich das Bild von einem ideologischen Vakuum bestätigt? Warum gibt es in Ostdeutschland keinen gravierenden Zulauf zu den „Sekten“, wo es doch unter sozialpsychologischen Aspekten einen scheinbar optimalen Boden für solche Gruppierungen geben müßte?

Von einem „Boom“ von Sekten und sektenähnlichen Gruppen in den neuen Bundesländern kann nur mit deutlichen Einschränkungen die Rede sein. Schauen wir uns deshalb als erstes jene Faktoren an, die eine „Invasion“ von Sekten bremsen:

1) Viele Beobachter hatten erwartet, daß der Zusammenbruch der DDR ein ideologisches Vakuum hervorruft, welches dann von Sekten und ähnlichen hochideologisierten Gruppen gefüllt werden könnte. Obwohl diese Überlegung sehr nahe lag, hat es ein solches weltanschauliches Vakuum in Ostdeutschland selbst 1989/90 nicht gegeben.

   Der ideologische Überbau der DDR war nur für eine Minderheit von „frommen“ Parteigenossen ein tragfähiges Gerüst, während die überwiegende Mehrzahl der Bevölkerung spätestens Anfang der 80er Jahre in eine „Ideologie der Privatheit“ emigriert ist, welche zur westdeutschen Gesellschaft relativ leicht kompatibel war. Damit soll nicht in Abrede gestellt sein, daß es 1989/90 einen erhöhten Orientierungsbedarf gegeben hat; dieser konnte jedoch eher von der „Stiftung Warentest“ und anderen Verbraucherschutzorganisationen als ausgerechnet von hochideologisierten Sekten gedeckt werden.

   Als interessante Zielgruppe für „Sekten“ bliebe damit noch jene Minderheit, die tatsächlich an die Ziele der SED geglaubt hat. Aber genau diese Menschen haben im Zuge ihrer Anpassung an die SED-Ideologie auch die Religionskritik des Marxismus-Leninismus übernommen und sind damit als Klientel für sektenähnliche religiöse Gemeinschaften eben doch nicht geeignet.

   Um möglichen Einwänden vorzugreifen, sei hier gleich auf eine wichtige Ausnahme verwiesen: Auf Gruppen mit geringen oder gar keinen religiösen Elementen trifft diese Konstellation nicht zu. Das erklärt beispielsweise die Erfolge von Scientology: Die scientologische Praxis hat eben keine Frömmigkeitselemente, so daß diese Ideologie für Menschen ohne Sinn für religiöse Fragestellungen durchaus interessant sein kann.

2) Da viele Ostdeutsche kaum einen Zugang zu religiösen Fragestellungen haben, stoßen die Missionare vieler Religionsgemeinschaften (wie übrigens auch die Vertreter der großen Kirchen!) auf weitgehend taube Ohren.

1994 hatten mich in Leipzig zwei Missionare der Mormonen angesprochen. Als ich ihre Frage, ob ich an Gott glaube, bejaht hatte, wären sie mir am liebsten um den Hals gefallen: Endlich mal jemand, der „ja" sagt, während alle anderen Passanten die Frage mit gelangweiltem Kopfschütteln beantworteten.

So ist es kaum verwunderlich, daß kleinere Gemeinschaften mit hohen Ansprüchen an ihre Mitglieder wie z.B. die Hare-Krishna-Bewegung in den letzten Jahren kaum Mitglieder in Ostdeutschland haben gewinnen können: 1996 mußten die Krishna-Anhänger ihren wohl lukrativsten Tempel in Ostdeutschland, das „Vedische Kulturzentrum" in Weimar, aus Mangel an Zulauf schließen. Ähnliches ist auch bei der TM zu beobachten: Nachdem 1993/94 an vielen Volkshochschulen (unter teilweise irreführenden Überschriften) Kurse angeboten wurden, sind nicht wenige davon in Ermangelung interessierter Teilnehmer inzwischen wieder eingestellt.

Gerade weil der „SPIEGEL" 1990 den bereits erwähnten „Drehtüreffekt" vermutete, muß man sich in Korrektur dieser These vergegenwärtigen, daß Ostdeutschland jener Landstrich in Europa ist, der (neben Tschechien und Albanien) am radikalsten entkirchlicht und entchristlicht ist. Viele der Gruppen benötigen jedoch einen transzendenz- oder religionsfreundlichen Boden, welcher schlicht nicht vorhanden ist.

Aber es gibt auch hier wieder Ausnahmen: Wir beobachten in unserer Beratungspraxis immer häufiger jene seltsamen Fälle, wo Menschen, die bisher nichts mit Kirche oder Religion zu tun hatten, plötzlich bei religiösen Randgruppen sehr engagiert einsteigen. Sicherlich hat ein solcher plötzlicher Wandel unterschiedliche Ursachen: Hintergrund kann eine problematische Familien- oder Beziehungsdynamik sein, aber auch eine echte religiöse Bekehrung. Gerade mit Blick auf die neuen Bundesländer läßt sich nicht leugnen, daß religiöse Erfahrungen auf a-religiösem Hintergrund zwar selten, durchaus aber nicht ausgeschlossen sind. Was das letztlich für die Kirchen in den neuen Bundesländern bedeutet, scheint mir derzeit noch nicht absehbar.

3) Der vermutlich entscheidendste Grund für eine gewisse Reserviertheit vieler ostdeutscher Menschen gegenüber Sekten und sektenähnlichen Gruppen liegt meines Erachtens jedoch in einer gewissen kollektiven Orientierung vieler Ostdeutscher. Das gesamte DDR-Bildungs- und Gesellschaftssystem lief darauf hinaus, das Individuelle des Menschen zu brechen und einen kollektiv denkenden und handelnden Menschen heran-

zubilden. Der häufig geäußerte Slogan „Vom Ich zum Wir“ war eines der wichtigsten Erziehungsziele in Kindergarten, Schule, Universität und den sogenannten „Massenorganisationen“. Er bedeutete nicht weniger, als daß die Kraft des Individuellen systematisch zerstört werden sollte.

Es muß hier nicht erörtert werden, inwieweit sich dieses Erziehungsziel hat durchsetzen lassen, oder ob andere gesellschaftliche Bedingungen den Prozeß der Kollektivierung viel entscheidender befördert haben. So wäre zu fragen, ob die Menschen nicht schon dadurch eine stärkere kollektive Orientierung verinnerlicht haben, daß sie sich der Übermacht von SED und Stasi gegenüber erlebten und dadurch näher miteinander leben mußten.

Wie sehr diese Orientierung die Ostdeutschen nach wie vor prägt, wird durch Untersuchungen belegt: Ostdeutsche rücken mehr zusammen, sie geben sich eher die Hand, sie duzen sich schneller und soziale Werte (Sicherheit, Gleichheit, Solidarität)[2] sind bei Ostdeutschen deutlich positiver als bei Westdeutschen besetzt.

Der gesteigerte Orientierungsbedarf vieler Ostdeutscher am sozialen Umfeld hat derzeit noch zur Folge, daß die Konversion zur Sekte erschwert wird: Wer sich einer Organisation wie den Zeugen Jehovas zuwendet, muß (zumindest vorübergehend) eine erhöhte Einsamkeitsleistung erbringen und aushalten, daß Freunde, Verwandte und Kollegen befremdet den Kopf schütteln. Genau das ist aber für Ostdeutsche derzeit noch schwerer zu ertragen als für Westdeutsche, bei denen der Übertritt zu einer exotischen Gruppe oder Religion schon fast „schick“ sein kann und damit dem Individualisierungsbedarf entgegenkommt.

Mit Blick auf die neuen Bundesländer wird man in den nächsten Jahren die Frage nach den Sekten um eine Dimension erweitern müssen, und nach „säkularen Sekten“ fragen müssen: Wenn nämlich religiöse Gemeinschaften den Bedarf an Geborgenheit und Sinngebung nicht mehr erfüllen können, dann werden säkulare Heilsanbieter interessant, die einen Überschuß an Geborgenheit, klare Feindbilder und wenig Transzendenz bieten. Das könnten Vertriebssysteme wie Amway oder „Herbalife“ sein, die von Außenstehenden immer wieder als „sektenähnlich“ beschrieben werden, oder geheimbundähnliche Gruppen wie Interessenvertretungen ehemaliger Stasi-Mitarbeiter, der umstrittene „Verein zur Förderung der Psychologischen Menschenkenntnis“ (VPM) oder neuheidnische, okkulte Zirkel.

---

[2] Über 90% der befragten Ostdeutschen äußern sich zu diesen Stichworten positiv. Vgl. z.B. emnid Umfrage v. 28. 1.1996 lt. ntv

Konsequenzen für die Weltanschauungsarbeit in Ostdeutschland

Es besteht nach wie vor ein erheblicher Bedarf an grundlegenden Informationen über religiöse Randgruppen. Gerade Lehrer sind oftmals sehr hilflos und wissen weder, wo sie sich informieren können, noch wie sie zwischen einer japanischen Giftgassekte und den Verantwortlichen für die Aktion „Vom Minus zum Plus" unterscheiden sollen. Nach meinem Eindruck sind Pädagogen auch deshalb oft unsicher, weil sie zwar äußerlich die Wende zu einer kirchenfreundlichen Haltung vollzogen haben, aber innerlich nach wie vor alles Religiöse für Hokuspokus halten: Der in der DDR häufig zitierte Satz von Marx, wonach Religion „Opium des Volkes" ist, ist deutlich präsent. Deshalb sind gerade in den neuen Bundesländern möglichst sachliche und differenzierte Informationen über sogenannte „Sekten" und religiöse Randgruppen notwendig. Leider lassen in dieser Frage Weiterbildungsveranstaltungen verschiedener säkularer Anbieter manches zu wünschen übrig. So habe ich Veranstaltungen erlitten, in denen nicht nur Engelwesen als Produkt neuzeitlicher Esoterik, sondern auch der Glaube an ein Jenseits als Inbegriff des Abstrusen erklärt wurde. Man vergegenwärtige sich, auf welchen Boden solche Ideen bei Lehrern fallen, die in der DDR studiert haben und über keinerlei kirchliche Bindung verfügen!

Ebenso leisten Beiträge wie der vom „STERN" (7/1996) vorgelegte Artikel über „Seelenfänger in Ostdeutschland" mit ihrer einseitigen Beschreibung eines „geistlichen Vakuum in Ostdeutschland", und darüber, daß „auf den Kommunismus der Munismus, auf die sozialistische Ethik die Ethik der Scientology und auf die FDJ die straffe Pädagogik des VPM" folgen würde, keinen hilfreichen Beitrag zur Beschreibung der sehr widersprüchlichen Lage in Ostdeutschland. Nicht nur, weil eine derart undifferenzierte Berichterstattung sachliche und fundierte Kritik an totalitären Sekten erschwert, sondern auch, weil jede Kritik, die sich aus einem Unverständnis für das Religiöse schlechthin speist, in der Gefahr steht, zur pauschalen Religionskritik zu mutieren.

Referenten

Peter Conrad, Dr. rer. pol., Dipl.-Psych., Dipl.-Kfm., Professor für Betriebswirtschaftslehre an der FH für Verwaltung des Landes Brandenburg (Schwerpunkte: Management, Organisation, Personalführung), langjährige Industrieerfahrung, verschiedene Veröffentlichungen, Mitherausgeber der Schriftenreihe „Managementforschung".

Jürgen Eiben, Dr. phil. (Soziologie), seit 1989 wissenschaftlicher Assistent am Sozialwissenschaftlichen Institut der Heinrich-Heine-Universität Düsseldorf. Veröffentlichungen in den Schwerpunkten: soziologische Theorie, Religions- und Kultursoziologie, Jugendsoziologie.

Andreas Fincke, Dr. theol., Beauftragter für Sekten- und Weltanschauungsfragen der Evangelischen Kirche in Magdeburg und wissenschaftlicher Referent für christliche Sondergemeinschaften und Sekten an der Evangelischen Zentralstelle für Weltanschauungsfragen in Berlin.

Werner Gross, Dipl.-Psych., „Klinischer Psychologe/Psychotherapeut (BDP)", seit 1979 Psychologische Praxis, Sprecher des Berufsverbandes Deutscher Psychologinnen und Psychologen, Buchveröffentlichungen: „Sucht ohne Drogen", „Was ist das Süchtige an der Sucht?" u.a.

Bernd Heller, Psychotherapeut und Mitarbeiter am Psychologischen Institut der Freien Universität Berlin, bekannter Zauberkünstler, zahlreiche Fernseh- und Rundfunkauftritte und -beiträge zum Thema Parapsychologie.

Hansjörg Hemminger, Dr. rer. nat. (Biologie), Habilitation in Verhaltensbiologie (Universität Freiburg), zahlreiche Publikationen zur naturwissenschaftlichen Anthropologie, zu Fragen seelischer Störungen und zur Psychotherapie. Seit 1985 Referent der Evangelischen Zentralstelle für Weltanschauungsfragen, Stuttgart.

Jörg Herrmann, Studium der Germanistik und Theologie in Marburg und Rom. Arbeitet als Pfarrer und freier Journalist in Hamburg. Wissenschaftliche und journalistische Veröffentlichungen in Zeitungen, Zeitschriften und im Rundfunk. „Mission mit allen Mitteln. Der Scientology-Konzern auf Seelenfang." (Rororo-Sachbuch).

Dr. Jürgen Keltsch, Ministerialrat des Bayerischen Staatsministeriums des Innern. Zuvor war er Richter beim Oberlandesgericht München.

Vor seiner Ernennung zum Richter kam er zu Beginn der achtziger Jahre bei der Staatsanwaltschaft München I im Rahmen diverser Ermittlungsverfahren mit der Problematik der sogenannten Jugendreligionen näher in Berührung. Er erkannte bereits damals, daß die soziale Bedeutung dieses Phänomens durch das Religions- und Sektenparadigma nur unzureichend erfaßt wird. Er plädiert seit Jahren bei parlamentarischen Anhörungen und in Vorträgen für eine rechtliche Ordnung des gewerblichen Psychomarktes unter dem sozialwissenschaftlichen Paradigma Lebenshilfe.

Daniel Kraus, Dipl.-Psych., arbeitet als Psychotherapeut an der Oberbergklinik für Psychosomatische Medizin. Veröffentlichungen über Neue Religiöse Bewegungen und MDMA („Ecstasy").

Detlev Poweleit, Dipl.-Psych., ehemaliger Mitinhaber eines esoterischen Buchladens, z.Zt. wissenschaftlicher Mitarbeiter bei einem DFG-Forschungsprojekt im Bereich Arbeits-, Betriebs- und Organisationspsychologie und freier Dozent mit den Schwerpunkten: Bewerbungstraining, Gruppenleiterausbildung, Sekten in der Wirtschaft.
Buchveröffentlichungen: „Innere Kündigung", „Weiterbildung im Beruf".

Beate Roderigo, Dipl.-Psych., Lehramtsstudium, Erwachsenenbildung, 1989 bis 1992 Beratungstätigkeit bei der Aktion Psychokultgefahren (APG), Düsseldorf, Mitarbeiterin bei der Arbeitsgemeinschaft Kinder- und Jugendschutz (AJS), Köln.